献给

亲爱的大伯与七妈

周秉德

2018.1.

我的伯父伯母

周恩来 邓颖超

周秉德 著

金城出版社
GOLD WALL PRESS

图书在版编目（CIP）数据

我的伯父伯母周恩来邓颖超 / 周秉德著. —北京：金城出版社，2017.12

ISBN 978-7-5155-1593-9

Ⅰ. ①我… Ⅱ. ①周… Ⅲ. ①周恩来（1898-1976）—生平事迹 ②邓颖超（1904-1992）—生平事迹 Ⅳ. ①K827=7

中国版本图书馆 CIP 数据核字（2017）第 286962 号

本作品一切权利归**金城出版社**所有，未经合法授权，严禁任何方式使用。

我的伯父伯母周恩来邓颖超

作　　者	周秉德
责任编辑	刘小晖
特约编辑	王慕周
文字编辑	王秋月
开　　本	710毫米×1000毫米　1/16
印　　张	24
插　　页	16
字　　数	380千字
版　　次	2018年2月第1版　2018年2月第1次印刷
印　　刷	三河市百盛印装有限公司
书　　号	ISBN 978-7-5155-1593-9
定　　价	98.00元

出版发行	**金城出版社**　北京市朝阳区利泽东二路3号　邮编：100102
发 行 部	（010）64210036
编 辑 部	（010）88637126
总 编 室	（010）64228516
网　　址	http://www.jccb.com.cn
电子邮箱	jinchengchuban@163.com
法律顾问	陈鹰律师事务所（010）64970501

△ 1920年，觉悟社部分成员合影。后排右一为伯父，前排右三为伯母

△ 1920年8月16日，觉悟社在北京陶然亭召开茶话会，邀请北京少年中国学会等四个团体的代表共20多人，商讨今后救国运动的方向问题。照片近镜头处为伯父，对面女代表为伯母

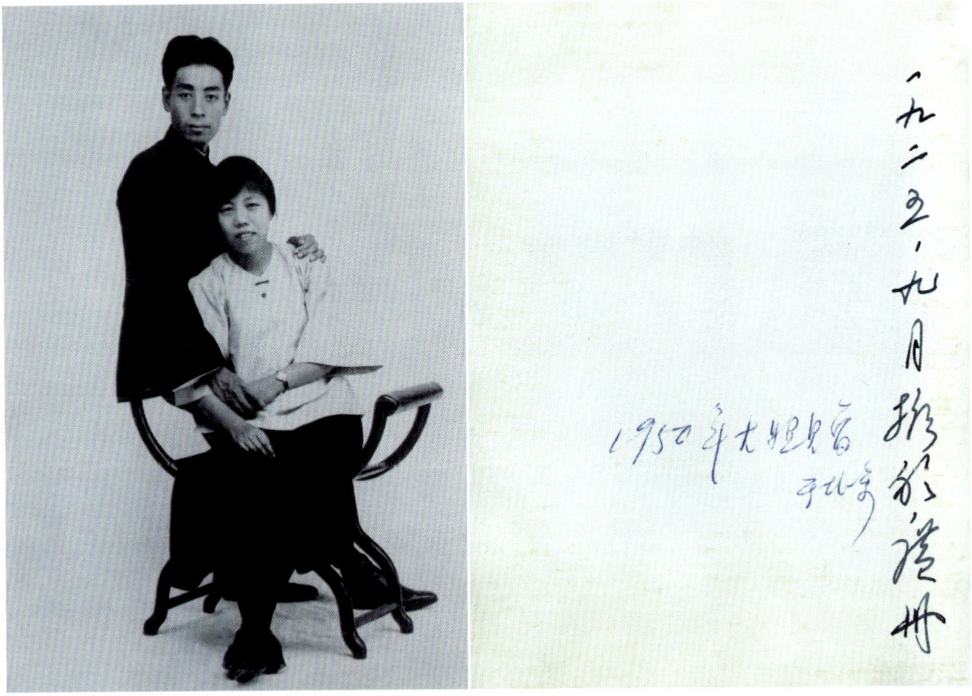

△ 以上两张竖写文为伯母邓颖超手迹，横写文为母亲王士琴所记

◁

1936年10月，红军经过艰苦卓绝的二万五千里长征，成功到达陕北后，伯父和伯母在保安合影

◁

1936年12月，伯父促成西安事变和平解决后，多次与国民党当局进行谈判。图为伯父和伯母在西安七贤庄（后为八路军驻西安办事处）

1938年，伯父和伯母在武汉。这是他们在荷兰进步友人伊文思赠送给八路军的电影放映机前留影 ▷

1939年5月，伯父和伯母在日机轰炸后的重庆红岩村八路军办事处前留影 ▽

◁ 1939年7月，伯父在延安坠马骨折。8月，由伯母陪护赴苏联治疗。这是他们在苏联时的合影

△ 1939年，伯父和伯母在莫斯科的合影，后将此照片签赠给钟赤兵

△ 1939年在苏联期间，伯父和伯母看望在莫斯科学习的烈士遗孤

1940年1月，伯父和伯母在苏联看望毛泽东之子毛岸英（右一）、毛岸青时的合影▷

▽ 1940年，伯父和伯母在重庆红岩村

◁
1940年8月，伯父和伯母在重庆留影的合影。我想到这正是他们结婚15周年的日子

△ 1943年，伯父和伯母在延安他们居住的窑洞前合影

△ 1946年5月，伯父在梅园新村30号院内与国际友人交谈，伯母陪同

△ 1947年，伯父和伯母在延安王家坪

△1947年春，伯父留在陕北协助毛泽东指挥全国各战场的人民解放战争。时任中央后委委员、中央妇委副书记伯母随后委转移，先后参加阜平县农村的土改工作和全国土地会议，夫妻二人分别一年有余。这是他们分别前在延安的合影

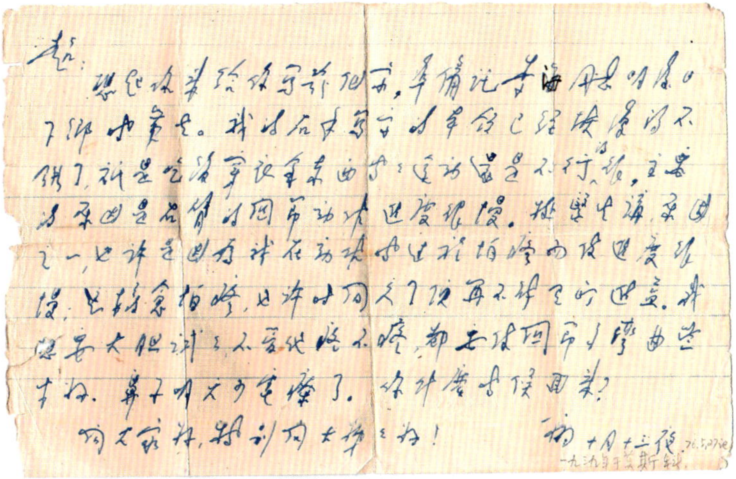

▷
1939年11月伯伯在莫斯科致函七妈的手迹。最底下的“一九三九年于莫斯科”、“76.5.27记”是我标注的

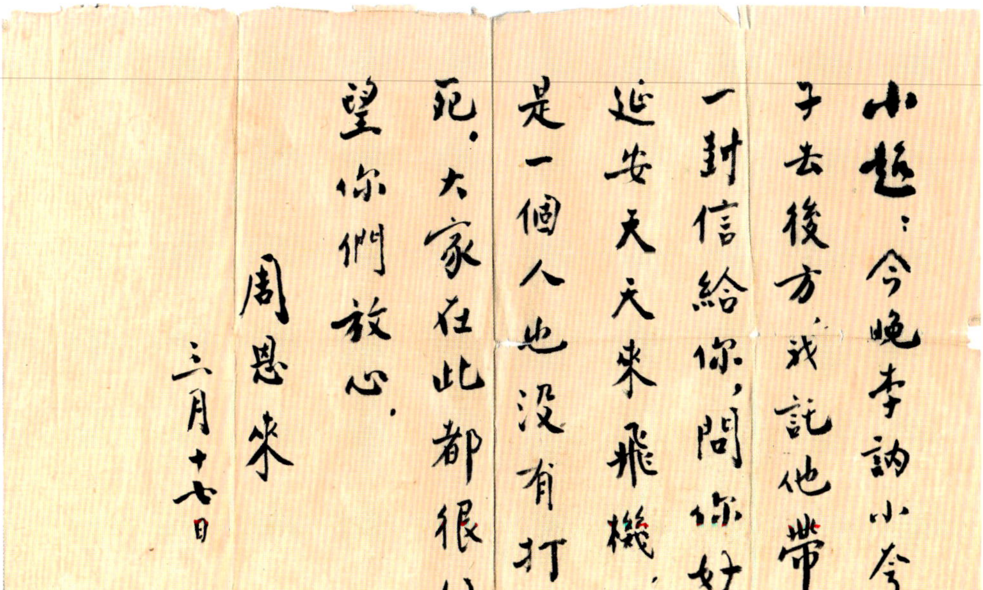

小超：今晚李訥小今子去後方，我託他帶一封信給你，問你好。延安天天來飛機，但是一個人也沒有打死，大家在此都很好，望你們放心。

周恩來

三月十七日

△ 1947年3月17日撤离延安前夕，伯伯写给七妈的便条手迹

△ 1949年10月，伯父和伯母在颐和园

◁
1950年8月8日，伯父和伯母结婚二十五周年纪念照

△ 1951年5月，伯父和伯母在大连黑石礁

△ 1951年6月，伯父、伯母在张学思陪同下乘坐炮艇视察大连海岸线

◁
1953年4月，时任全国妇联副主席的伯母、李德全（右一）、毛泽东、朱德、伯父在怀仁堂外草坪接见出席中国妇女“二大”的代表

△ 1953年10月24日，伯父、伯母乘火车赴上海休假

△ 1955年8月17日，伯父、习仲勋、伯母在胡耀邦陪同下参观少年儿童科学技术和工艺品展览，并和孩子们合影

△ 1957年3月8日，伯父、伯母邀请部分电影女演员到中南海紫光阁做客，并合影留念。右起：王人美、黄宗英、岳慎、夏梦、伯父、黎莉莉、伯母、舒绣文、白杨、吴茵、宜景琳、上官云珠、石联星、于蓝、胡明

△ 1959年1月8日，伯父和伯母在从化。背面为伯母送给我父母时所写

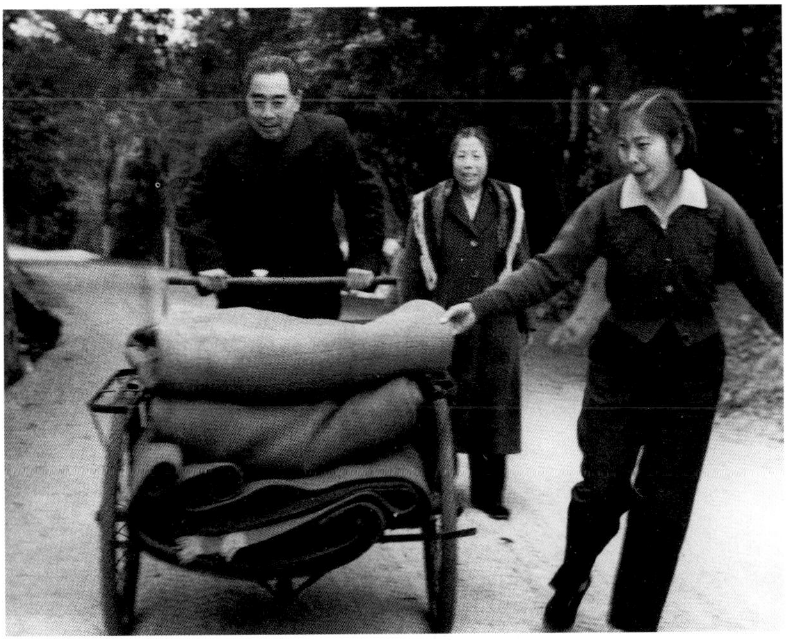

△ 1959年1月，伯父和伯母在从化温泉疗养院散步时，见女服务员蹬三轮车送毛毯很吃力，伯父就骑上三轮车帮她把毛毯送到了目的地

▷ 20世纪50年代，伯父、伯母与一位妇女及她的三个孩子在中山公园

△ 1959年1月13日，伯父和伯母在广州

△ 1960年4月底到5月初，伯父和伯母于贵阳期间在花溪公园划船

◁
1960年4月13日，伯母在机场为即将出访国外的伯父送行

▷
1960年5月，伯父和伯母在贵阳

△ 1961年7月1日，伯母手持老舍夫妇赠送的牡丹团扇与伯父在西花厅前厅合影（伯母将这照片送了一张给我，告诉我这是她在手术痊愈之后跟伯伯的合影，扇子上的字画是老舍夫人胡絜青所作。）

◁
1961年3月，伯父在钓鱼台当众为伯母插戴花枝。这张照片我原来一直以为是伯父在给伯母系纽扣，后来经过反复放大，才发现是给她插了一枝花枝，情谊浓浓啊

△ 1963年1月，伯父和伯母在杭州汪庄赏画

▷
1963年1月，伯父和伯母在苏州园林，这段时期伯母很喜好摄影

△ 1963年6月1日，伯父抱着工作人员的孩子与伯母合影

△ 20世纪50年代，伯父和伯母在西花厅，伯母穿着“列宁服”

△ 20世纪50年代，伯父和伯母在北戴河

△ 1964年，伯父和伯母与众人欢度五一劳动节

△ 1970年5月20日，伯父和伯母在西花厅留影

△ 1973年7月18日，伯父、伯母在人民大会堂安徽厅会见来华探亲和交流的美籍物理学家杨振宁和夫人杜致礼（杜聿明之女）

△ 1973年4月，伯父、伯母陪同外宾在山西省昔阳县大寨公社大寨大队参观时，与大寨公社党委副书记郭凤莲（前排左四）等合影

△ 1973年11月，伯父在患病后，只肯短期疗养。这是他和伯母在香山双清别墅散步。也是他们最后的合影！

◁ 第十章领图：伯伯逝世后，我常去看望七妈

△ 左起：常念周、秉建、常媛、秉德、安东、常念廖。墙上照片为1972年伯伯在北京又见到常媛时同她握手

目　录

第一章　初入中南海

第二章　成长在西花厅

第三章　深情厚谊

第四章　敬老养老

第五章　一波三折的爱情

第六章　谆谆教诲

第七章　亲历“文革”

第八章　鞠躬尽瘁

第九章　送别伯伯

第十章　七妈的历次谈话

第十一章　陪伴七妈

附录 永远的怀念

第一章 初入中南海

一、丰泽园内第一次见伯伯，他与爸爸长得真像

新中国成立前，我们一家住在天津。我父亲周同宇开了一家小货栈，秘密为解放区提供药品、医疗器械与资金等，由中共地下党员周士昌单线联系，属于共产党的外围。母亲王士琴做家务。当时，家中共有4个孩子：我、大弟秉钧、大妹秉宜和四弟秉华。

1949 年上半年，已在北平华北人民革命大学学习的爸爸，在同伯父周恩来的一次谈话中提到大女儿秉德小学毕业在即。伯父就说：把她接到北平念中学吧。伯父知道我爸爸在华大住的是集体宿舍，带孩子不方便，便提出让侄女住到自己的住所。

6月下旬的一天，刚刚小学毕业的我，在火车的汽笛声中告别了天津，告别了妈妈与弟妹，随爸爸前往北平。在火车上，爸爸对我讲起了伯父和周家的一些往事。

我的父亲周恩寿，字同宇。他有两个哥哥，即我的大伯父周恩来，二伯父周恩溥。在大伯9岁、二伯8岁、爸爸3岁那年，奶奶去世

△在天津的姐弟四人，右起：秉德，秉钧，秉宜，秉华

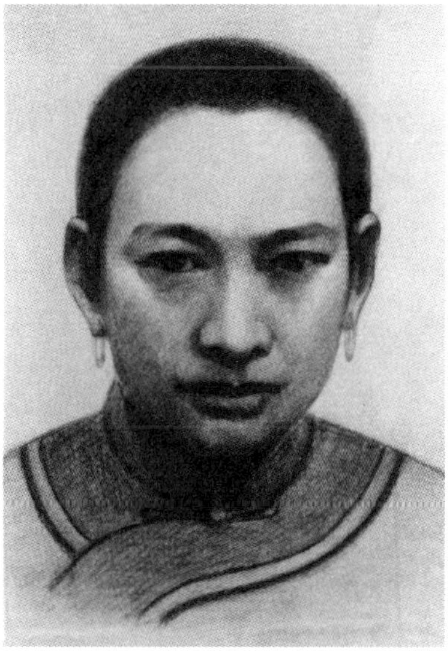

△ 伯伯生母万冬儿画像

△ 童年时的伯伯

了。而爷爷为人忠厚老实，在外工作多年，只够自己在外面生活，没有能力照顾儿子们，父亲兄弟三人只好在淮安跟着他们的八叔（我叫八爷爷）和八婶（我叫八奶奶）生活。我八爷爷是个残疾人，成天一瘸一拐行动不便，八奶奶没有文化，他们虽有一个儿子，比大伯年纪还小些，整个家主要是我9岁的大伯撑着。家中常常无米无菜下锅，后花园成了他们种菜的地方，能卖的、能当的都倒腾尽了，开口向人借都没处借了。就这样，亲戚朋友家里的红白喜事，还得送礼、磕头，这样的事都得大伯去。他心里有苦无处说。在东北的四爷爷是他们的亲大伯，他没有孩子，多年在外，经常接济家里，家里有点难处，大伯都是跟他商量。在大伯12岁时，四爷爷把他接到了东北读书。大伯在东北读完小学，又随四爷爷到天津上了南开学校，后来又到日本留学，回国后参加了“五四”运动，然后又到法国勤工俭学，在法国巴黎加入了中国共产党，选定了职业革命家的道路，经历了许多艰险。

爸爸在淮安苦熬到14岁，没吃没穿，实在没法生活，便跟我二伯恩溥也到了天津投靠四爷爷，并考进了南开学校。大伯从日本留学回国时，父亲曾到天津火车站接他。两人9年未见面了，相见时特别

△ 在南开中学读书时的伯伯

△ 伯伯在巴黎勤工俭学时的住所门前

△ 在天津直隶第一女子师范读书时的七妈

高兴。大伯参加“五四”运动，创建“觉悟社”时，父亲还为他当过交通员。大伯22岁到法国去，后来与我的伯母邓颖超鸿雁定情，写信希望她经常去看自己的两个弟弟。伯母见到我爸爸，落落大方地作了自我介绍。正好那年冬天特冷，她从包里掏出一双黑色毛线帮的新棉鞋，微笑着递给他说：“黑弟，这是我为你做的一双新棉鞋。”说着，就伸手帮我爸爸脱下脚上那双张了嘴的旧单鞋，让他穿上新鞋，还用指头压了压前头，说：“黑弟，我想你正长个，鞋子稍微做大了点，前头塞了团棉花，留着明年你还能穿，暖和吗？”“姐姐，暖和，太暖和了……”爸爸3岁丧母，从记事起，只穿过黑粗布帮鞋，从来没穿过这样轻巧暖和的棉鞋，脱口叫了她一声“姐姐”，极其真切自然，没有丝毫勉强。1924年，大伯从欧洲回到广州，第二年，伯母也去了广州。他们在广州结婚后，爸爸陪伯母的母亲去了广州，分别

△ 几个月大的我与爸妈在一起

五年多的亲兄弟终于又见面了。大伯那时是黄埔军校的政治部主任，爸爸也投考了黄埔军校，是第四期的学员。

我1937年春出生在哈尔滨，没有见过我的亲爷爷，养育我伯伯和爸爸的四爷爷已经过世。但我听妈妈说，当天津的四奶奶知道我出世后，非常高兴，写信来说："周家三辈没有个姑奶奶，这下添了个女孩，也是喜事！要我起名，我看就叫个兜弟，再给老周家兜个男孩！"我妈妈是位文化人，觉得"兜弟"这名有些俗气，于是来了个折中的办法，叫我"兜兜"。另外，我出世后，二伯恩溥也特地发来电报表示祝贺："周家添丁，一大喜事！"

由于我是家里的第一个姑娘，爸爸特别兴奋，而且他是33岁才有了我，所以就觉得起名字特别重要。妈妈告诉我，我们住在哈尔滨，爸爸却专门去长春见了当时的吉林教育厅长，也是我大伯的南开同学，请他给我起的名字。那位厅长很有文化，就根据屈原的《橘颂》里的"秉德无私，参天地兮"，选了"秉德"二字作为我的名字。如今回想自己的人生，我觉得这个名字起的对我是一种约束，也是一种激励，时刻提醒我一定要有这种德行。

打从呱呱坠地，我就掉进了爱的怀抱中。有外公外婆疼，有爸爸妈妈宠，真不知道什么是痛苦。

我的外公外婆，对他们的第一个外孙女当然也是疼爱有加。直到今天想起他们，我的嘴里都似乎能品到儿时吃过的巧克力的滋味。当年身材魁梧的外公有一份好工作，他在俄国人在中国东北办的中东铁路局当处长，为俄国人当翻译，说一口流利的俄语，后来还兼任哈尔滨两所大学的客座教授。他在哈尔滨花园街有自己的一座带院落的俄式小楼。听妈妈说，外公最多时一月收入二百块大洋。那时银元很值钱，一块银元能买不少斤大米呢！日子虽宽裕，可他对子女要求严格，因为他是奋斗出来的。他为孩子们请了家庭教师教俄语，一定要孩子们掌握俄语，能有个谋生的本事。我的一个舅舅，就是因为外公管得太严，忍受不了，18岁时自杀了！我妈妈是女孩子，相对要求松点，但我妈妈不甘落后，不仅学精了俄语，日语也能讲。

至于我的爸爸妈妈，那自然是天底下最爱我的人了。听妈妈说，我是老大，刚出生时不知怎么带，总是抱在手上，哄我睡觉也是一边抱着一边走着、晃着才肯睡。好不容易哄着了，把我放在床上，爸爸和妈妈刚要往椅子上坐，我就又哭闹起来，他们赶紧又起身抱着晃。如果我睡着了，全家就必须处于肃静无声的状态，不然有点响动我就醒，要是不抱我，我就没完没了地哭！也可能是刚出生时就把眼泪提

△ 我两岁半与父母在哈尔滨兆麟公园（现名）墙外

前“预支”了，等我一会叫爸爸妈妈后，总是乐乐呵呵，性格随和。加上我这个兜兜“尽职”，我不到两岁，妈妈就生了一个特漂亮的小弟弟。

我至今珍藏着一本棕黑色有浮雕狮头图案的相册，是我爸爸1935年去日本旅游时买的。厚厚一本，竟成了我幼年时代专门的影集。妈妈生下我时，爸爸已经33岁，虽然我没见过他的表情，但我从我的照片中能看出他兴奋的心情：他从同事那里借了一个135型的照相机，竟24小时没睡觉，对着刚出生的我，隔两个小时拍一张，一连拍了十几张，然后是满月、两个月、三个月、百日……每月一次，把我微笑、哭泣、打哈欠、伸懒腰各种神态的瞬间都变成了永恒！等我三四岁时，爸爸的同事、妈妈的朋友每逢要办喜事，新娘披上洁白的婚纱时，我就被邀请穿上漂亮的衣裙，专门跟在新娘身后为她拉纱。于是，我又拍过许多照片。记得有一回大伙逗我，指着我爸爸妈妈的结婚照片问：兜兜，怎么这照片上没有你啊？我当时4岁，心里也纳闷：这不可能呀！那么多人喜欢我，要我拉纱，我爸爸妈妈最爱我了，他们结婚不可能不让我拉纱啊！于是我大声嚷嚷着：我站在妈妈后面拉纱，照片没照上我！逗得叔叔阿姨个个笑弯了腰！

在这本相册上，还有一张相片，是我3岁时，爸爸在我们家对面一所公园（现称兆麟公园）的铁栏杆围墙外拍的。50年后的1990年，我到哈尔滨出差，特地找到了那所公园，在原来的位置上拍了一张照片，了却自己对童年时代美好的回忆。我望着公园对面那座当年叫“北京旅馆”的六层楼，仿佛又看见了我的家——四楼那间宽敞明亮的大房间；又看到当年住在六楼，经常在电梯里遇见的那个脸像满月般白净、名叫惠子的日本小姑娘的身影。

我们家是1943年从哈尔滨搬到天津四奶奶家去住的。在天津，我们与四奶奶先是住在河南路清河里一幢房子里。那是座一楼一底的旧房子。后来又搬到义善里住。

我的小学六年都是在天津上的。开始在天申小学一年，后来就转

△ 1947年夏，我们全家在天津合影

到离家近的教会学校圣功小学了。我上学时练毛笔字的铜墨盒，外边套了一个黑白丝线的编织袋，是四奶奶亲手钩的。听爸爸说，20多年前，四奶奶为供养大伯、二伯和我爸爸上学，白天坐家门口，黑夜守在油灯下，只要得空，她手里总拿着一个细细的钩针飞针走线，曾经钩出过许多只各式各样的小线袋，送到市场上去，换回钱来，给他们兄弟几个买纸添墨。后来给我用的，是最后剩下的一只。只可惜时光流逝，我现在已无法找到了。

1946年二三月时，大伯到北平参加与国民党及美国军调部的三人小组会议，因为知道我爸爸在天津，就拍了电报让他到北平。这是大伯的秘书何谦叔叔告诉我的。爸爸去北平见了大伯，回来不久就被捕了，说是国民党天津警备司令部捕的，罪名是他是共产党大官的弟弟。大伯在南开学校的知己伉乃如老师和同学常策欧，帮着张罗保释我爸爸。这时我才听常策欧大爷悄悄告诉我：你伯伯在共产党内是做大事的。他翻开我们家订的天津《益世报》，指着报上有关周恩来的报道说：周恩来就是你爸爸的亲哥哥，你的大伯！我有点不相信，追问常大爷：他怎么叫恩来，我爸爸叫同宇呢？常大爷摸着我的头说：同宇是你爸爸的字，你爸爸原名叫恩寿，后来你大伯担心你爸爸受牵累，特意叮嘱你爸爸用字代名的。半年后，爸爸被保释了，只是比过去显得更忙，总是很晚回家。

1949年1月15日，天津街头就响起了巷战的枪声。那天我趴在二楼临街的窗口看，只见一群人民解放军端着枪，边警戒地向前走动边开枪。我心里在叫好，真盼着解放军快打下天津。当时我压根不懂解放劳苦大众的道理，但我有我自己的兴奋点：伯伯既然是共产党大官，只要一进城，我们一家肯定就能住到墙子河边那样有草坪、花园，又带尖顶的白墙红瓦小洋楼里去了……正想得美，只听“啪”的一声枪响，我耳边一热，一颗子弹紧贴着我耳旁直射到身后的衣柜上，柜面顿时留下了一个烧焦的弹坑。身旁的妈妈吓坏了，立即把我和弟弟从窗前拉开，蹲在离窗远远的屋角……

在火车上，陷入回忆中的我靠在爸爸身边，仿佛看见微笑的伯伯和伯母，正从一座宽大的白色小洋楼里走出来迎接我。

“兜兜，想什么心事呢？”

“爸爸，我已经12岁了，到北京该上中学了，你别总叫我兜兜、兜兜的，就叫我的大名秉德，不然大伯和大娘会笑话的！”

“行！”爸爸答应得爽快。

“拉钩，拉钩！”我伸出手，爸爸也咧嘴笑着伸出了手！从此，“兜兜”的名字留在天津，12岁的我进了北京。

这天，在伯伯的卫士长成元功叔叔带领下，我进了中南海。

很多人问过我，第一次进中南海一定是很激动。因为按常人想，这是皇帝老子住过的地方，也是中国共产党头头脑脑居住的地方，又是去见当“大官”的伯伯，当然心头乐开花。过去，听到这样的提问，我都笑笑没有实话实说。其实，走进中南海我不仅没激动，正相反，真正是有点失望。我原来渴望住的是天津那座有盛开鲜花和绿茵茵草坪的白墙红瓦尖顶的三层小洋房嘛！

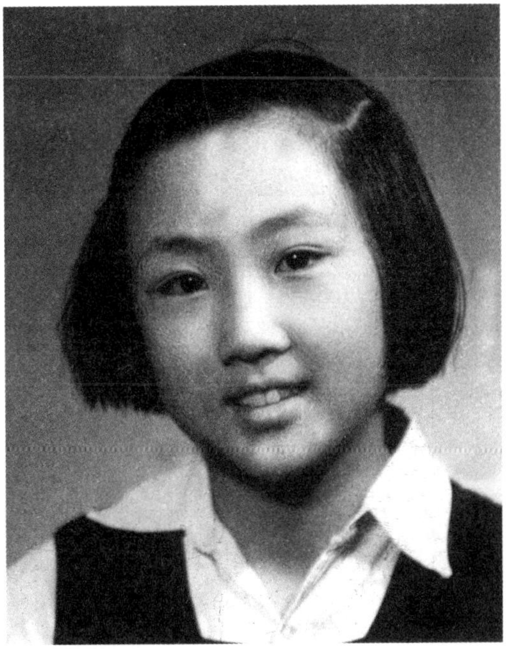

△ 1949年夏，秉德在天津圣功小学毕业时的照片

带我的成元功叔叔是个细心人，他瞧出我表情不自然，担心是我刚离开爸爸妈妈不习惯，是在想家，就不住地跟我讲话：中南海过去是清朝皇帝的御花园，因为中海、南海在这个院，所以就叫这个大院子为“中南海”，而桥那边的是北海，就叫“北海公园”。咱们住的这个院子是丰泽园。现在东边的北院住着毛主席，咱们住在东边的南院。现在你伯伯正在外边开会，你先自己玩一会儿，等他回来我来找你。

我听话地点点头，自己在院子里转转。丰泽园坐落在南海的北面，园内正殿是颐年殿，现在是中央领导人开会、会客的地方。进院后，向东穿过几段走廊，便可看到由北向南排列着几进平房小院，我们就在南边的小院里。刚才听成叔叔说，北面的小院住着毛主席，我听了心里抑制不住地激动起来。毛主席我已有印象，天津解放后，到处都挂着毛主席和朱德总司令的像。而且我还知道，毛主席是共产党里最高的官儿，现在能和他当邻居，我怎么能不兴奋呢！

只一小会儿，伯伯就回来了。他见到我，亲热地把我拉到身边，笑着说：“让我仔细看看你长得像谁！嗯，我看又像爸爸，又像妈妈！”

“大爷好！”我照天津的习惯称呼道。我看清了伯伯的脸，他与爸爸长得真像！伯伯也有两道浓黑的剑眉，只不过他的眼睛比爸爸的眼睛更明亮更精神，脸盘也比爸爸丰满红润，仿佛显得还年轻些。

听我叫大爷，旁边的叔叔学了句“大爷”，忍不住笑了。

“就叫我伯伯吧。”伯伯见我点点头，又说，“你伯母去上海了，过些天才能回来。我工作忙，你的生活就由这里的叔叔们照顾和安排。师大女附中要到9月1日才开学，已经给你报了名。过几天你去考试，录取了，你就可以上学了。你住的是间书房，你可以在那儿多看些书。毛泽东伯伯就住在前面。他工作忙，不要去打扰他，行吗？”

“行！”明明是长辈，却用商量的口吻说话，让我感到一种自己已经是大人的快乐。但对身边的工作人员，伯伯则永远认为都是我的长辈，一直要求我和弟弟妹妹都叫叔叔阿姨。直到1973年一天傍晚，我陪伯伯在西花厅院内散步，他想到工作上的一个什么事，就高声招呼秘书纪东：“小纪，小纪！”我见秘书室没动静，担心伯伯的声音嘶哑里面听不见，就提高了声音接着叫了两声：“小纪。”伯伯不满意地瞥我一眼，语气严肃地纠正道：“怎么叫小纪？叫叔叔！”“伯伯，我比纪东大好几岁！”伯伯这才没说什么。

在丰泽园，我住在一排坐南朝北的房子里。从中间的门进去，东边一间是伯伯的秘书杨超和罗迭夫妇的住房兼办公室。西边的一间书房中搭了一张小床给我住，屋里靠西墙、南墙有两排书柜，摆着许多我从未见过的书。

伯父伯母一生无儿无女，多年来一直把对儿女辈的感情全部倾注在一批烈士子女身上。亲侄女来到身边，他们自然疼爱万分，把我看成女儿一样，我也很快适应了在中南海的生活，感受到在北京也有一个充满亲情而温暖的家。

二、伯伯第一次也是唯一一次带我登上天安门

1949年7月7日，我陪伯伯刚吃完晚饭，就听到一声甜美的“爸爸好！”随后，一个身材苗条的漂亮姐姐快步进门，她与伯伯亲热地握手，动作非常自然。记得刚到伯伯身边的第二天，我就给妈妈寄了一封信，其中写到自己有一个最特别的感受：这里兴握手礼。

伯伯拉过漂亮姐姐给我介绍：“秉德，这是维世姐姐，她的爸爸是孙炳文烈士，她是我和你伯母的干女儿。从苏联留学回来的维世，你们认识一下，这是我弟弟同宇的大女儿秉德。现在住在我们这里，开学就该上中学了。”

“姐姐好！”我乐乐呵呵地脱口而出。当时维世已经20多岁了，我自然应该叫她姐姐，过去因为我是老大，从来没有一个大姐姐，今天突然有了一个漂亮姐姐，心里别提多高兴了！

“秉德妹妹！”维世立即过来拥抱了我，连声说道，“好亮的一双眼睛，好甜的一对酒窝！你现在住在这儿陪爸爸妈妈，这太好了，要不他们太冷清，除了工作，就是工作，要累出病的！我太忙，管不上他们，你可要替我管好他们，不准他们太累，不准他们太晚睡觉……”

“好了！”伯伯微笑着打住维世姐姐的话，“走，今天我带你们两个上天安门！”

原来，为了纪念抗战12周年暨新政协筹备会召开，这天晚上在天安门广场举行几万人的隆重纪念大会。

那晚广场人山人海，十分热闹，而且还放了焰火。可是，12岁的我一点不懂大人讲话的内容，不理解整个活动庄严神圣的意义，完全沉浸在突然有了一个漂亮姐姐的兴奋状态中，寸步不离维世姐姐，她走到哪儿，我跟到哪儿。她叫伯伯，我叫伯伯。她叫阿姨，我叫阿姨。叫归叫，全然不对号。一个晚上，我只是在人群中钻来钻去，热闹极了，快活极了，连天安门左右是什么建筑也没弄清楚，时间就已

△ 1949年9月，伯伯、伯母与孙炳文烈士之女孙维世在中南海

经过去了。

谁曾想到，这是伯伯第一次，也是最后一次带我上天安门。等我第二次再上天安门时，已经到了20世纪80年代，整整过了30多年，那是我花30元买了一张票上的天安门。伯伯和维世姐姐相继离开我已经二三十年了，我站在天安门城楼上，面对人民英雄纪念碑，在汉白玉的栏杆旁久久伫立，耳畔不断响起伯伯与众位领袖打招呼的熟悉乡音和维世姐姐清亮爽朗的笑声……离开天安门后，我突然发现自己仍然没有看清整个天安门广场的所有建筑——因为回忆的泪花一直蒙住了我的眼睛。

三、和毛主席一起午餐

在伯母还未回北京的一个多月里，伯伯总是夜晚工作，上午只睡上一小会就又去外面忙。白天的十多个小时，小院里安静的时间比热闹的时间多得多。我常一个人坐在伯伯的书房里看书，《钢铁是怎样炼成的》《家》《毁灭》《李有才板话》等小说都是在这个时期看的。看书好是好，可我那时毕竟只是个12岁的孩子，也有感到烦闷的时候，常常用双手撑着脑袋望着窗外发呆。

有一天，我身边忽然响起一个甜甜的声音："你是周秉德吗？我叫娇娇，就住在那边。"她指着毛主席住的房子，我猜到了，她就是毛主席的女儿。

"你12岁对吗，我比你大，你叫我娇娇姐姐吧。我们一块出去玩好吗？"

"太好了，娇娇姐姐！"我开心地叫道。有了游戏的伙伴，而且又是个姐姐，我真是兴奋极了。

在中南海，我最早认识的小朋友就是毛主席的女儿娇娇。那时她还没有学名，直到9月1日之前，该上学了，毛主席才给她起了"李敏"这个学名。她因为从小跟贺子珍妈妈在苏联长大，前两年刚回到

▷
1949年，我、秉钧与何谦夫妇、杨超夫妇在中南海丰泽园内

哈尔滨学着说中国话，所以说话总带着点外国腔儿。她性格活泼，爱说话，我们性格相投，一块玩得很开心。很快，她带我认识了住得比较近的另外几个小朋友：有毛主席机要秘书叶子龙的两个女儿叶燕燕和二娃子（后来的学名叫叶利亚），还有阎揆要将军的女儿阎笑武，当时她跟着给朱老总当秘书的姐夫潘开文和姐姐阎笑文住在中南海。她们或者比我大一两岁，或者比我小一两岁。这样，我们这5个小女孩儿成了形影不离的小伙伴，总是在一起到南海边玩，或者一起看书、唱歌和聊天。说句心里话，直到这时，我才真正爱上这片中南海。

不久，江青阿姨带着9岁的李讷从莫斯科回来了。李讷从苏联回国时，带了两辆银白色的儿童自行车，这种颜色和款式的自行车国内还没见过。尤其是看见李讷穿着白底碎花连衣裙，左脚踩稳车蹬，右脚连续蹬地，然后右腿一缩一跨，平稳地骑上自行车照直前进，车沿着中南海湖边柳荫小道飞奔，花裙随风舞弄，真像一只飞起来的美丽蝴蝶，大家真是羡慕极了！围着这两辆小自行车，我们几个顿时对别的都失去了兴趣，跃跃欲试，都想学会骑车。

春藕斋的大厅，有时周末举行舞会，但白天经常没有活动，又平坦又宽阔，我们就在这个大厅里学车。因为车轮小，我们坐在车座垫上，脚一伸就能够着地，所以小伙伴们谁也不怕，争先恐后地抢着蹬车。很快，大家都能熟练地蹬着自行车在大厅里绕弯。

至今我还清楚记得，那时中南海湖里的小鱼小虾真多。7月，天已经很热，我们几个女孩子脱了鞋，坐在岸边用脚拍水玩，不知谁突然叫道：“快看，有小鱼小虾！”我们定睛一看，水草果然在不停地抖动。于是，我们欢呼着找出了旧搪瓷杯，趴在岸边向水中一捞，一次就能捞到几条细长的小鱼和几只活蹦乱跳的小虾。快到中午时，我们竟捉了大半杯。

“秉德姐姐，燕燕姐姐，今天你们都到我们家去吃饭，好吗？”在回丰泽园的路上，李讷发出了邀请。

“我们现在去吃饭，不打扰你爸爸吗？”我有点担心，就是在天津自己家里，不和妈妈爸爸打招呼就带同学回去吃饭也是要受大人埋怨的。

“没关系！”娇娇很有把握地说，“我爸爸喜欢快乐的小孩！再说我们还带回了小鱼小虾呢！”

走进丰泽园，就遇上了毛主席的卫士长阎长林。他一看我们回来满脸笑容：“你们都来了，快去请主席吃饭！要不他总说等会儿，到现在早餐还没吃呢！”

果然，走进丰泽园毛主席的办公室，他正在桌前专心地看文件。

“爸爸，吃饭吧，我们肚子饿了！”

“爸爸，我们请秉德姐姐她们一块来吃饭。”

“好嘛！”毛主席放下书，脸上满是慈爱的笑容，“我投赞成票！秉德你手里捧着什么东西？”

“毛伯伯好！您看，这是我们的‘战利品’小鱼小虾，是送给您的‘贡品’。”

“喔？还给我带了‘贡品’？好嘛，大自然的免费赠送，我们来者不拒嘛！娇娇，你端着送到师傅那去，请他做个汤吧！”

毛主席的厨师还为我们加了菜，也很简单，四个菜和一个汤，当然颜色挺好看：油汪汪的红烧肉，土豆丝炒红辣椒，葱白炒鸡蛋，嫩绿的苦瓜丝。

毛主席自已捡起一大块全肥的红烧肉，放进嘴里有滋有味地边吃着边招呼我：“秉德，你吃肉，捡肥的吃嘛！”

“毛伯伯，我不吃肥肉。”我摇头说道，“我一吃就会吐的！”

“哎呀，那你太没口福嘛！要知道，世界上最好吃的肉就是透明的肉嘞！不过，你会吐，肥肉就不勉强了。这苦瓜可一定要吃，苦瓜苦瓜，它名字苦，其实并不苦，味道好又有营养，快吃！”

我从来没吃过苦瓜，看它颜色嫩绿可爱，毛主席又说一点不苦，我便毫无顾忌地吃了一大口。随即，我紧皱起眉头脱口叫出了声：“我的老天，真苦！”

“你瞧，我吃一点也不苦嘛！”毛主席吃了一大口，用开玩笑的口吻说，“秉德，不会吃辣椒，就不会干革命；不会吃苦瓜，就不懂艰苦奋斗，你要学会吃苦才行嘞！”话没说完，他自己先笑了。

“嗯！”我点头答应着，心里却闪过一句歇后语：哑巴吃黄连——有苦说不出。奇怪，这么苦的东西，毛伯伯怎么就爱吃呢！反正刚才那一口苦瓜已经把我吓坏了，直到吃完饭，我的筷子再也没向苦瓜盘里伸过。不光是我，桌上的其他三个女孩子的筷子都没伸向苦瓜，那一盘苦瓜基本是毛主席一人包圆儿的！

以后这样以小鱼小虾当“进贡”，我还在毛主席家里吃过好几次饭，几乎每次都有一盘红烧肉或者苦瓜。可是，我是在三四十年之后才能吃肥肉和苦瓜的！

四、毛主席为我题词“好好学习”

一次又去毛主席家里吃饭，毛主席刚写过大字，书桌上搁着毛笔和研好的墨。一向不会来事的我，不知脑子里哪根弦动了一下，“噌噌噌”地几步跑回伯伯的南院里，拿出我小学毕业时老师教我自己精心制作的一个纪念册，封面是硬壳板，外面粘了一块墨绿色的绸子布，里面有各种颜色打字纸的页面，这在当时是相当精美了。许多页面已被占用了，是我小学毕业时，老师和同学们给我写的临别赠言。

我翻开本子递过去，恳求道：“毛伯伯，您给我题个词好吗？”

“好啊！”毛主席一点没有推辞，爽快地答应道。他把本子放在桌上，一边拿笔一边说，“你是个学生，我就给你题个‘好好学习’行不行？”

“当然行！”

毛主席到底气魄大，我的小学同学和老师都写在本子的中部或后面，而毛主席拿起本子一翻就翻到第一页，手起笔落，为我写下了“好好学习”四个大字，最后落款的“毛泽东”三个字真是龙飞凤舞，阳刚气十足！

我知足地连声说：“谢谢！”

△ 毛主席在我的纪念册上题字

几十年后，不少听了这段回忆的朋友埋怨我太傻，为什么不要毛主席写明是为我周秉德题词？我确实没想到这个，我始终认为题词在我手里，就是为我题的，我当年只想着要记住毛主席的希望，从没想到日后要向别人显露什么或者吹嘘什么，至今更是如此心情。不过，这7个字确实让我留住了丰泽园里那段珍贵的回忆。

五、火车站上第一次见七妈，引出了一个“亲妈”的故事

1949年8月28日，伯伯带着我到北平的前门火车站去接伯母。此次伯母是受毛主席之命，代表我伯伯专程去上海迎请宋庆龄先生来北京，共商召开中国人民政治协商会议和建立人民共和国的大计。因为北京是孙中山先生当年去世的地方，宋庆龄先生有太多痛苦的回忆，她原本不愿意来，是伯母邓颖超带着毛主席和我伯伯周恩来的亲笔信，又代表毛主席和伯伯做了大量工作，她才肯来北京的。

△ 1920年，七妈（左二）与天津直隶第一女子师范学校同学合影

那天，火车站里锣鼓喧天，伯伯随毛主席同其他首长们都走上前去与宋庆龄先生握手交谈。成叔叔把我领到伯母面前，还没介绍，伯母两眼一亮，脸上绽开了笑容，亲切地握住我的手，笑着说："这是秉德吧？"

"大娘好！"我也是习惯成自然，脱口而出的还是天津的习惯称呼。

"就叫我七妈吧！好吗？"伯母把我揽在身边，轻声在我耳边说。

那时我才12岁，压根不懂伯伯在家里的大排行是老七，车站上又人声鼎沸，我以为伯母希望我叫她"亲妈"，爸爸说过伯母是他最亲最好的姐姐，叫我一定听话，她愿意我这样叫，我就这样叫吧！于是就点了点头。

"七妈"和"亲妈"的发音十分相近，我一直喊"亲妈"，弟弟妹妹们也跟着这样称呼。我自己从来没觉得什么，伯母也没有听出什么不妥。只是当后来与伯母通信，把"亲妈"这个称呼落在纸上时，伯母在给我的回信中提出："你这样称呼我当然好，可是你的妈妈会怎么想呢？我以前让你喊我七妈，是因为你伯伯大排行是行七。"我这才弄清，当初她是叫我称她七妈，而非"亲妈"。

在丰泽园的日子里，伯伯总是很忙。他动作敏捷，处事果断，每天多数时间是在他匆忙走出、走进或在饭桌上才能见到他。所以，教我见到什么人怎么称呼，这都是七妈的事。她告诉我：朱德是解放军的总司令，因他年岁大，多年来孩子们都叫他爹爹；他的夫人是康克清，也是妈妈辈的，你就叫康妈妈吧；刘少奇副主席和他的夫人王光美同志，你叫少奇伯伯、光美阿姨比较合适。以此类推，我对陈毅元帅和夫人张茜，也就称陈毅伯伯、张茜阿姨。让我印象很深的是，50年代，少奇伯伯就是雪白的头发，衬托得脸庞油亮红润；他身材高挑匀称，喜欢站着讲话。有一回，在西楼新礼堂看电影之前，他把我上小学的妹妹秉宜揽过去，让她背靠在他的怀中，而他两只手抚摸着她的胖脸蛋，一边讲话，身体一边左右轻轻摇着晃着，那一刻，妹妹的

△ 1951年，七妈与孩子们在中南海。
左起：七妈、李敏、秉德、李讷、叶利亚、赖庆来、叶燕燕

小脸笑成了盛开的牡丹花……

六、伯伯看我穿第二身小西装时批评说：怎么又一套？浪费！

日子过得真快，眼见着就到了1949年8月底，我从天津来时穿的两身小花衣裙已显得单薄了。这天，成元功叔叔骑自行车，我坐在车横梁上，他带我出中南海新华门到了王府井。叔叔边骑车边对我说：你七妈说快开学了，北京的秋天是说冷就冷，要给你做两套秋天穿的衣裤。在一个小门脸的上海服装店，老师傅为我量了量身高肥瘦，对成叔叔说，过两天就来拿。

回来的路上，我还挺不放心，老师傅只量了两下就行了？成叔叔

△伯伯在南开学校的夏装就这一件

△伯伯在南开学校的冬装也只这一件

笑着说道："你别小看这位上海来的老师傅，你伯伯的衣服也是找他裁剪缝制的，给你一个小姑娘做两套衣裳还不是小菜一盘！"果然，没两天衣服取回来，我一看，做工真精细呀！我穿上蓝色咔叽布的一套小西装，长短肥瘦正合适，真精神！吃饭时，我微笑着站在桌前，伯伯一眼看见了，就说了一声："刚做的？不错！"过了一星期，我换上第二套衣裤，是黄色的。伯伯正从院子里走向办公室，一看到我就皱起眉头说："怎么又一套？浪费！"

七妈说："马上要开学了，秉德住校，总要有两身衣服洗换嘛。"

伯伯说："我在南开上中学也住校嘛，夏天就一件单布长衫，冬天也只一件藏青棉袍。夏天，每次周六回到四妈家里，第一件事就是脱下长衫洗净晾干，周一再带回学校去穿，一样干干净净嘛。"

"要是下雨衣服不干呢？"我好奇地追问一句。

△ 伯伯访问亚欧十四国时穿的衬衣，领口和袖口都是磨损后换过的

“就放在炉子上慢慢烘干。”伯伯深深叹了口气，接着说，“那时，你四爷爷、四奶奶抚养着我和你二伯、你爸爸还有你的堂伯四个大男孩。收入不高，家里十分困难。现在我们刚进城，国家也十分困难，我们还是要节省，对不？”

后来我才知道，当时刚进城，伯伯和他要供养的亲属都是供给制，我这两身衣服就是公家出钱做的，所以他不高兴，说“浪费！”我那时虽然点点头，但并不太懂，只是心中有一条，我认定伯伯说的话一定是对的，我不用多问，照着办，准没错。

我曾经在伯伯身边多年，深知节省再节省的确是他一生的习惯。

是的，在他留给我的一些遗物中，竟没有一件新衣服！其中一件是几十个补丁、已经看不清原来蓝白条纹的毛巾睡衣。还有一套伯伯最常穿的西装，后来我才知道，这套西装是抗战时期伯伯在重庆工作时做的。新中国成立后，他人胖了，不能穿了，却不让做新衣服，让工作人员拿着这套衣服去布店配布料，然后用新料做西装的前片，用旧料打翻做了后片，这样伯伯就算做了一件新西装。师傅的手艺很好，但是新旧布料难免有色差，如果仔细看，伯伯这套西服，前片的颜色略深，后片的颜色略浅！伯伯刚去世的那年，我心里压抑时，常捧出伯伯补丁累累的睡衣和那套拼成的西装抚摸着，仿佛与无处可寻却又无处不在的伯伯对上了话。伯伯身为一国总理，尚且如此节省克己地生活，我们有什么困难克服不了呢？

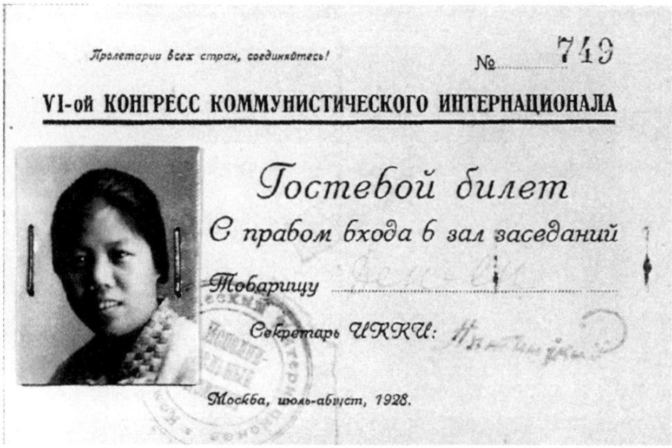

Пролетарии всех стран, соединяйтесь! № 749

VI-ой КОНГРЕСС КОММУНИСТИЧЕСКОГО ИНТЕРНАЦИОНАЛА

Гостевой билет

С правом входа в зал заседаний

Товарищу

Секретарь ИККИ:

Москва, июль-август, 1928.

ГОСТИНИЦА „ЛЮКС"

ВРЕМЕННЫЙ ПРОПУСК №

Выдан 193 г.

Тов.

Комн. №

Действителен

Директор

Продлен по 193 г.

Директор

Продлен по 193 г.

Директор

◁

1928年夏，周恩来和邓颖超在莫斯科出席中共六大的证件

第二章　成长在西花厅

一、因为父亲职位低房子太小，我们三个孩子都住进了西花厅

1949年11月，我随伯伯、七妈从丰泽园搬进了中南海最西北端的另一个院落——西花厅。

西花厅原是清朝末代皇帝溥仪的父亲、摄政王载沣用来招待宾客的地方，新中国成立前是原北平市政府的所在地。西花厅的房子是年久失修的旧房子，当时并未修缮，门窗、廊柱油漆有的已经脱落，有的柱子上裂着大口子。室内铺地的大方砖也不太平整，虽说铺有薄薄的红花地毯，但也只是铺在主要地方，桌椅、沙发也都是旧的。这个状况一直维持到伯伯去世，他也没有允许搞维修。西花厅的大院，就那么一直灰秃秃的。只是1959年，秘书何谦叔叔趁着伯伯去外地开会时，把接待客人的前客厅装修了一下。伯伯回来后大发脾气，自己又专门在中央工作会议上做了检讨。他还说："只要我当总理，国务院就不能盖楼堂馆所。"

年末的一个星期六，我从北京师大女附中放假回到西花厅，刚进

△ 西花厅伯伯办公室外景

▷1951年，秉钧、秉宜（从右至左）在八一小学读书时与在北海幼儿园的秉华合影

院门，随着一粗一细“姐姐，姐姐”的欢叫声，7岁的弟弟秉钧、5岁的妹妹秉宜突然出现在我的面前！

“大驹（弟弟秉钧）、小咪（妹妹秉宜），你们什么时候来的？……妈呢？”我高兴地揽过弟弟，抱起妹妹，笑不够，亲不够。

“我们一起来的。”妈妈笑盈盈地出现在我面前说。

“妈妈！您也来了，太好了！是不是家从天津搬过来了？新家在哪儿？小四儿呢？我什么时候也搬过去住……”我偎到妈妈的身边，说话像放连珠炮。因为我知道爸爸已经从华北大学毕业，在北京分配了工作，要是把家从天津搬过来，我们一家就可以团圆了！是呀，住在伯伯这里虽然不错，可毕竟不是自己的家。人常说，金窝银窝不如自己的草窝，孩子总是应该住在自己的父母身边的。

“秉德，你伯伯和你七妈已经说了，你还住在这里，大驹和小咪也留下。如果不是小四儿太小，生活还不能自理，你伯伯也要把他留下。”

“为什么？爸爸不是有工作了吗？我们的家不是搬到北京来了吗？”我不解地反问道。远处，弟弟妹妹正在花园里你追我赶地捉迷藏，一脸阳光，一脸欢笑，我却怎么也笑不出来。

△ 1955年4月，我父母带五弟秉和、六妹秉建前往西花厅看望伯伯和七妈

妈妈揽着我在沙发上坐下，细细给我讲起了缘由。原来1949年4月，爸爸妈妈一起到北京香山看望伯伯时，伯伯太忙，直等到半夜才有空见他们。在谈了时局和家庭后，伯伯问我爸爸今后怎么打算。爸爸向伯伯表示，他今年45岁，虽然20多年前离开过革命，但也一直向往着革命，做着党的外围工作，现在希望能从头做起，正式参加革命工作。伯伯很严肃地说：你脱离革命那么多年了，你知道怎么才能为革命工作？我看你应该先去上华北大学，学习后由组织上安排工作。

"什么？爸爸脱离过革命？"我不禁脱口而出。经过中学的学习，革命已经在我脑子里占据了极神圣的地位。我几乎不能承受这个事实。这一瞬间，爸爸在我的心目中形象暗淡了许多。那是个革命高于一切的时代，我心里并不否认爸爸对我的爱，可我不知为什么感到一种失落，一种深深的失落。直到我18岁入党时，我甚至都想到，如果爸爸没有离开革命，坚持和伯伯走过来，哪怕他牺牲，哪怕爸爸没有机会认识妈妈，哪怕这个世界上没有我，我也不觉得后悔！而如今的局面，尽管有了我，尽管我有个当总理的伯伯，但想到爸爸当年的退却，我总觉得心里难受。

“别看你伯伯、七妈都是大干部，却特能理解体谅人心！”妈妈没留意我神情的变化，继续自己的感慨，“我对他们说，同宇该怎么安排就怎么安排，我全没有意见，只是我打心眼里想工作，想了多少年了。自从1937年有了你，孩子一个接一个地生，我就只能留在家里，再没有机会工作。现在新中国成立了，我真希望有机会出来做点儿工作。那天你爸爸在旁边直说：‘不要想得不实际，孩子还小，你当妈妈的不管，谁管？’你伯伯却说：‘士琴想工作是好事嘛，她俄语很好，组建外贸部非常需要她这样的人！至于孩子，不用发愁。同宇，你我不都是四伯养大的吗？’说着，你伯伯看了你七妈一眼。你七妈立即意会，接着说：‘新社会就是要妇女解放嘛！你们的孩子，就是我们的孩子。秉德、秉钧过来上学，小咪到这来上幼儿园，秉华还小，送到北海幼儿园全托。总之，我们支持士琴出来工作。’”

妈妈说着，眼睛里放着光，脸上泛起了久违的喜气和青春气息，仿佛一下子年轻了10岁！

△ 1955年4月，伯伯、七妈和我母亲带着秉和、秉建在西花厅散步

“妈，那你可以当女翻译官了，多棒！”我高兴地说。

“如果退回去10年，我一定去当翻译！可你弟弟还小，我当真能一点不管吗？所以，你伯伯说学校也特别缺俄语教师，我便提出去当中学俄语教师。你伯伯同意了！秉德，你知道妈妈的个性，你爸爸当官不当官，我并不怎么看重，一切听你伯伯安排。家里房子大小如何，我也不太在意，‘室雅何须大，花香不在多’嘛！如今，你伯伯成全了我的心愿，支持我自食其力，总算能为新社会出点力了，我怎么能不高兴呢！”

爸爸从华大培训出来后分配了工作，在钢铁工业局当个普通干部。伯伯专门对父亲单位的领导同志交代：周同宇的工作安排，职位要低，待遇要少，因为他是我的亲弟弟，我们共产党打天下是为全国老百姓，不是为自己家人的。我们不能像国民党那样搞裙带关系，也不能像封建社会那样“一人得道，鸡犬升天”，一人当官，亲友们都高官厚禄。我们共产党人干革命不是为家人谋利益的。

由于爸爸的职位低，家里住房极小，住不下我们几个姐弟，所以我们住到了伯伯在西花厅家中的东厢房。特别值得一说的是，在西花厅的岁月里，我们完全没有常人那种住到亲戚家而难免生出的寄人篱下的感受，也从未想过这个。伯伯和七妈一直把我们当自己的孩子一样，我们也把西花厅当作自己的家！

而妈妈则到北京第四女子中学当了俄语老师。每当翻看这张50年代伯伯、七妈与我父母的合影，我总觉得笑得最幸福最灿烂的就数我妈妈！照片上的妈妈，没像在哈尔滨或在天津时那样穿旗袍、烫头发，只梳着一头齐耳短发，没戴任何头饰，穿的只是当年最普通的式样——一套棕色扎腰带的列宁装，可是她眉眼无不洋溢着内心的自豪和愉快之情，人显得比以往的任何时候都更年轻，更有韵味。为什么？当时只有我最明白，是她胸前多了那个红色校徽。妈妈终于结束了家庭妇女的日子，有了自己的工作和事业——成为一名中学的俄语教师。

二、父亲脱离革命的隐情

△ 伯伯在黄埔军校任政治部主任时

父母都有了工作后，爸爸的历史问题却成了我心里久久不能治愈的隐痛。直到1985年爸爸去世后，我才渐渐地了解到爸爸那次脱离革命队伍的经过。

我的父亲周恩寿，字同宇，1904年4月出生于淮安。在大伯父周恩来9岁、父亲3岁时，失去母亲，他们父亲在外地做小职员，只能糊口。父亲自小生活清苦，性格内向，1918年底前往天津投奔四伯父周贻赓，随后进入南开学校读书，因成绩好，几次"跳级"升学。1919年"五四"运动期间，曾为兄长周恩来领导的学生运动做过跑腿、宣传、联络等工作。

1924年春，父亲加入了中国社会主义青年团，同年冬天转为中国共产党党员，受党组织派遣，以入北平宏达学院学习为掩护，做党的地下交通和宣传工作。1925年8月8日，伯伯和七妈在广州结婚，10月爸爸送七妈的母亲杨振德去广州。后经党组织决定，1926年1月考进了黄埔军校第四期政治科学习，同年6月毕业。此后他参加了北伐，在攻打武昌城时还挂了彩。这点，伯伯见面时曾对我妈妈

△ 爸爸在1926年是黄埔军校第四期学员

说："同宇的确为革命流过血，他这点比我强。"

郭沫若先生在他的《革命春秋》一书中提到过我父亲的一段经历：

> 1926年9月1日来到，（在武昌城外）敌人的炮接二连三从我们头上的空中响过，我每听见一次炮声，心里总要冷一下，头是不知不觉地总要低一下的。……我自己便也尽力地镇静着，想不让我的脖子动，但到了炮声一响，颈部的筋肉就像是成了不随意筋的一样，又一齐都收缩了起来。自己太不好意思，回头去看看德甫和德谟两人，他们也和我一样也在把颈子缩动。我自己暗地叹息着："没有实战的经验究竟是不行的。"
>
> ……
>
> 结果是敢死队走到城近处时，天已经发白，敌人已经有了准备了。有不少伤兵送到了政治部。到九点钟，邓演达主任和俄国顾问都还不见回来。同他们一道去的十位宣传员也都没有一个影子，我便决心和宣传大队长胡公冕同到前线上去视察，同时也带了一位宣传员同路。那便是周恩来的弟弟周恩寿，是一位很敏活的短小精悍的少年，在那时在做着小队长。
>
> ……
>
> 我走在前头，恩寿走在中间，公冕走在后边。走不好远，走到了那段全无掩蔽的地面来了。从对面有一大队夫役挑着担子走来，是送稀饭到前线去的。那些夫役没有军事上的人指挥，走得异常密接。走到那段地面的中央处和他们接了头。"轰隆"的一声一个大炮打来了。这第一炮没有打拢，离我们有八九尺远的光景，落在了那干燥着的小春地里。起了一阵土烟，没有爆发。
>
> 公冕在后面叫着："大家赶快走，把队伍空开来。每人离过五尺远的光景。"

△ 1926年7月，广东各界妇女欢送国民革命军北伐出发纪念合影，伯伯和七妈都参加了送行队伍

大家都很匆匆忙忙地抢着往前走，对于他的命令如像马耳东风。他又更加大声地叫出第二次时，话还没有说完，又是轰隆的一声飞到了。这第二炮又打过了一些，超过我们有五六尺远的光景，在地里又起了一阵土烟，也没有爆发。接着，又是轰隆的一声。这一炮正落在我背后的路上，爆发了，夫役的队尾子混乱了一下。

公冕立在后面的一座农家外面的草墩上向着我叫："有人受了伤，快转来，快转来！"

待我走到公冕所立着的地方时，看见恩寿躺在那草墩下，也在呻唤，左脚的脚背不停地在流着血。农家的人跑了好些出来围着。

"恩寿也受了伤吗？那边番薯地里还躺着一个呢。"

"我已经叫同来的夫役们去叫担架去了。恩寿也是不能走路的，怎么办呢？让我回部去叫人来抬吧。"公冕这样说。

"用不着回去叫人，"我说，"我们就在这儿找一扇门来，不可以抬回去吗？"

公冕赞成了我的说法，结果是在农家里找了一张杨妃椅，四脚朝天地翻过来，在底子上敷了好些稻草，便成了一台担架。

恩寿被移进了那架临时担架里，我和公冕便把他抬回了南湖。

看来，革命的确不是请客吃饭，爸爸也确实是为革命流过血。我对革命的艰苦和复杂性也多了一分了解。

爸爸在北伐军中担任总政治部宣传大队的小队长、总政治部劳资仲裁委员会代表。1927年春，任武汉邮电检查委员会主任。

1927年蒋介石“清党”时，爸爸是“武汉中央军校各期学生共同讨蒋筹委会”执行委员，并在《讨蒋宣言》上署名，后遭蒋介石通缉。

那时爸爸23岁，正在和一个姑娘谈恋爱。然而不知为什么，忽然有一天那个姑娘没有和爸爸打招呼就跟着一个男人去了四川。痴心的爸爸一下子被这件事情打懵了，他不知道自己究竟做错了什么，一定要去找那个姑娘问个清楚，他得去一趟四川。

由于当时伯伯正在上海组织工人武装起义，爸爸便向党内的另一位负责同志请假，得到允许后立即直奔了四川。

爸爸在四川找到了那个姑娘，才知姑娘早已移情别恋，不肯再和他交往了。爸爸内心十分痛苦，一连几天只能借酒消愁。正在这时，国共两党分裂的形势波及四川，国民党和四川的军阀联合起来大肆逮捕枪杀共产党人。爸爸清醒起来，急急忙忙地赶回武汉去找组织报到，却偏偏一头撞在了伯伯的面前。原来伯伯也已经从上海赶到武汉，并且听说了爸爸去四川的事。伯伯觉得爸爸为了一个女孩子竟一口气追到四川去实在荒唐之极，他大发雷霆，厉声叱责爸爸为什么擅离职守，不请假就去四川，不配做个革命军人。那个准许爸爸请假的领导不在场，没有人能为爸爸作证，爸爸也没有为自己申辩，他怕连累那位领导同志。爸爸越不说话，伯伯越生气，最后干脆亲笔写下文件，说爸爸擅离职守，要对他“撤职查办”“关禁闭”。

爸爸本来满心的委屈，这会儿听说伯伯要处分他，还要关他禁闭，也不禁动了气。他不想和这个正在大发脾气的哥哥论理了，他说：既然你认为我不配做革命军人，那我还不做了呢。爸爸一转身跑出了北伐军总部的大门，搬到他在黄埔军校结识的好朋友文强所在的湖南会馆。文强劝爸爸不要和自己的哥哥闹意见了，就去认个错吧。怎奈爸爸正在火头上，说什么也不肯去认错。哥俩儿就这么僵持着。因为爸爸不申辩，伯伯便误认为他是“擅离职守”，做了“撤职查办”的处理，并把他派到上海去做地下工作。

1927年11月上旬，伯伯由香港到达上海，见了我爸爸又是一顿批评。当时我爸爸年轻气盛，受不得亲哥的严厉训斥，就离开了伯伯，也离开了革命队伍。那时我的爸爸毕竟还是年轻啊！只有23岁。爸爸在20岁入党后，冒着生命危险为党工作，为革命出力，在随北伐军攻打武昌时负了伤，要不是郭沫若、胡公冕的及时抢救，说不定就牺牲在前线了。现在突然离开了组织，他的心里也真不是滋味呀！

爸爸孤身一人，去何处安身呢？老家淮安只还有一位婶母杨氏在勉强度日，连她的独生子恩硕也已离家外出谋生了，自己当年就是因为生活无着才离家出走的，万万不能回去；自己的父亲周贻能当时在齐齐哈尔做一名小办事员，四伯父周贻赓当时是吉林省财政厅的一个科长，也在东北谋生，已年过六旬，膝下无子，对自己和哥哥的抚养、教育都视如己出，关怀备至。就这样，爸爸于1928年初到了东北吉林我四爷爷的身边，找了一份小差事，过起了老百姓的日子。

但离开了党组织，爸爸内心非常痛苦，更加留恋往日的斗争生活。不难料想，一个20岁出头的年轻共产党员，即便在蒋介石制造的“四·一二”惨案的白色恐怖下也没有脱党，却仅仅因为肩负重任的兄长对自己的不理解而感情用事离开了党，怎能不像又一次失去了母亲那样痛苦呢！他一心想回到革命队伍，想回到党的怀抱。

1931年“九·一八”事变后，父亲护送爷爷和四爷爷、四奶奶由东北回到了天津。四爷爷联系广、熟人多，很快在天津民政局找到了工作，并且托人推荐爷爷去深县县政府做了小职员。这时爸爸感到老人们都已安置妥当了，就赶到上海去找党组织，但一直未能找到。当时七妈邓颖超的母亲杨振德和夏之栩的母亲都由组织上安顿在杭州司马渡巷莲如庵，爸爸就去找了在莲如庵当医生的杨振德老人。无奈，她与组织也失去了联系。爸爸在上海谋事无着，于1933年遗憾地回到了天津。这段艰辛的经历证明了爸爸对党的一片丹心。

离开党组织这件事当然影响了爸爸一生的命运，但这能怪谁呢？谁让爸爸太忠厚、忍让，不向伯伯报告实情呢？直到几十年以后有人曾向伯伯谈起这件事，伯伯知道真相后，也坦诚地说：“我那时年轻，火气大，是我对他帮助不够。”表现了他对弟弟的负疚和惋惜。

三、不要想靠伯伯的关系，事事要靠自己的努力

1949年9月，我就要到北京师大女附中读书了。开学前，七妈很严肃地和我谈了一次话。其中的几句话，让我记了一辈子：“共产党干部与历朝历代当官的有一个最大的不同，就是全心全意为人民服务，当人民的勤务兵，而绝不允许‘一人得道，鸡犬升天’的封建意识抬头！在成长的道路上，你不要想靠伯伯的任何关系，事事要靠自己的努力！现在你就是一名普通学生，将来到社会上就是普通老百姓，要自食其力。”

12岁的我，第一次感到了点头承诺时的那份庄重！

入学时，因为家长都是供给制，没有能力交学费，因此我被分在干部子弟班。那时的干部子弟，大多是从延安等革命老区刚进城的孩子，年龄有大有小，她们说话带有些许陕北口音或河北口音，穿着相似，都是供给制的藏青色列宁装。聂力、刘松林、任远志等几位姐姐都比我高一年级。

师大女附中的住校条件比较简陋，但在当时的条件下，已算是不错了，吃、穿、住都不用家里安排。吃饭都是大灶，一个月的伙食费70000元（币制改革后的7元）。吃的主要是清水白菜、茄子、豆角，偶尔有肉片，同学们吃得都很开心！大水房每天只供应喝的开水。一年四季洗脸洗脚都是用冷水，只有来例假时，才能凭木牌到大水房里打

点热水洗。

△ 秉德（左二）在师大女附中上初中时与同学合影

我们班里有许多从老解放区来的同学，他们更能吃苦，遵守纪律，互相关心，好学上进。在宿舍里，谁的牙粉、肥皂用完了，旁边的同学立即拿出自己的递过去；谁要是生病了，不用摊派，大家都抢着去给她送病号饭。一种我从来没有体验过的不是姐妹却胜似姐妹的亲情，使我每每走进宿舍，都有走进自己家里的亲切感。

第一次从学校回到西花厅，我便兴致勃勃地谈起自己的感受。伯伯听了笑着点头，七妈则鼓励我说："她们身上有许多老区的光荣传统。你过去缺少这方面的学习和锻炼，现在能发现，就是进步的开始，要努力向她们看齐！"

9月1日开学后，学校除了进行入学教育和正常课程以外，把我们的课余时间全都安排了迎接10月1日中华人民共和国诞生的筹备活动，全校师生都学会了唱《团结就是力量》《解放区的天是明朗的天》《咱们工人有力量》等欢快、有力的歌曲，还练习学会了"红灯舞"的步伐和手势。为了每人手上都拿上一盏红灯，学校给各班发了好多高粱秆儿，大家学着做成五角星的主体骨架，又发了半透明的红纸，贴在五角星骨的骨架子外面，里面的正下方有个圆托，可托住一根小蜡烛。这样，我们"红灯舞"的道具就因陋就简地做好了。

1949年10月1日午餐后，全校师生集合，出发，我们都怀着兴奋、激动和自豪的心情来到了天安门广场，参加隆重、热烈的开国大典。当毛泽东主席宣布"中华人民共和国中央人民政府今天成立了"的洪

△ 1952年，秉德在师大女附中时

亮声音响彻全球的时候，我们在天安门广场的几十万人民群众顿时欢快、激动得泪如泉涌，互相拥抱，庆贺新中国的诞生！广场上一片沸腾，锣鼓喧天，我们都不停地唱啊，跳啊……当夜幕刚刚降临，我们又点燃了红灯里的小蜡烛，几百个女学生在广场上自豪地表演了在学校自己编排的“红灯舞”，给这一盛大的庆典增添了一份欢乐！

这个场面是我有生12年以来第一次参加的最隆重和欢快的活动，所以我永远都难以忘怀，并会时常回味。

在北师女附中的校园学习和生活时，新中国刚刚成立，学校十分重视学生们的理想、品格教育等。校长彭文、苏灵扬经常亲自给我们作国内国际形势的大报告，教育我们的语言也特别生动，比如：先有国，才有家；作为新中国的主人，就要时刻关心国家的命运。这些使人开阔心胸，让人热血沸腾，顿生责任感、使命感的教育，是我在天津上小学时从来没有接受过的。

四、参加义演为抗美援朝出力

1950年抗美援朝开始后，我们学校也大张旗鼓开展了宣传活动，有一些年龄较大的同学立即报名参加了志愿军。我由于年龄不够，不能参军，但在伯伯、七妈的教育和影响下，决心用其他方式力所能及

△ 我参加了师大附中及女附中的剧团，利用寒假下乡演出，宣传抗美援朝、“三反”“五反”运动和《婚姻法》等，得到了政治上的提高和生活上的磨炼

地为抗美援朝出力。

很快，我从报纸上看到，为了支援志愿军抗美援朝，著名豫剧演员常香玉以义演的形式向志愿军捐献了一架飞机。而在学校，我在同班同学康泠、周士琴的影响下，也已参加了由师大附中、师大女附中

△ 我和马静兰在演出后专门去留了影

两校男女同学组织的剧团，被分配在效果组，在后台为演出打鼓、敲锣，有时也参加演出当配角。

当时，我们剧团排演了宣传抗美援朝内容的民歌、秧歌剧、活报剧等，像《王大妈要和平》《捷报》《只要山还在》等剧目。后来，在一些农村和工厂演出时宣传效果特别好。我们用举办义演捐款等活动来为抗美援朝出力，在寒假一开始就排练，过了正月初五就下到农村演出。两个寒假，在朝阳和丰台各去七个村镇，每次9天，都是走路往返，却不感到劳累，而是感到责任重大，都想着要积极为国出力！

后来我才知道，伯伯虽说是国家总理，但在抗美援朝的那些年，他一直亲自抓前线作战指挥和志愿军的整个后勤保障工作，历史和中朝人民都不会忘记他当年特殊的贡献。也是在后来，我又知道了，伯伯和七妈在年轻的时候，目睹旧中国的内忧外患，为了救亡图存，都曾参加过宣传爱国精神的义演并名扬京津，也为中国的革命史留下了一段佳话。

五、不惯孩子，“无理取闹坚决不允许”

妹妹秉宜进中南海那年才5岁，她胖乎乎的脸蛋上，一双充满灵气的大眼睛仿佛会说话，可那张原本用来说话的嘴却总是紧紧闭着。她见谁也不认生，见谁也不叫人，虽说不叫人，却总会慷慨地向所有的人送上甜甜的笑容。妈妈曾戏称是起小名“小咪”起坏了：猫儿就是只会叫咪咪不说话嘛。

1949年底，爷爷的堂哥周嵩尧来到了北京，我们叫他六爷爷。六爷爷在西花厅第一次见到小咪，马上说：“这孩子长得像她奶奶。恩来，你们就要了这孩子吧。”

爸爸妈妈也看出来伯伯和七妈都很疼爱小咪，想到过早去世的奶奶，就向伯伯提出把小咪过继给他。伯伯却对他们说：“还是不要吧，把小咪过继给我们，其他的孩子会认为我这个做伯伯的不公平。不过继，我们也会像自己的孩子一样对待他们。”

其实“过继”在中国是有传统的，某人无子女，其兄弟姐妹中子女多的，可将一子女过继给他，作为他的子女。伯伯周岁时就过继给了生病的小叔父冲喜。而那时，大家都是普通老百姓，过继与否差别不大。现在伯伯身为国家总理，他担心弟弟家只过继一个过去，其他孩子会感到不公平，伯伯想得真细。

小咪上幼儿园时跟老师学跳舞，那位老师可能是从农村招来的，文化水平低些，教的舞蹈是一个老头和一个老太婆两个人，像散步一样，哈着腰、背着手，往前走两步，往后退两步，老头还要做出拿着长烟杆在抽烟的样子。周末小咪从幼儿园回来，伯伯吃过晚饭会有大约十分钟左右的休息时间，七妈就说让她给伯伯表演一个节目。她刚学了那个舞蹈，自己也想展示一下，就非常卖力地表演起来，一会儿演老头抽烟杆，一会儿演老太婆洗衣服。表演完了，小咪就看着伯伯，只等着他鼓掌或夸赞一下。没想到伯伯没有夸她，甚至没有笑，只是若有所思地说了一句：“这个舞蹈没有什么意义嘛。”小咪没有受到表扬，心里很受打击。后来，幼儿园调来一个文工团的阿姨教小朋友跳舞，主要是苏联、东欧社会主义国家的民间舞蹈，比如匈牙利的土风舞、苏联小朋友的友谊舞，还有

△ 1953年，秉钧、秉宜在八一小学读书时与七妈及周尔辉在西花厅前院

扮演小动物的舞蹈等。又到一个周末了，七妈说：“咪咪这次在幼儿园学了一个小猴子的舞蹈，给伯伯跳一个小猴子的舞吧。”可小咪还记着上次的委屈，这次说什么也不肯再跳了。大人们怎么劝都不跳，她又说不出来，最后干脆坐在地上，哭了起来，哭得很委屈。

成元功叔叔过意不去了，跑过去要拉小咪。七妈一伸手拦住他，语气严肃地说：“不要拉！秉德你也回屋去，大家都不用理她，让她哭。等哭够了，哭累了，她自然就不哭了！”说完，七妈带头先回屋，成叔叔也走开了。

别说，还真让七妈料准了。不到5分钟，客厅里起先很响的哭声逐渐变小了。我贴在墙边一看，小咪捂在脸上的小手已经拿开，确定屋里确实没有人了，便不再哭了，自己慢慢从地上爬起来，还拍拍衣服上的灰。我忍不住笑了，心想：没带过孩子的七妈还挺有办法呢。

可是之后又在大弟秉钧身上发生了一件事，七妈的处理办法就完全不一样。

记得那是个星期天的傍晚，突然下起了倾盆大雨，天黑得更加厉害了。

晚饭后，上一年级的秉钧背上书包就要去学校。七妈关心地说：“秉钧，现在雨太大了，今天就不要到学校去了。明天再去，好吗？”

“不行，老师说的，星期天晚上一定要回学校上晚自习。”

“今天是特殊情况，雨太大了嘛！”

“雨大我就打把伞！”

“打伞？衣服、鞋子也会淋湿啊，都湿了，到学校怎么办？”

“我不管，反正我要走！”秉钧语气十分坚决地说，眼泪都要流下来了。

“你这孩子怎么也这样倔！”七妈摇着头感叹。

我站在旁边，小声劝秉钧，可他就像听不见。我猜想，七妈可能又要用对付秉宜的办法教育他了。

没想到七妈叫来卫士韩叔叔，交代说：“你穿件雨衣，用自行车把秉钧送到学校去吧。雨大，千万小心！”

这时，刚才还险些要哭的秉钧脸上又浮起了笑容。

望着消失在雨中的秉钧，七妈对我说："秉德，我从你的眼神里看出来你心中有疑问，为什么我上次不理秉宜，而今天却又依了秉钧。是不是有点重男轻女？其实不是的，孩子当然不会像大人一样成熟。当他固执发脾气时，一定要弄清是正当的理由还是无理取闹。秉钧今天发脾气，他是想当遵守纪律的好学生，这是好事，就应该支持。而小咪无理取闹，就不能惯她，相反要制约她，让她知道什么是错，什么是对。无理取闹是坚决不能容许的！"

听完七妈的话，刚上中学的我点了点头。多少年后，等我当了妈妈，又当了奶奶时，也一直用这种方式教育孩子，绝不一味地惯着孩子。

六、秉宜拉伯伯去中山公园看花

5岁的小咪多数时间都很乖巧可爱，有时许多工作人员在伯伯那里无法完成的事，甚至七妈无法完成的事，便派她去，一定马到成功！

建国初，国家百废待兴，恢复经济生产，建立外交关系，美国又发动了侵朝战争。抗美援朝的志愿军作战方案及整个后勤供应，几乎都由伯伯主管，他经常是一连工作十四五个小时，有时还会连轴转，连续一两天不睡觉，没时间吃饭。谁叫也不听，连七妈去劝也不行！

这时，小咪便成了最有效的"武器"，她像只小猫一样没点声音地走进办公室，一句话也不说，拉着伯伯的手就使劲往外走。伯伯非常熟悉这个"无言"小侄女的威力，她太小，讲革命道理，她不懂，她微笑，你发脾气也不忍心，唯一的出路，只有乖乖地跟着她起身。她这样做可以说是"百战百胜"，我听护士王力阿姨说过，最叫绝的一次，还有这张照片为证。

那是1951年5月，朝鲜战场的事十分紧急，伯伯已经连续工作了整整20多个小时。天将拂晓，七妈起床来到伯伯的办公室前，见他还没有休息。长时间地在室内伏案工作，对已经年过半百的伯伯身体太不利了！七妈灵机一动，让值班的王力阿姨去搬“救兵”小咪。王阿姨走进了孩子们的房间，小咪可是睡得正香呢！

“小咪，好孩子，快起床，公园里的芍药花开了，阿姨带你去看花！”

小咪闭着眼睛直摇头，嘴里嘟哝着：“我困，我要睡！”

“哎呀，不光你一个人去，你伯伯也去。快醒醒，阿姨给你扎个大蝴蝶结。”

一听伯伯也去，小咪仿佛立即明白了自己还有“抓俘虏”的责任，也不再往床上赖，顺从地让阿姨给自己穿上衣服，还乖乖地让阿姨给自己扎上一个粉红色的绸布蝴蝶结。只是“瞌睡虫”还黏在她的

◁
“救兵”小咪拉着伯伯看花

身上，眼角上还有颗白色的小眼屎。

小咪一边打着哈欠，一边让王阿姨牵着小手到了伯伯办公室的门前。“小咪，你去跟伯伯说你要到中山公园去看花，去吧。”王力阿姨说着把小咪推进办公室。

小咪进门不用敲，走路没声响。她走到伯伯身边，也不看伯伯在忙什么，拉起伯伯的手就往外走。“伯伯，咱们去中山公园看花吧。”小咪央求道。

“小咪，我还有工作没搞完，再等半小时。”

小咪毫无商量余地，执意往外拉。

伯伯瞧着穿戴整齐的小咪，头上扎得十分精美的蝴蝶结，却眼泡略肿，神态木讷，直打哈欠，随即明白事情的真相了。他走出办公室，在回廊里问道：“小咪，就在院里走走，好吗？”

小咪摇摇头，拉着伯伯直往大门口走。出了里院大门，汽车已经

△ 1951年5月，伯伯带秉宜去中山公园看花，也算是有个短暂的休息和放松

发动，卫士长、护士都含笑迎了过来。伯伯伸出手轻轻点向王阿姨，带着笑说："小鬼，你点子真多！"

望着远去的汽车，七妈心里总算松了一口气。

在中山公园盛开的芍药花旁，伯伯拉着小咪的手，一边赏花，一边讲牡丹花和芍药花的故事。小咪眨着眼睛直点头，第一次分清了牡丹花与芍药花的不同。随行的一位摄影师，不记得是侯波还是谁，抓住时机立即按动了快门，把这一瞬间凝固成永恒。

七、秉钧要车被拒，"汽车是国家给伯伯工作用的"

刚上师大女附中时，学校有干部子弟班，周末放假了有些同学有车接，而我则是坐公交车回西花厅。当时我还是个小姑娘嘛，心里多少有点不平衡，就跟伯伯提了此事。伯伯严肃地回答说，车是公家的不能私用，上学就应该走路、坐公交或骑车子。所以，有时我就想法子蹭西花厅工作人员的自行车用，有了自行车就觉得很得意了。

在我读中学的时候，二弟秉钧、三妹秉宜都在八一学校读小学，平时周末回家，都是乘公交车。在夏天，放学后他们想买个冰棍吃，就要步行好长一段路。平时，他们是从海淀坐32路公交车到动物园，再换7路公交车到家。家里只给来回的车费，没有多余的钱。不过，那个时候小学生们差不多都没有什么零花钱。秉钧为了能省出点零花钱好买零食，常常带着妹妹步行走到中关村去乘车，这样每一个人就可以省五分钱。再大一点了后，他们就干脆从学校一直走到动物园。

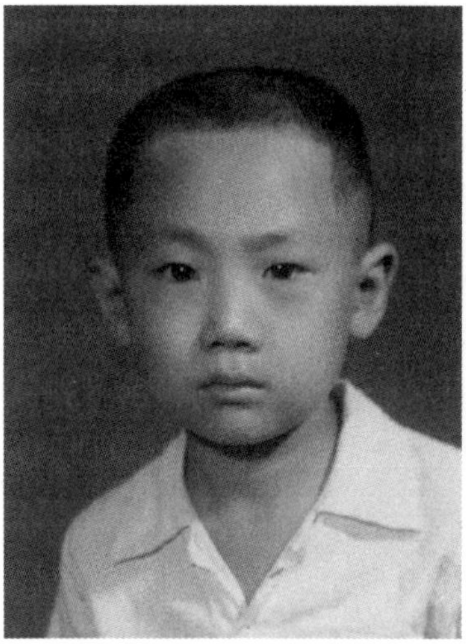

△ 儿时的秉钧

有一年，八一学校放寒假，他们要把被褥带回去拆洗，当时同学们都收拾好自己的行李，在各自的宿舍里焦急地等着，广播里通知谁家大人来了，孩子就兴高采烈提起行李冲出门。那时秉钧上三年级，秉宜刚读二年级。第一天在焦急的等待中过去了。第二天又过去了，只有同学减少，仍不见有人接自己，刚上学的秉宜嘟起了小嘴。

秉钧着急了，刚10岁的他找老师要了一个信封一张纸，趴在桌上写了一封短信：

七妈：

学校放假了，请派个车来接，因为有行李。

秉钧

然后，他在信封上写“中南海邓颖超收”，贴了张邮票，往邮筒里一扔。

那时信送得也快，当天下午，七妈就让一位叔叔骑上自行车赶到学校接他们。在门口雇了两辆三轮车，一个孩子一辆车，行李放在脚下，他仍骑自行车跟着。

一回到西花厅，七妈就迎了出来，她搂过秉宜，拉着秉钧，连声道：“上周你们回来只顾着玩，也没说是哪天放假，好让我安排人去接你们和行李。哎呀！孩子们，让你们多等了两天。不过，你口气还挺大，要派车。我可不能给你们派汽车，汽车是国家给你们伯伯工作用的，你们小孩子不该享受，懂不懂？”

听明白了七妈的教诲，秉钧点了点头。

多年后，回忆起这段往事，秉钧也觉得自己幼稚得可笑，为什么当时不请老师帮助打个电话？为什么也不写信给爸爸妈妈“求救”？

八、伯伯矫正秉钧驼背的习惯

秉钧小的时候有个不好的习惯，总是驼着背。暑假里，最忙的伯伯最先发现，他大声招呼："秉钧，你小小的年纪怎么就驼背了？"

"没有啊！"秉钧下意识地挺了挺胸。可不一会儿，他坐在那里看书看入神了，又不知不觉地拱起了背。

△ 青年时的秉钧

"瞧，秉钧，你又驼背了！不行，要赶紧纠正，不然等你习惯成了自然，就像种斜了的小树苗长成大树，再想扳过来也办不到了。"伯伯想了想，果断地说，"秉钧，我看这样吧，每天吃饭前，你就肩端平，背靠墙，站立5分钟再吃饭。我想只要整个暑假坚持下来，你驼背的习惯就能纠正。你说好不好？"

"好！那我现在就去。"秉钧爽快答应，立即自己走到客厅墙边笔直站着。

整个暑假，他一天三次，坚持靠墙站立，七妈也随时监督他。一到吃饭时间，七妈就会说："秉钧呀，你该去靠墙了。"秉钧几十年后对秉宜说："那会儿，你跟七妈在那边吃饭，我一个人在这儿靠墙站着，心里馋着呢。可是没办法，既然答应了伯伯的事，我就得做到，忍着吧。"

结果一个多月坚持下来，等开学后，同学都发现周秉钧无论是站、是坐，腰背总是挺得笔直！

九、跟随伯伯去颐和园看望七妈

由于长期的艰苦斗争和紧张工作，七妈患了不少慢性病，但她多年同疾病作着顽强的斗争，用革命的乐观主义精神对待疾病，摸索出了一套治病、养病的规律和方法，使病情在一段时间曾经有所好转。

如果要论我去颐和园最多的一年，就是1952年。那一年去的次数，可以顶上后来的好几十年。为什么？因为那年夏天，七妈病了，身体十分虚弱，住在颐和园听鹂馆后面的一个院落里养病。那会儿伯伯虽然很忙，但也常常忙里偷闲，抽空去看七妈，去时常常带上我们三个孩子，显然是想给七妈添点天伦之乐。当然，这一回回的探望，也得益于伯伯身边工作人员们的催促和安排，因为去颐和园看病人的人，在湖边绿荫中走走，坐船在湖上看看，这不正是给整天忙碌的伯伯一个最好的、也是难得的休息嘛。话说回来，如果不是七妈在颐和园，大家想请伯伯去颐和园游玩，恐怕是绝难办到的，因为伯伯只要在西花厅，办公室就是他最喜爱的地方。我时常想：莫不是伯伯那

△ 1952年，伯伯、七妈和我们三姐弟在颐和园

张宽大的但也是普普通通的办公桌有极大的魔力？否则为啥他往那一坐，就两眼放光，特有精神！

许多事情我都是长大后，特别是“文革”以后才知道的：那个年代，伯伯既要管国内经济恢复，又要管国际交往，还实际负责着抗美援朝志愿军的作战指挥和全部后勤保障工作。他夜以继日地工作，一天工作十六七个小时是家常便饭，曾经累得昏倒过。可是当年我们竟一点都不知道！因为伯伯在我们面前永远是腰背挺直，衣装整洁，思维敏捷，目光炯炯。每回面对伯伯，当年我这个初中生的脑海中，立即浮现出的是斯大林的那句名言：共产党人是特殊材料制成的人！现在回想起来，当时安排七妈到颐和园休息的医生，恐怕真有“一箭双雕”的美意呢。

当汽车停在颐和园的东门口，我们跟在伯伯身后走进公园。进门前，伯伯从不忘提醒工作人员：一定要买门票。伯伯仿佛不会漫步，他步履总是轻快有力，到公园又总是轻车简行。他常穿着一身灰布中山装，身边除了几个孩子，仅一两个随行的卫士，走在湖边长廊里，与公园里的普通游客没有什么区别。有的人迎面与伯伯擦肩而过，丝毫没有察觉；有的人分明觉得眼熟，擦身过去后又恍然大悟，惊喜地回过头来指指点点；也有少数人走到对面认了出来，就快步迎上来，欣喜地与伯伯握手，亲热地聊上几句，一切都极为自然、和谐。

秉钧到底是男孩子，他拉着上幼儿园大班的妹妹秉宜，又蹦又跳地跑在前边；我毕竟上初三了，十四五岁已经有些少女的成熟，便文文静静地跟在伯伯身边。这时的伯伯显得比平时更轻松些，他浓眉舒展，面带微笑，和着脚步，嘴里很有节奏地唱着“雄赳赳，气昂昂，跨过鸭绿江”，那只放在胸前的右手，也有力地打着拍子，我便跟着他一起唱。伯伯唱这首歌，曲谱咬得特准，歌词也一句不错。有时，伯伯指着长廊上的一个个画面，边欣赏边给我讲解，告诉我说长廊上的这么多画都不重复，而且每幅画面都是一个动人的故事。

每回我们一进院子，“七妈好”的问候声立即给听鹂馆后面的一个安静的小院平添了家的温馨。伯伯在七妈屋里坐会儿，没说两句话，七妈便笑着提出：“既然到了颐和园了，就别闷坐屋里，辜负了大好的湖光山色。走，一块到外面转转。”有时也说：“我天天到湖边散步，今天就不陪你们。恩来，你带孩子们一块去划划船吧。”那时我只是顺着七妈的意思办了，直到以后长大了，才体会出当时是病人的七妈的良苦用心：她体质很弱，照理希望丈夫在屋里陪她坐坐，她出去陪着走那么多路，其实是很辛苦的；可是，她更心疼丈夫太忙太累，她宁可自己累点，也要陪丈夫在湖边走走；自己实在吃不消时，宁可丈夫少陪自己一会儿，也要让丈夫在大自然里活动活动，换换脑子。

我每每回忆起伯伯和七妈的这些往事，就能品味到“相濡以沫”的滋味。

整整61年之后，2013年春夏之交，我又邀请弟弟妹妹们再游颐和园，并到留下美好记忆的谐趣园拍照留念，倍感滋味浓浓。

△ 2013年，秉德和秉钧、秉宜在颐和园

十、七妈带我到中海避暑，我学会了划船

20世纪50年代，在我上中学的时候，放暑假了就住在西花厅。有时吃完晚饭，天气特别热，七妈会带上我去中海划船，还有卫士随行。有一次在路上，我们碰到了穿着一身白色连衣裙的江青，就和她打招呼，说了几句话。对江青还到不了叫“江妈妈”的份儿，因为她相对年轻，我就叫她“江青阿姨”。

到中海后，由卫士负责划船，我见了也想学。就在那里，我学会了划船，知道要背靠着船头，把桨从后朝前划，这样船就往前走了。七妈曾带我去过几次中海划船，有时我会划上一两圈，然后天也黑了，我们就回去。

当然，七妈也带过我的弟妹们坐船，大妹秉宜就在文章中回忆过七妈带她在颐和园坐船游湖的情景：

> 饭后，伯父又带大家一起去颐和园游船。在颐和园，大家都上了船，船要开了，我却要上厕所。伯母没办法，只好留下宫叔叔和另一个冯叔叔在岸边等我，然后再带我划小船去对岸赶大船。那天是个阴天，昆明湖里种了大一片荷花，荷花已经不多了，只有绿色的荷叶在湖面上连成了一大片，我们的小船就这样在绿色的荷叶中穿行向前。船走到一半，下起了蒙蒙细雨。宫叔叔人很机灵，一看下雨了，顺手就摘下一片荷叶顶在了自己头上。其实当时那个雨很小，还不至于打伞，宫叔叔就是淘气，他们都才20岁出头，是很年轻的小战士。但划船的冯叔叔不高兴了，他批评宫叔叔说：“你忘了咱们解放军三大纪律八项注意了，不拿群众的一针一线。你摘荷叶，要是让总理知道了，非关你禁闭不可。”宫叔叔一听这个，赶快就把荷叶扔进了水里。我在一边好奇地问什么是关禁闭，宫叔叔逗我说：“就是关小黑屋。”两年后，宫叔叔因为另有任务，调离

了西花厅。

这次是卫士划船，还发生了上面说的要遵守纪律的小插曲。在伯伯和七妈的严格要求和潜移默化下，尤其是他们的以身作则，让西花厅的工作人员和我们这些孩子都养成了严守纪律的习惯。

十一、我与普通战士是平等的，不能觉得自己高人一等

在西花厅生活的日子里，我印象中伯伯平时总是通宵达旦地工作。有一天清晨，忙了一夜的伯伯还没睡，可能是手头的工作初步告一段落，可以休息一下了，他就从办公室出来到院子里透透新鲜空气。读初中的我正放暑假，已经起床在院子里看书，伯伯的一些警卫战士在打扫庭院。伯伯走到我跟前，忽然看见我在看书，立刻厉声训斥道："秉德，你怎么还在这看书？"当时我就挺不理解的，坐在那儿就扬着头也没问，意思是怎么了，我不知道怎么回事。

伯伯接着说道："你没看见那些叔叔们都在打扫院子吗？你怎么可以一人在这里看书？"

这下我明白了，原来如此！伯伯的这一席话是在提醒我，我虽然只是初中学生，但也必须承担力所能及的劳动；我虽然是国家总理的侄女，但与这

△ 1952年，伯伯与我的合影

些普通战士是平等的，不能有任何特殊。我至今都清楚地记得，伯伯经常教育我说："你必须时刻牢记，你就是一名普通学生，长大了就是普通老百姓。我当总理是为全国人民服务的，不能为周家服务。"

伯伯是这么说的，更是这么做的。他永远都是同广大人民群众打成一片，从来没有因为自己位高权重就觉得高人一等。甚至在他看来，群众的生命比他更重要！对此，我也是在后来才知道这样一件让人惊心动魄的事例，那是伯伯的原卫士魏玉秀接受采访时说出来的：

> 1947年1月，胡宗南部队大举进犯延安，保卫延安的战斗打响了。一天下午，天空飞来黑压压一群飞机，一阵轰鸣声后扔下一批炸弹，并伴有雨点般的机枪扫射。炸弹在延河边炸开，河岸的树也被连根拔起。这时，站在防空洞口上的周（恩来）副主席看见对面山坡上跑下来一辆马车，车上坐着两个妇女和一个老汉，就高喊着冲出去："老乡，快卧倒！"我一个激灵，急步跟了上去。爆炸声惊了马，它拉着车一路狂奔。敌机发现后又扔下一束炸弹，几声轰响后，马车被炸翻滚入沟里。我跟周副主席上前一看，车轮朝天，马车的一半已经被土

△ 1947年3月，国民党军队大举进攻延安，这是伯伯在转战陕北途中

埋住。我俩赶忙跳下沟去，用双手扒开泥土，用力把人给拖出来。我见周副主席的双手都磨出了血，正要给他包扎时，一架敌机又俯冲下来。周副主席猛地把老乡推到车下，用自己的身体挡住了他们。我见状立即扑上去，用自己的身体挡住了周副主席。炸弹在不远处炸响，我的右胳膊和左腿都被炸伤，鲜血直往外流。周副主席的腿也受了伤，他艰难地站起来，一边让老乡赶紧转移，一边关切地照看着我。这时，其他几名战士从防空洞冲出来，迅速把他们背了回去。他们刚进洞口，又是一声巨响，那辆马车被炸得飞上了天。

十二、在伯伯教育下知道要以国家为重，决心当乡村女教师

1952年春夏之交，我初中快毕业了，在全家孩子中，我第一个面临职业选择。本来，我那时成绩很好，每学期都能拿到“学习优良奖章”，在教师和同学眼里，凭我的成绩和水平考上本校高中是不成问题的，至于高中毕业考大学或去苏联留学也更不成什么问题。刚巧这时上映了一部苏联电影《乡村女教师》，女主人公瓦尔娃娜置身乡村，为小学教育呕心沥血的情节使我深受感动。尤其是演到在她晚年，来看望她的学生们已经成为工程师、飞行员、医生、农艺师、演员、作家等国家建设所需的各种人才时，我全身热血沸腾。特别是多年来受到伯伯、七妈的教育，任何时候，做任何事情，都要以国家利益为重，人民利益为重，不应考虑个人利益与前途。想到当时全国人口70%以上是文盲，儿童缺少读书机会，我更加感到当一名乡村小学教师是多么的神圣和光荣。

星期六我回到西花厅，坐在饭桌旁，再也忍不住激动的心情：“伯伯、七妈，我有一个事情要宣布，我也很想听听你们的意见。我不准备考高中，我想报名上师范学校。”

“好啊！和我一样啊！”七妈眼睛一亮，脸上现出特别欣慰的笑容，“我原来也是做老师的，我16岁就当老师了。做老师非常有意义，何况现在国家刚刚搞建设又这么需要各种人才。”说完，她转过头向正埋头吃饭的伯伯说：“我已经说同意了，你怎么不说话啊？”伯伯放下手中的筷子，望了望我，对七妈说：“有你一个人说就够了，她得有点独立思考嘛。你也说，我也说，不是对她压力太大了吗？将来她要后悔起来都没办法。况且，秉德还应该听听自己爸爸妈妈的意见？”

果然不出伯伯所料，我回到家，一讲自己的理想，爸爸没开口，妈妈反应特快：“秉德，你学习成绩很好，应该继续读高中，读大学，女孩子一定要学有专长，有自己的本领才行呀！”

“妈妈，你也是老师，你为什么反对我当老师呢？”

“我不是反对你当老师，我是不理解你放弃现在继续升学的机会，你高中毕业去上师范大学，出来不也是老师嘛！”

“妈妈，现在我们国家还很穷，很落后，尤其是农村，太多的孩子没有学上，将来长大了就是文盲，太需要小学老师了。我愿意学习苏联那位乡村女教师，把一个个农村孩子，培养成国家的栋梁之才。我相信，成千上万学生发挥的作用，一定远远超过我一个人的贡献，这样我也就心满意足了！”

“讲到苏联，妈妈正要提醒你冷静想一想。妈妈是有切身体会的，女人一定要有一技之长。如果不是当年你外公强迫我学习俄语，我这样一个有6个孩子的妈妈，就是有为新中国出力的愿望，也不可能从一个家庭妇女当上中学的外语老师吧！你看你们师大女附中，高中毕业去苏联留学的机会真不算少。你的成绩好，又是优秀学生，高中毕业，不用让伯伯说话，也极有可能去苏联留学的。难道这样好的学习机会，你也不珍惜，情愿白白放弃吗？”

“妈妈，你劝我的这些话，我的班主任和同学也都劝过我。他们也提到我成绩好，各方面突出，等高中毕业后出国留学不成问题，希望我慎重考虑。妈妈，这些天我确实也经过了认真考虑，现在是新社会了，我们每个人考虑问题的出发点，一定要以国家的需要为第一需要，不该从个人的发展出发！反正我还是想上师范学校，当一名乡村女教师！”

“既然你已经拿定主意，我和妈妈都支持你。”爸爸的话不多，但一锤定音。

1952年我终于如愿以偿，被保送进北京师范学校。北京师范学校已有70年的历史，而且著名作家老舍先生几十年前也是在这个学校读书的，教师的教学水平、思想水平都很高。

那时候，我偶尔还会到中南海找之前的玩伴娇娇。有一次在海边看到了毛主席，他坐在一个石头凳了上：“秉德，你来啦？”我说：“我来找娇娇玩。”“你现在上的什么学校啊？”“北京师范学校。”毛主席的反应和七妈一样：“那好啊，我也是学师范出身的。女孩子干吗非得学工业呢，学师范、学医挺好么！以后我让李敏、李讷也去学师范。”后来，李敏和我说，主席对她讲过：“你怎么不和秉德学呀，你也应该去学师范。”几年以后，李敏果真考入了北京师

△初中毕业，我主动报名去北京师范学校，在校内引起重视，让我在全体初三同学会上讲了思想认识。这是团小组在欢送我离开师大女附中时的合影

范大学。

我在北京师范学校学习三年后，被分配到北京东郊区第三中心小学当老师，实现了当乡村女教师的梦想。记得毕业前，学校通知我们说，可以有四分之一的人报名上师范大学。许多同学踊跃报名。而我却在作文上表态说：现在我们国家文盲还很多，许多学龄儿童不能入学，一个主要原因是师资不够，况且现在还有不少小学老师，本身只有小学毕业程度，有学习的机会，应该先培养他们。国家培养我们三年，我们应赶快加入到教师行列，让更多该入学的儿童有机会入学。

学校党支部发现我思想觉悟高，考虑问题先从社会现实需要出发，在毕业前积极发展我加入了中国共产党，这时我刚满18岁。

十三、我们和伯伯、七妈在海棠树下

每年4月中旬，西花厅院内的几株海棠树，都有粉花、白花开满枝头，甚是茂密，生机盎然。一到这时，伯伯、七妈看到鲜花满枝的盛况，都很愉快、欣喜，也会抽空在院内散步赏花。

1956年4月的一个星期天，伯伯秘书让我们母亲带几个孩子过来看望伯伯，陪他赏花。这是他在紧张、繁重工作间歇中难得的放松机会。

但不巧的是，那天七妈正在为过几天就要在北京召开的国际民主妇联理事会扩大会进行紧张的筹备工作，不在家。

父亲又正在外地养病，秉钧也因同学聚会而没能来。

▷

1956年4月，西花厅，左起：秉宜、秉和（拉手者）、秉华、伯伯、秉建（拉手者）、母亲、秉德

△ 1957年4月中旬，海棠花盛开的时节。七妈在周末有空赏花了，伯伯又没空！七妈只得抱着她那精致、漂亮的洋娃娃，就地邀集当时在场的人合影

十四、春节的西花厅聚会

1959年春节前，七妈因病离京到南方休养。春节期间，伯伯的生活秘书何谦为了给工作繁忙的总理生活上增加一点儿活跃气氛和天伦之乐，特意通知了我们一家人和维世、新世等人，来与伯伯共度春节。大家有说有笑，都很开心。同时，伯伯还让每个孩子在电话里向在南方休养的七妈拜年，祝她春节愉快，早日痊愈，早日回京。

遗憾的是我当时还在密云水库的修建队伍中过着革命化的春节，未能参加这次温馨的聚会。

△ 前排：孙小兰、何丽（何谦女儿）、秉建、何滨（何谦儿子）、秉和。后排左起：秉宜、孙维世、伯伯、孙新世、母亲、秉钧（第三排）、林玉华（何谦夫人）、父亲、秉华

△ 伯伯带着孩子们

△ 在西花厅前厅的大客厅，伯伯成了“孩子王”。
左起：秉建、何滨、龙小瑜（后排左一）、何丽、秉宜（后排左二）、伯伯、孙小兰、秉和、秉华（后排右一）、李小波（秘书陈浩之子）

△ 1961年春节，伯伯和亲属们在西花厅院内

△ 1961年春节，伯伯、七妈和我爸妈与亲属
们在西花厅共迎新春

十五、随七妈为伯伯出访送行

△ 1960年4月13日，七妈带我到西郊机场，为即将出访缅甸、印度、尼泊尔等国的伯伯一行送行。上面这张送行的照片中，除了七妈（左三）、当时总理办公室主任童小鹏夫妇（右一、三）、副主任许明夫妇（右五、二）、副主任罗青长夫人杜阿姨（左五）、何谦夫人林玉华（左四）、我（右四）外，还居然有了西花厅以外的林彪（左二）的镜头。

▷ 前排左起：林彪、七妈、张彬、林玉华、杜希健、杨纯、秉德

十六、与七妈同游陶然亭

1960年4月13日，刚好是个周末。为即将出访的伯伯送行之后，七妈带领西花厅的十来个人，共同去了陶然亭公园。同行人中有一位是伯伯卫士赵行杰的夫人张彬，她是新华社的摄影记者，于是就给我们留下了精彩的照片。

记得二十世纪五六十年代，七妈带我们去陶然亭，不下四次。伯伯、七妈之所以对陶然亭有着特殊的感情，是因为这里有我党早期革命活动家高君宇与他的亲密而纯洁的女友石评梅的墓碑。在第一次国共合作期间，高君宇曾作为孙中山的秘书，活跃在广州、北京等地，1925年1月在上海出席中国共产党第四次全国代表大会上认识了周恩来，两人一见如故，谈革命，谈志向，谈友情，又谈爱情。会后，他受伯伯之托，在返回北京途经天津时带信给邓颖超，让她根据组织决定调往广州，与周恩来共同战斗，并结为夫妻。伯伯和七妈一直认为

△ 50年代初，过去的东单、西单、东四、西四的牌楼，移建至陶然亭公园内

高君宇是他们的牵线红娘，对这段情谊念念不忘。

当时，高君宇与女作家、同乡石评梅女士因志趣相投，亦在热恋中，但高君宇因病英年早逝。他去世后，石评梅将高君宇生前最有力的诗句刻在高君宇墓碑上，诗曰：

◁
1960年4月13日，在陶然亭公园内高君宇、石评梅墓碑前。左起：林玉华、秉德、七妈、赖祖烈、孔原

我是宝剑，我是火花，
我愿生如闪电之耀亮，
我愿死如彗星之迅忽。

几个月后，石评梅女士也因感伤过度而逝世，被友人埋在了高君宇墓旁。人们被他们崇高而纯洁的爱情所感动，几十年来，至今，都不断有青年学生们前去凭吊。

伯伯和七妈对他们的早逝深为悲伤、关切与同情，有机会时总要亲自到墓地去怀念凭吊，并给随行的我们讲述他们的事迹，还要把高君宇的诗句念上几遍。1965年6月，伯伯在审批北京城市规划总图时，特别强调要保存“高石之墓”，他说：“革命与恋爱没有矛盾，留着它对青年人也有教育。”

前些年，在朋友推荐下，我将几次陪同七妈同去陶然亭的照片电子版捐赠给了公园管理处。

第二章　深情厚谊

一、母亲翻出了几十年前七妈写来的多张便条

说实话，经过几十年的交往与了解，我和许多与伯伯、七妈接触多的叔叔阿姨有同样的感觉：七妈在家庭中更讲原则性，而伯伯与人的心灵更贴近一些，更重感情一些。但就我本身来说，我接触七妈的时间比伯伯多得多，我心目中七妈对爸爸妈妈及我们姐弟六人生活学习关心的具体和周到，远远超过了伯伯，因为伯伯更多是属于“公家”的、“大家”的。而七妈却要代伯伯具体照顾我们和经常找上门来的周家亲属，对此她从没有吝惜过自己的时间和金钱。

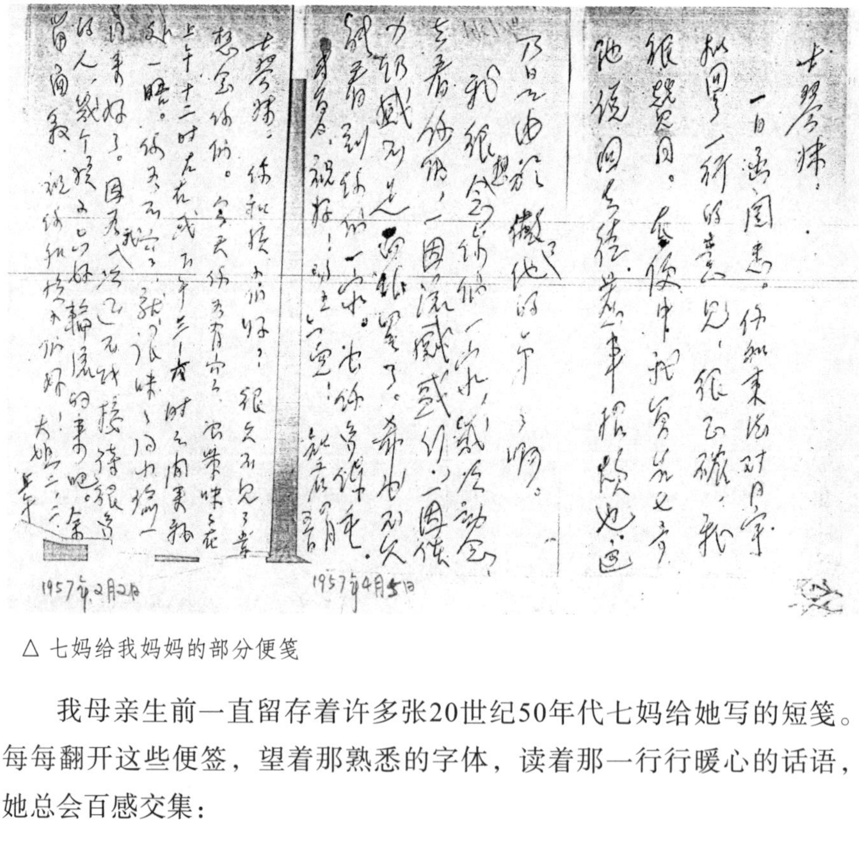
1957年2月2日
1957年4月5日

△ 七妈给我妈妈的部分便笺

我母亲生前一直留存着许多张20世纪50年代七妈给她写的短笺。每每翻开这些便签，望着那熟悉的字体，读着那一行行暖心的话语，她总会百感交集：

士琴妹：

小六的病好些吗？你两天来都没打电话告我，我时常在惦念着！兹特派谢廉珍同志来问讯。

望将小六病况告他。我为可爱的小六祝福！望你注意保重身体为盼！

另咸鱼两条送你们佐餐。

祝好！

大姐

十二月三日

今晨写好此信后，值班同志才来告我，你昨晚已来电话，小六已渐好，甚欣慰。

又及

（注：1953年12月刚刚一周岁的小六妹秉建生肺炎住院）

同宇：

你回来后，今、明日何时方便，请你打电话给我，打到3882即可通话。

今天来看你们，不在家的不在家，睡觉的睡觉，我参观了你们的居室庭院回去了。

超留

四月十八日下午四时

士琴妹：

送上明晚芭蕾舞剧票一张，请你去看，我也要去看的。祝你们一家晚安！

大姐

十月二十四日

士琴妹：

由国盛带上一些广柑给你和孩子们。上次送给你们的酒，请送一些给姥姥（注：指我外婆），作为对于长老退休的慰问。近日我的身体情况又有进步，请释念。在每日上午九点至十点半或下午四到五时之间，你只要有空，可在任何一天来我处会晤，略谈此。祝你和孩子们春节好！

大姐

二月十五日

上次咪咪来时交她带回105元，想已收到。同宇有信来否，休养的成绩如何？念了！

又及

士琴妹：

一日函阅悉。你和秉德对同宇拟回淮安老家一行的意见，很正确，我很赞同。在便中我曾问七哥，他说回去徒惹事招烦也，这乃是由于做了他的弟弟啊。

我很想念你们一家，几次动念，去看你们，一因流感盛行，一因体力仍感不足而作罢了。希望不久能看到你们一家。望你多保重。

专复，祝好！吻五、六儿！

知名

四月五日

士琴妹：

你和孩子们好？很久不见了，常想念你们。今天你如有空，望带咪咪在上午十二时左右或下午三——六时之间来我处一晤。你如不空，就让咪咪同小瑜一同来好了。因为我一次还不能接待很多的人，几个孩子只好轮流的来吧。余留面叙。祝你和孩子们好！

大姐

二月三日上午

士琴妹：

请你今晚六时半到我们家来。可能有一张票请你一人去看舞剧。

大姐

六日中午

士琴妹：

十月革命节的次日，收读孩子们的信，我很喜慰！

今天接你的信。知你惦记着我的病况。近日已好些，只是仍不能多动，更不能看书报，睡眠时好时差，常常出汗，所以我还须安心静养，继续服药，才能争取身体彻底健好。希望你也注意身体，努力工作，孩子们已够你操劳了，请不要常念着我的病。过一段会健好起来的。

附复同宇弟的信，你写信时转去吧。

送去你改皮大衣的工资20元，请收，另外我还给咪咪一条头巾，免她冬天放学回家时受凉；给秉钧一把小梳子（捷克产品）；小葡萄干及豆子一盒（阿富汗）给孩子们和你及二老娘吃。

愿你们

全家安好！

二位老娘好！

大姐

1957年11月16日

补给孩子们用费105元，请查收。

二、伯伯让我父亲提前退休

我在师大女附中上学时，每次周六我先回中南海西花厅看伯伯、七妈，向他们谈谈学校里的事。第二天早饭后，就去东城遂安伯胡同和后来的西城区机织卫胡同自己的家看望爸爸妈妈。1955年工作以后，我还是这个习惯。可能是因为我最大，父母之间的一些谈话常常也不避讳我。

那是1959年的一个星期天。我跟爸爸前后脚回到家里，立即发现爸爸平常紧皱着的眉头舒展了，满脸春风喜气。我忍不住问道：

△ 妈妈在机织卫胡同庭院内

“爸，一定有什么事让你高兴？”

“到底是我的大女儿，一眼看穿了爸爸的心！”爸爸笑着说，“我刚想告诉你妈妈呢！我调动工作的命令已经下了，下周就去内务部上班！”

“好呀！”妈妈也显得挺高兴，可我依然一头雾水。

“秉德，你爸爸身体不太好，当那个仓库管理科科长又太忙，他也吃不消。现在调到内务部机关，离家近些，工作轻松，这不好吗？”妈妈一边整理手边学生的作业本一边说。

“内务部是管什么的？”我奇怪地问，“爸爸你能干什么工作呢？”

“这是你陈赓伯伯出的点子！”爸爸一边翻着报纸一边解释，“他找了内务部的曾山部长，说，周同宇对革命是有过贡献的，身体又不太好，把他调到内务部，你给他安排个合适的工作吧。”

“爸爸，你不是1927年就脱离了革命嘛，还有什么贡献可言？”我那时还不了解爸爸当年脱离革命的真实情况，话说得不客气。也不怪，我此时已经入党，在我的入党志愿书上，我曾写着：“爸爸当年离开革命脱离共产党的原因是对革命缺乏信心，有小资产阶级的动摇性，找借口离开革命。说句心里话，我思想上宁肯爸爸能坚持革命，为革命多做贡献，哪怕因此这个世界上没有我！”

“秉德，你怎么这样和爸爸说话？”妈妈提高了声音，“你陈赓伯伯都说，不是只有在党内才能对革命做贡献的。1928年，你伯伯和七妈去莫斯科参加党的六大，乘轮船到青岛、大连被特务跟踪，是你爸爸在吉林和哈尔滨掩护，才脱险的。能保护住你伯伯，保住中国共产党的重要领导人，就如同保护了革命的灵魂和火种，这不是对革命的很大贡献吗？再说，在天津时，你爸爸开的那家货栈，是叶剑英元帅让地下党拨给的经费，由你爸爸经营，专门为地下党采购药品货物的。为此，你爸爸还被国民党抓去关了半年牢，他除了承认是周恩来的弟弟，没有出卖过一个地下党员。因为敌人抓不到证据，又有你伯伯的同学常策欧等人奔走营救，你爸爸才被放出来。出来后，他没有犹豫，立即又找地下党接上关系……”

其实，只要伯伯不干预，我相信按爸爸的资历和能力，在内务部安排个好一点的职务，不说高官，干一些轻松的、级别高点的工作，恐怕不会有什么问题。但是伯伯决不会容许这样的事发生。伯伯去世后，一位知情人告诉我，当时伯伯对曾山部长再三明确交代：“周同宇的工作，要安排得职务尽量低，待遇尽量低，因为他是我亲弟弟。”

于是，换到内务部工作的爸爸，职务仍然是很一般的。

20世纪60年代初，爸爸胃溃疡越来越厉害，伯伯和七妈都劝他开刀，他就是不敢。因为胃痛时常发作，爸爸经常请假在家休息，伯伯安排他到外地疗养了几次，还请我七妈联系当时协和医院的外科名医吴蔚然大夫为他开刀，希望他的病尽快好起来，但他的病仍不能正常上班。当然，像他这样身体不好需要治疗休息的也大有人在，但是在伯伯那里，只有他成了问题。1963年一次开会后，伯伯留下了曾山部长，向他交代说：我弟弟身体不好，请你让他提前退休，不能拿着全额工资，还不能坚持正常上班！

曾山部长开始只是口头答应着，并没有去办。因为按照正常情况，退休后，工资要减少，而且再没有机会调整，许多在职时的待遇都会取消，一般人都不愿意退休；有些到了退休年龄的尚且希望推迟办理手续，何况爸爸还没到退休年龄。他猜想着伯伯工作忙，一定不会老记住这件事。

然而，只要爸爸与伯伯是亲兄弟的关系不变，伯伯就不会忘记这件事。还是在伯伯的办公室里，伯伯的表情十分严肃，语气十分认真地问曾山："曾山同志，我弟弟退休手续的事，我已经交代你几次了。为什么还不办？"

"总理，最近比较忙……"

"不要找理由！你回去立即办，你再拖着不办，我就要给你处分了。他是我的弟弟，怎么能拿着全工资不上班呢？！"

于是，1963年6月，爸爸在59岁零两个月时就提前办理了退休手续。

三、伯伯每月从自己工资中给我们家补助

提前退休以后，爸爸的工资明显地减少。可是家中六个孩子，除了我和当飞行学员的秉钧外，家里四个孩子都上学，负担很重。

那是个星期天的中午，我回到西花厅。工作了一夜的伯伯正好起床，在客厅他对我说："秉德，你爸爸退休手续办了吗？"

见我点点头，伯伯又继续问："我坚持让他提前退休，你爸爸想得通吗？"

对伯伯，我历来是实话实说："爸爸还好，倒是妈妈有点想法。"

伯伯"喔"了一声道："说给我听听。"

"反正，爸爸的一贯态度就是这样：'我一切听哥哥的，哥哥怎么说，我就照办。'妈妈却想到实际问题，她说，如果征求她的意见，她就要说说自己的想法，现在四个孩子读书，正是需要用钱的时候。"

"秉德，你有没有补贴你妈妈？"

"我每月62块钱，交给妈妈20块。这不是你和七妈交代我这样做的嘛！"

“你这样做是对的，儿女应该从小懂得为爸爸妈妈分忧。我让你爸爸退休，你想得通吗？”

“当然想得通。你不是常说，封建主义时代是一人做官，全家享福，一人得道，鸡犬升天。我们是共产党，是人民的勤务员，是人民的公仆，决不能延续封建主义的那一套。正因为爸爸是你的亲弟弟，所以应该更严格，不能坚持正常工作，就不应该从人民那里拿全额工资。你是总理，如果连自己的亲弟弟都管不了，又怎么能去管理别人！爸爸退休后工资是减少了，可是这么多年来，不都是伯伯供给我们学费的嘛。如果没有伯伯的帮助，就是爸爸工作，我们六姐弟上学早就要向学校申请助学金了。伯伯帮了我们这么大忙，妈妈真不该有什么想不通了！”

“话不能这样说。”伯伯摇摇头，若有所思地说，“秉德，你现在已经是共产党员了，我们共产党人，应该凡事都要站在党性的立场上考虑问题，越是亲近的人，要求越严格。尤其我当总理，只有人正，才不怕影子斜！不过，从一个家庭来说，你妈妈有看法，这也是正常的、合乎情理的。她是个很自立、很自尊的女性。你爸爸就不一

△ 妈妈带秉宜、秉华、秉和、秉建在机织卫胡同庭院内

样了，他是我弟弟，我们从小也是依靠伯伯养大，当然他从我这儿拿钱去养你们，他不会觉得心里有什么不安。而你妈妈却不同，从她的角度上看，当然应该你爸爸自立，顶家过日子，总拿我的钱，她心里就觉得不踏实，不自在。”

伯伯说着，表情有些激动起来：“秉德，你给你爸爸妈妈带个信，下星期天，让他们一起来吃饭，我再和他们谈谈我的心里话。其实，我让你爸爸退休还有一层想法。我们原本兄弟三人，你二伯伯早逝，现在只剩下我们两个。你奶奶去世那年，我9岁，你二伯8岁，你爸爸只有3岁。你奶奶临去世前，握着我的手，喘着粗气，断断续续地叮嘱我：你的两个弟弟还小，答应娘，一定好好照顾他们……我当时泪流满面，一句话也说不出来，只是拼命点头。我答应你奶奶的话，从来也没有忘记。你奶奶去世后，我突然感到自己长大了，还想到了中国的一句古话‘长兄如父’。当时父亲在外谋生，顾不上我们，我就承担起了对两个弟弟的抚养责任。我们相依为命两年多，直到我去东北。如今，我自己选定了这条路，就只能向前，不能退却，只能鞠躬尽瘁，死而后已。而你爸爸不同，他身体不好，早点退休也能平安地度过下半生，也算我对你奶奶的承诺有个交代。”

我真没想到奶奶在伯伯的心里有这么重要的位置，也没想到伯伯除了有严格的党性，对爸爸还有如海深的兄弟之情，而且对我的妈妈、他的弟媳的心境也那么体谅，那么尊重！

“秉德，我会交代成元功他们从现在起，每月从我工资里拿出200元，还是由你拿回去给爸爸妈妈。”

“伯伯，不要给那么多！我和秉钧都工作了嘛！”

“多给你们一些，这是让给你爸爸吃些补养品。他胃不好，体质也太弱了。”

“不要那么多！”

“怎么？我这伯伯的钱不要，你准备让你爸爸妈妈向组织申请补助吗？如果是这样，我心里能安吗？用我的钱就可以少花人民的钱啊。”伯伯仿佛看穿了我的心思，“秉德，你千万不要觉得用我的钱心里愧疚，你要记住，我和你二伯、你爸爸都是你们的四爷爷养大的，我养你们也只是在尽我应尽的责任，这是我们周家上辈的好传统。希望你们这一辈、下一辈和后世子孙们，也都能这样有困难互相帮助，而不给国家增添负担。好不好？”

我除了点头，还能说什么呢？

从1954年到1968年，几乎每个月都是由我从卫士长成元功叔叔那儿签字领钱，每个孩子20元，后期还有给爸爸的营养费。从每月105元到120元，再到每月200元，一直到1968年，我们6个孩子全部参加工作为止。

我每每拿着这些钱送回家，心里总觉着是捧着伯伯沉甸甸的爱！日久天长，伯伯这份真挚的亲情，对亲人尽责的用心良苦，像人类不可或缺的阳光，温暖如春，滋润着我的心扉。

直到伯伯去世后，从卫士的回忆中，我才知道伯伯对我们家的经济补助，占到了他工资收入的三分之一，有时甚至二分之一！他对我们一家，恩重如山！这个生活补助费，我不在北京时，因为弟弟妹妹还小，就由他的卫士送到我家。后来，卫士同志回忆说，总理有一次在办公室工作时，忽然抬起头来问了一句：“秉德不在北京，同宇家这个月的生活费，你们别忘了送过去。”伯伯对我们的生活、抚育，是多么的亲切周到、体贴入微、视如己出啊。

但是，他们自己生活简朴之至极！我们看他着装总是整洁、笔挺，哪知他的内衣、睡衣是补了又补啊！作为纪念，我分到了这样的衣服，拿在手里，心灵受到极大的震撼：一方面懊悔自己家不该接受他们那么大的恩惠，心疼他穿了那么旧的衣服；另一方面，更加深了对伯伯的崇敬之情。不难想象，以他那么高的权位，为亲兄弟安排个美差，应该是很简单的事；就是他不去阻拦，总理亲兄弟的工作，由组织上安排，职位、收入也都不会差。他自己在生活上也不必那么过于简朴，甚至窘迫！但他没有，他要自己和亲属们，与全国老百姓一道过简朴的日子。这就是我的伯伯我们共和国的总理！哪个国家有这样难得的好总理呀？哪个家庭又有这样难得的好兄长、好长辈啊？！

什么叫“廉洁奉公”？什么叫“廉政”？伯伯就是榜样。

我年轻时，不懂事，以为反正他们是国家领导人，收入一定多得很（当然我从来不问他们的收入是多少）。我都工作了，想滑冰，想买冰鞋，向他开口；想买自行车，又向他开口。伯伯从不拒绝，但又不能完全满足我，他出一半，让我自己也得出一半。我接受了，但当时并不理解。成年之后，才逐步琢磨出伯伯当年的良苦用心：既不让我失望，又使我逐步克服对家庭的依赖，同时让我拿出自己的劳动所得去购买物品，就会懂得爱惜这物品。他对孩子的教育，就是这样潜移默化，润物细无声。

只是特别可惜的是，伯伯赞助我买的冰鞋和自行车等后来都没了。因为我就从没刻意想过要保存，当时都没有把这些当回事，只觉得是很自然很家常的，根本没想过后来还要拿它们来证明什么。

四、伯伯七妈对其他亲属和身边工作人员的补助

20世纪50年代，有一次，周家有亲戚从外地到北京探亲，按“家规”住招待所。因为伯伯在建国后给自己的亲属定出了“家规”：来北京一律往机关招待所，在食堂排队买饭菜，没工作的由他代付伙食费；不许用公家汽车；在任何场合，都不要说出与总理的关系；不谋私利，不搞特殊化。这位亲属按“家规”住下来，但他返回时，通过卫士长成元功向国务院机关互助会借钱买了车票。当伯伯过问：“车票是怎么买的？”成元功说是向机关借钱的。伯伯说：“公家的钱怎么可以随便借！职工有了困难怎么办？”等到成元功解释是向机关职工互助基金会借来时，伯伯才说：“这就好！”

1959年初秋，堂兄周华章和他的母亲来北京。伯伯听说后，便约了时间请他们到西花厅做客。吃的二米饭，席间上了一道红烧肘子，是淮安菜。伯伯看到，脸上露出惊讶的表情：“喔，今天还有烧肘子！”七妈连忙说：“四嫂难得来，今天的菜差不多用了我们一个

△ 1959年国庆十周年时，因邀请的外宾多，要将外地来京人员疏散。我们家恰有几位亲戚从外地来京，伯伯在动员他们离京前跟大家合影留念

月肉食定量。”当时正是困难时期，为了招待一位故乡来的老百姓亲戚，两位老人竟然把他们一个月的肉食定量都贡献出来了。

伯伯吃着饭，又忽然想起什么，对七妈说：“华章刚有了小孩子，还有四嫂来，家里一下多了三口人，给华章点钱吧。”七妈答应着，回过头来问华章哥有没有存款。他说：“我有90元储蓄。”随后，七妈去书房拿出100元交给华章哥哥，对他说：“这100元你拿去用，你自己的钱就不要动了，平时还是应当有点储蓄的。”华章哥哥看看伯伯，又望望七妈，心里感动，但有些嘴拙，不知说什么，只答应着收下了钱。

吃过饭，伯伯有事，和大家打个招呼，匆匆走了。这时，华章哥哥看七妈还在向工作人员交代：“这吃剩下的菜晚上还可以接着吃。”

1963年，华章哥哥有了第二个孩子，正巧我们的堂哥荣庆到北京出差，伯伯特意让他去看望华章一家，又给带去了40元钱。荣庆哥还对华章哥传达了伯伯的嘱咐：“你告诉华章，两个孩子可以了，不准再要了。”

其实，伯伯、七妈帮过的不止有亲属，还有许多身边工作人员以及旧部旧识。

王海青是伯伯办公室的一位秘书。1954年，国家为了培养提高干部的文化素质和科学技术水平，决定通过全国统考录取部分在职人员上大学。这时王海青的妻子侯真已经是两个孩子的妈妈，但在七妈鼓励和支持下，她考取了天津医学院医疗系。1955年11月，在学校读书的她突然接到父亲病故的消息。正在她悲痛之时，接到七妈委托她的秘书张元写来的信，信中转达了七妈的话：“听说你的父亲去世，希

△ 1951年6月，伯母陪同伯父在大连黑石礁休养期间，工作人员劝总理离开办公室到海滩边散心。这是伯父与工作人员打牌

望你不要太难过，把哀痛化为力量，用在学业上去。你在学习期间，经济不宽裕，现托海青转去我的工作费伍拾元，作为给你这次回家往返路费的补助，请收用，并望保重。”侯真阿姨热泪夺眶而出，她把钱寄回老家，自己全身心地投入期末考试。七妈那封充满真情的信，她一直珍藏在身边。

1956年8月的一天，王海青一家刚吃完午饭，七妈敲门进来说，听说你们的宝宝要进幼儿园，要花费一些钱，我给准备一下。随后，七妈从衣服口袋里掏出80元交给侯真。王海青和侯真眼含热泪目送七妈远去的身影。后来她深情地回忆说，没有伯伯和七妈的鼓励和支持，整整5年大学她是无法坚持读下来的。

伯伯、七妈帮助过的工作人员又何止这一对？

可是对自己呢，伯伯、七妈节省了再节省，几乎到了自虐的程度！

1960年，伯伯洗脸用的是最普通的505绿色彩条毛巾，一条毛巾洗一年，中间破了四个大洞。成元功给伯伯又买了一条505，只不过是红条条，早晨伯伯从办公室出来，准备洗脸去睡觉时发现了：“我那条毛巾呢？”

“中间破了四个大洞了，该换条新的了。”成元功在旁边说。

“两头还是好的嘛！毛巾嘛又不是外衣，只要能用就行！快给我拿回来。”

“总理，那天韩大夫不是说了吗，您脸上毛囊之所以不断发炎，就是因为洗脸毛巾太破、太硬，不断摩擦引起的！”成元功叔叔以为搬出了医生的“明确诊断”，一向尊重科学的伯伯就会服从的。

“有道理。”果然，伯伯点点头。只是成元功还没来得及“得胜还朝”，伯伯一扬眉一眨眼反问道，“成元功，你说纱布软不软？”

“纱布当然软。”

“好。你去请霍爱梅同志（当时七妈身边的工作人员）找点纱布把毛巾中间的大洞补一补，这样毛巾又能继续用，而且纱布洗脸软和又不伤皮肤，既节约又保护皮肤，两全其美。对不？”

△ 我的父母，摄于1961年

“对！”刚刚起身的七妈正好进来，“等纱布再用破，还可以当擦脚布，不能擦脚了，还可以当抹布嘛！咱们国家还很穷，就是以后富裕了，也要节约呢！”

于是，那条用纱布补了中间，已经看不清颜色的505毛巾，又继续“亲吻”着伯伯的脸……

如果不是亲眼见到那条毛巾，谁能相信他的主人竟是掌管一个大国经济大权的总理，一个月收入400.80元的总理！

从伯伯身边工作人员做的一个统计中，我才知道经我手拿去补贴我们家用的那些钱的分量：伯伯的工资是400.80元，七妈的工资是347.50元。从1958年算起，到伯伯去世的1976年中，工资累积不足17万元，伯伯、七妈拿出他们两个人工资近四分之一，即四万多元用来补助亲属和身边工作人员。这4万多元，由我送到爸爸妈妈手中的恐怕是其中的大头！我记得特清楚，伯伯、七妈在世时经常讲，他们之所以用自己的工资来补助亲属和部下，是不愿他们因困难向国家申请补助，是为了减轻国家的负担！

伯伯对自己生活上的衣食住行都不在意，不追求讲究，更反对奢侈，自己的工资还经常用在公事上。中国乒乓球队在国际比赛上所有项目全部取得了冠军，伯伯为表示鼓励，自费宴请他们。电影《霓虹灯下的哨兵》宣传部队艰苦朴素的作风，在社会上影响很好，伯伯宴请剧组的同志们，在院子里散步时，两手报肩高兴地与他们边走边说："我请你们吃饭。"七妈在旁提醒说："恩来，这月你只剩下几毛钱了，还请客？"伯伯立即改口："是邓大姐请你们吃饭！"类似这样的情况，数不胜数啊！

像伯伯这样把自己的工资既用来补助亲友和身边工作人员，又用于公事，有时还需要动用七妈的工资，平心而论有哪个妻子能够接受得了呢？但七妈就接受了，并且自己也拿出工资来像伯伯一样做贡献。可以说，七妈对伯伯的理解与支持，无与伦比！古今中外何处寻？

五、因为是总理的弟弟，父亲没能回到故乡怀旧

当然，作为伯伯亲弟弟的爸爸，为了哥哥严格律己的精神，他也心甘情愿地做出了自己感情上的一些牺牲，留下了无法补偿的遗憾。

树高千尺，叶落归根。爸爸也是个十分怀念家乡的人，尤其是到了老年，特别是退休以后，经常听他在念叨：14岁离开淮安老家，转眼已经四五十年了，真想回家看看！新中国成立后，他也不止一次地向伯伯提出回家看看的愿望。有一回，那是个西花厅海棠花盛开的日子，我们一家被伯伯叫到西花厅看花。那天，春风拂面，阳光灿烂，伯伯兴致很高。一家人在院子里合影后，妈妈和七妈在廊前说话。伯伯和爸爸在前庭的花间散步，我牵着小妹妹秉建的手紧随其后。

"哥哥，听尔辉来信说，驸马巷老家的房子太破旧了，尤其是你住过的房子，再不修就要倒塌了。淮安县委已经说了，要帮着把房子修葺一次，先把住在里面的几户人家搬出来，要不要我回去一次，看看怎么修？"

"不用了，淮安县委来人，我已经给他们讲过了。院子里的住户

不许搬迁，我们的房子，尤其是我出生和住过的房子，要塌就让他塌掉，塌平了最好，不得翻盖维修，更不允许搞什么纪念馆组织群众参观。我平生最不赞成的就是封建主义的那一套：衣锦还乡，光宗耀祖。只要我活着，就不许搞。”伯伯讲得十分坚决，毫无商量的余地。

“哎，人生苦短。屈指一算，我14岁离开老家，到今天已经快40年了，哥哥你比我早离开八年，没回故土已近五十年了。你难道一点不想家吗？”爸爸的声音有些发颤，听得出，他有些动情了。

“故土难离。我也是人，我也有感情，怎么会不想老家！那里还埋着我们的爷爷、奶奶、娘和十一婶。几十年没回去了，也不知坟头的那几棵树长得多高了！”

“哥哥，那你就不打算回家看看？”

“没打算！”伯伯的回答依然斩钉截铁，“一个是忙，再一个是不愿打扰地方的同志。前些天淮安县委书记来，我们谈了好久。他告诉我，老家前面的文渠还在，现在还能划船呢！”

“哥哥，你是总理，你回去有光宗耀祖之嫌，我平民百姓一个，难道也不能回家去看看吗？”爸爸的声音已经有点哽咽。

“就因为你是周恩来的弟弟！”伯伯的语气十分肯定，“你想想，如果你回去，县委能不派人接待你、陪同你吗？明摆着要给地方同志增加负担，添麻烦的事，你又何必去做呢？”

爸爸点点头，深深地叹了口气，话语无奈且有些凄凉，“可能真是老了，我总是想起老家，总爱回忆当年我们兄弟三人一块苦熬的日子，也真想给妈妈坟上添把土。唉，看来，只有等我死了以后，把骨灰送回去，埋在我们老家后院小时候种过菜的地方，以了却思乡之情了……”

伯伯没有再接茬，爸爸也没再坚持。现在回忆起来，若说遗憾，爸爸最大的遗憾之一，就是有生之年没能回淮安老家看看。伯伯在时，是伯伯不准；伯伯去世后，在“文革”中坐牢8年的爸爸身体不好，也无法再回淮安。爸爸临终前曾动情地对妈妈说：“我死以后，你们要把我的骨灰送回淮安去，在我老家的后院小时种过菜的地方深埋，让我回到家乡去看看……”

可以说，爸爸对童年时的故乡故土真是魂牵梦萦啊！

六、有情有义又念旧的伯伯

伯伯虽然身为国家总理，却很念旧，讲情义。五六十年代时，尽管他工作繁忙，日理万机，仍经常抽空约见一些过去的老战友、老部下，以及他们的子女。还有几次，他将在天津南开学校读书时的一些老同学如李福景、潘述庵、李愚如、张鸿诰等请到西花厅相聚，并由

▷

1960年春节前，伯伯请40年前南开的老同学相聚，由我父亲作陪。左起：李子克、李愚如、潘琪华（潘述安之女）及女儿、伯伯、潘述安、李福景、父亲

我父母作陪，共同叙旧又谈新。

1960年，伯伯在南开学校读书时的多年同窗好友，并在同一寝室住了两年多的张鸿诰，刚从东北调到北京，在水电部电科院任高级工程师。伯伯请他和几位老同学聚餐，这也是几十年后伯伯第一次见到张鸿诰。席间，伯伯举筷为张鸿诰布菜时，手一停，问道："绘扉（张鸿诰之号），士琴（我母亲名为王士琴）叫你大姨夫，我可怎么称呼你呀？"

"各论各叫吧，你还叫我大哥，同宇可得随士琴叫我大姨夫了！"张鸿诰似乎事先有了思想准备，随即答道。

原来，年轻时，1917年伯伯在南开学校毕业后，与一些同学同去日本留学。伯伯在1919年四、五月间回国并参加了"五四"运动，而张鸿诰仍留在日本学电机，学成回国后在哈尔滨电业局做工程师。30年代我父亲在哈尔滨谋生，就常常去看望这位自己哥哥的老同学张大哥。而张鸿诰还是我妈妈的大姨夫。我爸和我妈已经相识后，才又互相知道了这层关系，双方都因张鸿诰而加深了彼此的信任和感情，这也促成了他们的婚姻。从此，我爸当然要随着我妈对张大哥改口称为大姨夫了。

在多年的交往中，有时张鸿诰会对我爸妈谈到他与我伯伯在南开学校读书时的情形，我妈至今记忆犹新：

"恩来的学习非常勤奋、努力。家中清贫，他就想出为学校刻蜡版的办法，解决自己的经济问题。一年后，因他的学习成绩好，人品好，校长很赏识他。

"恩来在学校还积极参加社会活动，16岁时与两个同学发起组织了敬业乐群会，创办了会刊，组织会员阅读进步书籍、报刊，开时事讨论会、讲演会等。他不愿当头，让别人做会长，可大量的实事都是他干。他从来不计名分，同学关系、师生关系都处得很好。"

这次席间，张鸿诰还对我伯伯说："你离开日本前写给我的诗，我还保存着，将来我要拿出来交给博物馆。"

"我那首诗交到博物馆？不够格，不够格！"伯伯立即想到40年前的那首诗，忙真诚且谦虚地说。

聚会临别时，伯伯送给每家一包花生米。这在当时的经济困难时期，可真是一份极受欢迎的礼物呢！

1977年初，为了悼念伯伯去世一周年，也为了慰藉七妈，张鸿诰把我妈妈找到他家中，给我妈看这件他历经战乱、精心珍藏了58年的伯伯写的那首诗，请她转交给我伯母。我妈打开这幅字体娴熟的诗，诗中写道：

大江歌罢掉头东，
邃密群科济世穷。
面壁十年图破壁，
难酬蹈海亦英雄。

当时张老先生回忆说：“1919年初，恩来在日本要回国前，我们几个同学为他饯行，事前准备好了笔墨纸张，席后互相提笔留言。这时恩来想起他1917年9月在天津登轮前往日本时做的一首七言诗，题写下来赠送给我。”（据我母亲回忆，认为伯伯诗中第一句用的是“棹头东”而非“掉头东”）

张鸿诰还特意介绍了一段经历：“恩来的这首诗，我一直珍藏

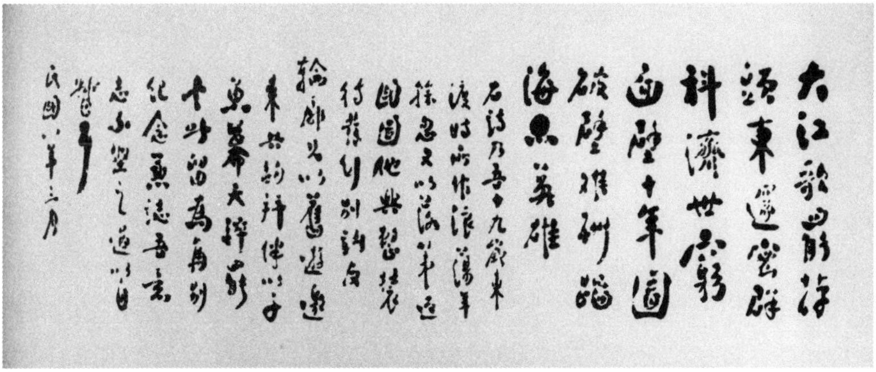

△伯伯1919年所写《大江歌罢掉头东》手迹，左下角签名是被收藏者张鸿诰忍痛割爱裁掉的

着。回国后在日伪时期和国民党统治时代，时常有被军警突然搜查的危险，我为了保存这首诗，实在没办法，只好忍痛割爱，把恩来的签名部分裁掉，再裱糊起来，把它和其他字画混在一起。并准备好如果军警问到这是谁写的，就回答说：我不知是谁写的，这是我在字画摊上看到，认为这字体好，买下来的。这样手迹才保存了下来。”

我想，如果没有张鸿诰老先生冒着危险精心珍藏，我们现在也就看不到这首表达伯伯少年壮志的诗篇了。可想而知，经过近一个世纪的历史变迁，不知伯伯还有多少文章、诗赋等手稿失散世间，未被人们发现，现在想起来就深感遗憾。

第四章　敬老养老

一、六爷爷成了唯一由伯伯亲自批准任命职务的周家亲属

1949年底，我从学校回来，天已经快黑了。七妈招呼我："秉德，你伯伯就要回来了，今晚天气也不太冷，你到大门口去迎一迎，陪他多走会儿路，这两天他总在开会，活动太少了。"

"好！"我答应一声，就蹦蹦跳跳来到大门口。

汽车进了大门，伯伯就下了车。我迎上去说："伯伯，七妈说让我陪您走回家。"

"好啊！"伯伯随和地笑着，与我一边走一边聊着家常，"秉德，刚刚接到信，你六爷爷就要到北京了。"

"哪里来的六爷爷？"我忍不住好奇地问，"伯伯，我过去有爷爷、四爷爷，他们都去世了，现在又要来一个六爷爷，我怎么有那么多个爷爷呢？"

"我们周家是个大家庭，你爷爷辈亲兄弟加堂兄弟共有11个。论大排行，你爷爷排行老七。这位六爷爷是你爷爷的堂兄，他是你爷爷辈里过去做事地位最高的一位了。现在你爷爷辈还健在的也只剩下这六爷爷了。"

"六爷爷他现在有多大年纪？"

"六爷爷今年也有七十六七岁了。"伯伯拧起眉头想了想说，"当年，你爷爷辈的兄弟们都去拜过绍兴师爷，给人家做徒弟，但多数都没学成，只有你二爷爷、六爷爷学得较好，你六爷爷还中了举人，做了师爷，后来曾给袁世凯做过秘书，在中南海办过公呢。"

"袁世凯不是坏人吗？"我有些吃惊，不禁脱口而出。因为伯伯一向疾恶如仇，想当年爸爸脱离革命，伯伯都抹下脸来批评他，而六爷爷曾经给坏人当过秘书，当然是为虎作伥，伯伯为什么反而和他亲呢？那个时代，学校里的教育都是非常直观的，红就是红，黑就是

黑，不革命即反革命，从来没有什么中间道路可选的。

“秉德，看事情不能那样简单，你六爷爷做事的那个年代，共产党还没有诞生嘛。他在袁世凯的大帅府办事处任秘书时，曾经力主南北议和，并一再为南北和平统一而奔走呼吁。袁世凯一宣布要称帝，你六爷爷就提出辞职回到淮安，带着儿孙住在离驸马巷不太远的一幢条件比较好的房子里，我小时候就听说，这房子是《老残游记》的作者刘鹗的故居。”

“伯伯，你一说住那幢房子的爷爷，我记起爸爸和我说老家事时提到过他。就因为你学了洋学堂，参加了革命，那位爷爷就以你为反面教材，再不准自己的儿子读洋学堂，都关在家里请私塾先生讲四书五经呢！”

“这我也知道。”伯伯点点头抱着双臂站住了，“不过，这也是事实。当年我如果不离开淮安，不到沈阳、天津读书，也不会走上革命道路，也可能和留在家乡的兄弟一样沉沦下去呢！”

从随伯伯住进中南海后，我才知道我们周家之大，亲属之多！真是隔三岔五就有人往西花厅自报家门，周姓为多，其次陈姓，鲁姓也有过。我听成元功等几位工作人员算过一次，建国后一两年间，敲西花厅大门，自称是周恩来亲戚的不少于一百人！我伯伯离开淮安老家时才12岁，对许多人都不清楚哪房哪门的，于是常叫我带条子回家去问我爸爸。爸爸离家较晚，对各房亲戚关系、名号有所了解。为了能对周家各房的关系、名字理出头绪，1964年春天，由爸爸一房一房地说，我一笔一笔地记，列出了一张世系表，没想到这张家表还真的派上了不少用场。

“秉德，你还小，但有一条你要记住：看人一定要从大处着眼，不能苛求，尤其是生活在旧时代的老人，只要他做过对人民有利的事，就应该记住他。就像你六爷爷，他当官时曾为人民做过两件好事，这是不应该忘记的：第一，他在江苏督军李纯秘书长的任上平息了江、浙两省的一场军阀战争，使人民的生命财产免遭了战火的涂炭；第二，袁世凯称帝时，他没有跟着袁世凯走，这是他政治上有远见的地方。你六爷爷是1929年举家搬往扬州的，‘七七事变’后，扬州被日本人占领，他的旧交挚友中有些人当了汉奸，出于他的名望，日伪方面也曾多次请他出山，你六爷爷不卑不亢，坚持隐居。1946年，他从报纸上得悉我到了南京，即刻专程赶到南京梅园与我见面。如果不是国共和谈很快破裂，我又离开南京，那时我就该把老人接到身边。唉，忠孝不能两全，对生我的父亲，特别是养育我的四伯父，我都没有报答他们的养育之恩。现在你六爷爷要来北京，我可以尽一个晚辈的义务和孝心了。”

“六爷爷来也住在西花厅吗？要不要把我们的房子腾给他住？”

“不用，你六爷爷的住处我已经安排好了，住在远东饭店。那是政务院交际处所属的一个招待所，里面已经住了不少知名人士。这次你六爷爷带一个成年的孙子周华章来京，照顾他的起居生活。”

伯伯的声音不大，却非常有磁力，就像是从心灵深处发出的仿佛带有历史回音的声音。他点头的片刻，我已经把伯伯那种对前辈的真情和孝心深深地烙在心里。

六爷爷到中南海西花厅的那天，伯伯、七妈特意把爸爸、妈妈及我们孩子们都接到西花厅，全家聚齐，为六爷爷接风洗尘。六爷爷满头银发，白须飘然，一身黑布中装棉衣裤，一双白边黑布棉鞋；虽已是七十有七，可腰挺背直，面红带笑，思维敏捷，谈吐潇洒。尽管一身布衣，可老人家见过大世面的坦荡自若和日月风霜磨炼出的仙风道骨丝毫没受影响。

伯伯、七妈站在西花厅的大门口迎接。六爷爷下车后，伯伯伸出双手紧紧握住老人的手，亲切地招呼说：“六伯父，一路上辛苦您老人家了。这次来，就不用再回苏北老家了，既来之则安之吧。”说着，连忙招呼七妈过去和六爷爷见面。那天，伯伯和七妈一直陪坐在六爷爷身边，与老人谈笑风生。我坐在伯伯对面，注意到到伯伯一双乌黑明亮的眼睛一直注视着六爷爷，含笑的眼神中透露出尊敬和关切；而六爷爷的神态则是越发自然轻松，谈天说地，不断发出朗朗的笑声。而那属于伯伯特有的专注眼神，当时让我印象特别深刻。

伯伯在世时，我只是有所感慨；直到他去世后，我从许多新闻纪录片中又多次看到了伯伯那种熟悉而专注的眼神，让我热泪盈眶。许多回忆文章，不管是外国友人还是中国人的，不管是国家领导人还是普通老百姓的，凡是与伯伯接触过的人，都会感受到他那专注眼神中包含的亲切和尊重，仿佛那一刻自己就是他眼中的唯一和全部，于是，那为时或长或短的接见和谈话，就让人记住一辈子，感动一辈子，有的甚至于改变了一生的道路。

1951年7月29日，中央文史馆正式成立，六爷爷由政务院副秘书长齐燕铭（因为齐父曾和我六爷爷是同僚，齐对他比较了解，就提名了他）推荐，经担任政务院总理的伯伯亲自批准，正式被聘为首批中央文史研究馆馆员，这也是伯伯对自己所有亲属中，亲自做过的唯一一次职务任命或者工作安排。

后来，我常听六爷爷的孙子华章哥哥说：六爷爷学习可认真了。那时《毛泽东选集》还没出版，为了提高自己的觉悟，跟上新社会的发展，77岁的老人家，每天吃罢早饭便戴上老花镜，铺纸研墨，手握毛笔，用蝇头小楷，工工整整，一字不漏地抄写毛泽东主席的《新民主主义论》。华章哥哥怕老人累着，劝六爷爷不要抄，告诉他书很快会印出来的。老人家却执意不肯，他说这是古训，也是他多年来养成的学习习惯：买书不如借书，借书不如抄书，抄一遍，记得准记得清，也更容易理解。他老人家也确实学有心得，联系自己的沧桑经历，提笔写文章向报社投稿，赞颂新中国的成立，赞颂共产党的领导。

1951年，在建党30周年的纪念会上，六爷爷还被推选为中央文史馆的代表，和担任过毛主席老师的中央文史馆馆长符定一先生一起向毛主席敬酒，表示衷心的祝贺。

自从六爷爷来到北京后，西花厅再不用担心找上门来冒名认亲的人了。1951年11月，六爷爷曾特意给伯伯的行政警卫秘书何谦写过一封信，详细说明了当时在世的远近亲戚，近百人的关系、姓名及现状等。他老人家亲自用毛笔工工整整抄写出的有三千多字，这是当时关于伯伯亲属最为全面具体的一份资料。

二、伯伯又从淮安接来了八奶奶，最后还为她养老送终

1950年秋，在西山枫叶红遍的日子里，伯伯又把淮安的八奶奶接到了北京。八奶奶宽宽的脸膛，慈眉善目，常常是话没开口，脸上便浮起浅浅的笑意。她虔诚地信奉观音菩萨，长年吃斋念佛。记得有回我从学校回来，八奶奶正在西花厅和七妈聊天，刚巧有个电话找七妈，我便代替她陪着八奶奶说话。她拉我坐在身边，一双满是老茧的手，捧着我的脸蛋上下打量片刻，用难懂的淮安话说："阿弥陀佛，秉德，你是个有福的人哟！"我知道八奶奶是个很可亲的人，可惜她的淮安口音太重，我基本像听天书，也无法与她多聊天，多交流，只能笑着面对她频频点头。

看得出，伯伯、七妈对我的这位八奶奶也特别尊重、关心，安排

△ 1952年，伯伯的亲兄弟三家人与八奶奶及其孙尔辉合影

△ 1898年3月5日，伯伯就诞生在这所住宅里

她在惠中饭店住下，常接她和她的孙子周尔辉到西花厅来玩，还陪她去游过一次颐和园呢！凡是接八奶奶到西花厅的那天，伯伯无论多忙，也常利用饭后那一会儿工夫，陪八奶奶聊聊家常，问问家乡的人和事。

可是在北京没住几个月，八奶奶执意要回淮安老家。伯伯、七妈再三挽留，但还是九头牛也拉不回来，八奶奶非走不可，而且坚持要一个人走，把陪她来的孙子周尔辉留在北京读书。尔辉哥哥很孝顺，要送八奶奶回家再回来念书，八奶奶又是固执地直摇头：读书是大事，不能耽误！

伯伯能指挥千军万马，却当不了一个老太太的家，只好在春节前，让八奶奶回淮安去了。八奶奶临走前，伯伯也让爸爸、妈妈和我们全家到西花厅聚餐为老人送行。瞧着喜气洋洋的八奶奶，我真有点想不通：北京是大城市，淮安是个小地方，八奶奶在北京吃有现成的，穿也不用愁，伯伯、七妈又总是特别地关照，她何必有福不享呢？

1952年夏天，八奶奶又来了一次北京，还是住在惠中饭店。她来北京一是为了治病，二来主要是看看她从小带大、从未离开过的孙子周尔辉，看看他在北京上学能否过得习惯。她住了一个多月，感到放心了，又要返回淮安去。临走时，她向我伯伯反映，街坊邻居们都提醒她，驸马巷的房子和祖坟都太破旧了，都该重新修整一下。伯伯是完全反对这样做的，就派了中央警卫局的干部王雨波护送八奶奶回淮安，并让他转告淮安县政府三点意见：

> 一、八婶的生活今后由我来照顾，县政府不要再管了（刚进城时，伯伯是供给制，他赡养的亲戚只好由当地县政府给予适当的补贴，但到1953年国家各级干部都实行了薪金制，伯伯决不肯再给当地政府增加负担）；
>
> 二、驸马巷的房子不准修，不准让人参观，更不准宣扬我出生的那间房子，凡已有住户者，不准让人搬家；
>
> 三、祖坟要深埋，平掉，把土地交生产队使用。

为了这第三条意见，他事先还找了我父母前去西花厅商议过，因为这坟中埋着他们共同的祖父、祖母和母亲。伯伯说，这是家里事，他不能一个人说了算。当然我父母对伯伯的提议一直都表示理解与支持。

1956年，八奶奶病重了，在淮安县医院治疗，她自知不久于人世，说什么也不肯离开自己的家乡。为了感谢当地政府对八奶奶在治疗上的关心与照顾，特别是医疗费用和善后费用，伯伯请秘书以他的名义给县政府寄了三封信，汇了两次款，直到1956年年底八奶奶去世。事实上一直是伯伯为他的婶母养老送终的。

因为伯伯幼年时，生母及嗣母亲早亡，父亲在外地艰难谋生，9岁的他带领两个年幼的弟弟恩溥（8岁）、恩寿（3岁），从清江浦（今淮安市城区）外婆家回到淮安（现称淮安市淮安区）驸马巷老家，与八叔及八婶共同艰难度日，伯伯对他的八婶很有感情。

记得有一次，我和伯伯去颐和园看望七妈。我们坐上一条带篷的游船，船工用篙往水中一点，小船便平稳地离开岸边，穿行在亭亭玉立的荷花和托着水珠的荷叶之间。晚风迎面，清香扑鼻，让人心旷神怡。

△ 伯伯淮安故居门前的文渠河

我把手顺着船沿伸到水中一边玩着水，一边好奇地问伯伯："您在淮安老家有没有划过船？"

"怎么没划过！"伯伯不假思索地回答道，然后就回忆起了往事，"我们老家门前有条小河，叫文渠。小时候，家里几个男孩子常常在文渠里划船打水仗，那时真没少让你八奶奶担心。真快，八奶奶回淮安大半年了，也不知近来身体怎样？"伯伯最后两句话仿佛是自语，但从他的眼神中，我读懂了他对八奶奶的惦念……

还有一点我印象也特别深，那就是每次去颐和园看七妈，在位于颐和园东北部的园中之园——谐趣园，伯伯都一定要去走一走的。当然，那里的景致的确美，它仿佛浓缩了整座颐和园的秀丽，像一座精致的盆景：中间是开满荷花、睡莲的静池，四周环绕着亭台长廊等。伯伯、七妈领着我们漫步其间，仿佛置身在一幅精美的山水画中。一次伯伯招呼七妈和我们："来来来，就在这里拍张照片吧！"于是，潇洒的伯伯、微笑的七妈和我们三姐弟，与身后高挺出水面盛开的荷花、满池翠绿的荷叶和亭台水榭瞬间化为了永恒。

而直到37年后的1988年，我第一次踏上淮安故土后，对那种情景才有了更深的理解。

走进家乡的勺湖公园和又一勺公园，立刻觉得那样亲切，陡然记起谐趣园，怪不得伯伯对谐趣园那么情有独钟。是呀，谐趣园虽说比淮安的又一勺公园精致得多，纤巧得多，却也内含了江南园林那种秀美的神韵。当年伯伯沿着谐趣园的曲径中行走欣赏风景，是不是也在排解自己平时无暇念及的思乡之情？

当我第一次听淮安的老领导讲出伯伯亲口对他们说过的自己小时候划船的故事，我才真正理解了伯伯内心深处的那片真情。

淮安县副县长王汝祥是1958年7月到西花厅见伯伯的。那一天，伯伯与他谈了四五个小时，问及故乡淮安的变化十分仔细。在谈到自己童年的往事时，伯伯动情的神态和深情的回忆，给他留下了永远无法抹去的记忆：

“小时候，我和小伙伴常常在文渠划船打水仗。大人怕出事，把小船锁起来，我们就悄悄把锁敲掉，划船远游。吓得家长们敲起大锣，满街巷吆喝寻找。

“一天中午，我和几个小伙伴偷偷把船从文渠划到河下去，我的婶娘守在码头左盼右望了好长时间，担心我们出事，直到太阳落山，才见我们船影。她急忙跑步相迎，身子晃动一下，差点跌倒（八奶奶是小脚，所以容易跌倒）。我很怕，心想，这回免不了要挨惩罚！可婶娘半句也没责备，相反，一把紧紧地搂住我，眼泪刷刷往下淌，这比挨了一顿打还使我难受，我忍不住也哭了……”

那晚，在县委招待所里，王汝祥副县长向我回忆伯伯这段谈话时不断感叹伯伯身为国家总理，却从没遗忘上一辈老人的点滴养育之恩！

那一夜，我想了许多。我恨自己那时太小，太木，太浅，守在伯伯身边，却无从听到伯伯发自心底的声音。我从来没想过战争年代多少次与死神擦肩而过的伯伯，多少次亲眼目睹着身边最亲爱的战友倒下去牺牲了的伯伯，建国后又有成千上万件国家大事要张罗、要操心的伯伯，心底还牢记着八婶娘当年紧紧搂住自己，眼泪刷刷往下淌的那一幕，还向家乡人坦言自己从怕受罚到情愿挨一顿打的惭愧眼泪和内心震动！要知道，伯伯讲这些事时，那一幕，那份情，已是50多年前的回忆，这漫长的半个世纪，本可以淹没洗刷掉多少往事，筛去淡忘多少感情，可是流失的岁月没有动摇更没夺去伯伯那段记忆和那片真情！只有这时候，我才真正明白为什么伯伯1953年又一次接八奶奶到北京看病，并从开始实行工薪制后，一直负担起八奶奶的生活、医疗乃至最后的全部安葬费用。伯伯一生一世从没忘怀八奶奶在他童年时代的养育之恩啊！

三、为六爷爷过八十大寿，伯伯亲自下厨做家乡菜

如果不是有1952年8月的这照片，如果不是看见照片上我坐在伯伯身边用筷子夹起长长的面条在“埋头苦干”，为六爷爷庆八十大寿这件事，我已经完全淡忘了。那个年代，我们与伯伯虽然朝夕相处，也是难得拍张照片的。如果不是当时伯伯的警卫秘书何谦，就不会有这样一张照片留下来。当然，这一定是伯伯、七妈事先安排让拍的。可以想见，对这次宴请，他们是很当回事的！看着照片，往事一幕接着一幕浮上心头……

△ 1952年，六爷爷八十大寿，伯伯在西花厅请家人共吃寿面

我上师大女附中的那几年，周六回到中南海，有时自己碰见，有时听工作人员说，伯伯又接我六爷爷到西花厅来了。

伯伯与六爷爷坐在客厅里，总有说不完的话。我注意过，他们谈话，谈及清末民初政府各级机构的建制，各级官吏工资安排等等问题。六爷爷讲解得十分仔细，伯伯也听得十分认真、专注，还不时用纸笔记下什么，像一名求知欲极强的学生。我心里常想，六爷爷讲的那些东西，伯伯并不是非要向老人家请教才会知道的，平时他是没空，可是只要他开开口，请哪位秘书查一查，都是非常方便的事。伯伯之所以如此认真地请教六爷爷，当然有他“处处留心皆学问”“三人行必有我师”的好学的一面，但是不是也可从某种意义上说，他是在抚慰六爷爷的心，让六爷爷感到自己老有所为而非老朽。果然，后来听华章哥哥说，每回六爷爷到西花厅与伯伯谈过一次话，回去都要高兴好几天，直说自己真想不到临老临老，还能为当总理的侄儿出点力。

1952年4月的一个周六傍晚，我从学校回来，刚进西花厅大门，就被院内的那几株海棠树迷住了。满树海棠花怒放，在火红的夕阳中如霞似云，春风摇动着花枝，一只只蜜蜂在花丛中哼唱着飞舞。正巧遇到伯伯下汽车进门，我便像往常一样陪他在院里海棠树下散步。

望着满树满枝花姿正艳的海棠，我忍不住唱起在学校刚学会的苏联歌曲《红莓花儿开》。伯伯也神情轻松地随着旋律哼唱起来，右手还微微抬起打着拍子。我心里开心，又说开傻话：“伯伯，这么美的花，要是永远开不败该多好呀!”

“花开便有花落时。这是不可违抗的自然规律嘛！人不也是一样嘛，有风华正茂的青年时代，也有无法抗拒的老年时代的到来。”伯伯顿了一下，转移了话题，“对了，你明天去看你爸爸妈妈，记得给我带句话。”

“什么话呀?”我一向是直言快语。

“你对爸爸妈妈说，就说我说的，六爷爷年纪大了，他们有空常去看看他，陪他说说话。人老了，太冷清就更想老家了。”

我点点头，忍不住问道："伯伯，是不是六爷爷也想回扬州啦?"

"不是。在扬州的恩夔是你六爷爷的独生子，他已经去世了。六爷爷到扬州只能看到几个孙子。"

"这倒是。"我知道心细的伯伯担心六爷爷难以承受老年丧子的打击，早已征求过六爷爷的意见，除了孙子华章外，又把他的曾孙周国镇从扬州接到北京，一边上学一边陪伴老人家，而国镇的一切开销，包括吃穿及上学的费用，由伯伯和国镇的五叔、在北京工作的周华章共同承担。"伯伯，是不是六爷爷又向你提出想去绍兴故居看望？"因为我听爸爸说过，去年六爷爷曾向我伯伯提出过，这里生活虽然有人照顾，吃住不愁，但是人老了总是念旧，他想趁绍兴老家还有些故旧亲朋健在时，回到离开许久的故乡看一看。

有一回伯伯把我六爷爷又接进西花厅，爸爸一旁作陪，伯伯话语婉转，只是原则依旧："我派人送您老人家回绍兴这并不难。可是，只要知道您回去了，绍兴县政府能不出面吗？他们一定会给您特殊的接待和照顾。这样无形中就给当地政府增加负担，也影响人家的正常工作。再说，我作为国家的总理，是为人民服务的，我一向反对'衣锦还乡'的旧习俗，希望在全党、全国树立起四海为家的新风尚。您老人家看，我如果这样要求别人，是不是就应该首先从自己家里人要求起？否则我再说什么也没有力量，对不对？"

六爷爷当然有些失落，但他毕竟是位见过世面且很有自制力的老人，他不愿让当总理的侄儿太为难，便不再坚持回故乡省亲的事。不过，思乡之情，并不易解脱，所以我猜想六爷爷现在又提出想回绍兴了。

伯伯摇摇头，话说得十分动情："没有！你六爷爷真是位识大体顾大局的人，这一年多来，他再没向我提出回故乡的事。其实，我心里明白，老人家到了风烛残年，只会越来越想念家乡和家中的亲人。我工作太忙无法分身，没法经常陪陪你六爷爷，只有请你爸爸妈妈多尽点心了。"

第二天，我把伯伯的话转述给爸爸，爸爸眼里顿时浮起理解的目光，急忙收拾几样食品，招呼我："秉德，走，咱爷俩这就去看你六爷爷！"坐在公共汽车上，与我挨肩坐的爸爸轻声跟我说了一路："你伯伯这么忙，心里还总惦着你六爷爷，接他到西花厅，请他去颐和园，送票让老人家去听越剧。他对老人家的一片孝心、一片真情，具体实在。只可惜你爷爷奶奶去世早，如果他们能够活到今天，还不知会多高兴多欣慰呢！"

1952年8月的一天，西花厅里热闹非凡。那天是伯伯亲自安排的，让我们一家和六爷爷的孙子华章、曾孙国镇，都到西花厅里参加家宴，为六爷爷做八十大寿。

我开始真有点百思不解：六爷爷今天明明是79岁嘛，怎么说是做八十大寿呢？我看伯伯与六爷爷谈兴正浓，便悄悄问坐在一边的爸爸是不是算错了年份。爸爸耐心地告诉我，你这个实心眼也没错，六爷爷今年确实是79岁，但是按照我们家乡的习俗，做寿都是"做九不做十"。我还有点想不通，心里暗暗嘀咕：现在是在北京呀，伯伯不是最提倡新风尚的嘛，怎么在这件事却循着旧习俗呢！对于15岁的我，还不懂得伯伯对长辈的那种尊重和孝心。

"可以吃饭了！"听见伯伯的招呼声，客厅里的人抬头一看，不觉都有些意外，刚才还穿着洁白短袖衣的伯伯，此刻胸前扎上了一条白布围裙，手里还端着一个热气腾腾的菜碟，他动作利落地往桌上一放，大声说："秉德、华章，快扶六爷爷入席，大家一起入席。今天是为了给六爷爷祝寿，我特意做了两道家乡菜：绍兴梅干菜烧肉，淮安清炖狮子头。味道地道不地道，要请六伯您老人家打分了。"

六爷爷满面笑容地先夹了一筷子梅干菜，放进嘴就连连点头。

第二年的9月2日，六爷爷患老年性气管炎在北京去世了。伯伯、七妈带了我们全家，一块去北京厂桥路北的殡仪馆嘉兴寺向六爷爷的遗体三鞠躬，是伯伯主持的入殓仪式。过了四天，为六爷爷出殡时，伯伯太忙，实在无法亲自来，是由七妈带着我们全家老小，亲自送灵到北京东郊第一人民公墓，并为六爷爷的墓地铲下了第一锹土。

记得弟弟妹妹小，好像还有点怕，总往爸爸妈妈身后躲。我没有一点怕意，因为我已经不是第一次为老人送葬入土了。1944年11月，我们家搬到天津的第二年，四奶奶去世了，那时妈妈刚生了妹妹秉宜还没出满月，就由我这个7岁的长孙女替我妈妈为四奶奶守灵。

记得在小院子里，我和爸爸并排跪在四奶奶的棺木边，亲戚朋友街坊四邻上门来吊唁时，我和爸爸就磕头还礼。一则我小，还不太懂死亡是什么意思，加上我与四奶奶相处不长时间，没有太深的感情，觉着应该哭，可眼睛干干巴巴的，没有一点想掉泪的难受劲。可是转眼偷偷一看，跪在身边的爸爸眼角的泪珠不断，我立刻像小猫抓心，觉得自己不哭太不对了，即便爸爸不说，邻居不讲，班里的同学看到了，也会笑话我没肝没肺，于是，赶紧低着头，悄悄用手指在嘴里蘸点口水往眼睛下边抹。我真是第一次看见爸爸哭，我真没想到爸爸也会哭，更没想到失去四奶奶，他会哭得那么伤心！

至今我还记得，我们披麻戴孝把四奶奶的棺材送到墓地下葬时，爸爸还带着我和弟弟把带来的小馒头咬一口后再丢到墓坑里，说这是规矩，活着的人咬过的馒头，死了的四奶奶才能接着……

四奶奶是伯伯和爸爸的亲伯母，他们在天津南开上学时，得到她的多年照顾。四奶奶去世后，爸爸曾经写信到重庆告诉了伯伯。抗战时期，伯伯未能赶来天津守在老人身旁。现在六爷爷去世，伯伯有条件照应了。伯伯、七妈悲痛肃穆的神情，简洁又不失庄重的仪式，让16岁的我记了一辈子。

四、四爷爷、四奶奶在世时就夸伯伯孝顺，七妈知礼

记得那次为六爷爷祝寿后从西花厅回来，我跟爸爸、妈妈一路散步回家。走出中南海西北门，我回头望了望，不自觉地长叹了一口气。

“小小年纪也有什么心思？”爸爸打趣地问我。

“还是六爷爷福气好。”我不无感慨地说，“如果爷爷、四爷爷

△ 四爷爷周贻赓

△ 四奶奶

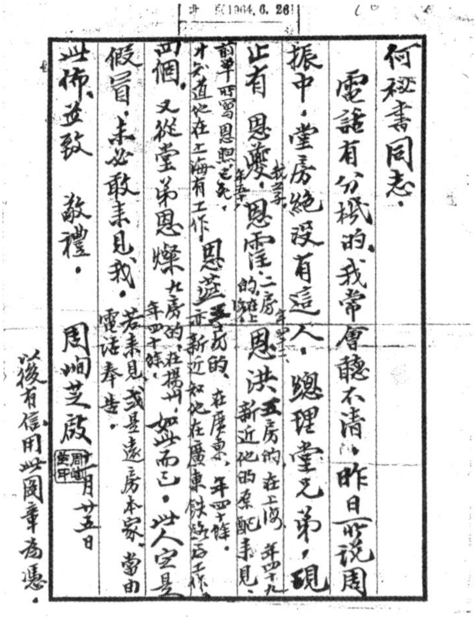

1964.6.26

何秘書同志：

電話有分歧的，我常會聽不清。昨日所說周振中，堂房絕沒有這人。總理堂兄弟，現止有恩夔（敖家，年五十八）、恩霔（二房的嫡侄，年四十二）、恩洪（五房的，在上海，年四十九，新近他的原配來見）、前年所寫恩熙已死，才知道他在上海有工作。恩溥（五房的，在廣東，年四十餘，新近知他在廣東鉄路工作）兩個。又從堂弟恩燦（九房的，在揚州，年四十餘）如此而已。此人定是假冒，未必敢來見我。若來見，或是遠房本家，當由電話奉告。

此佈，並致

敬禮。

周峋芝啟　六月廿五日

以後有信用此圖章為憑。

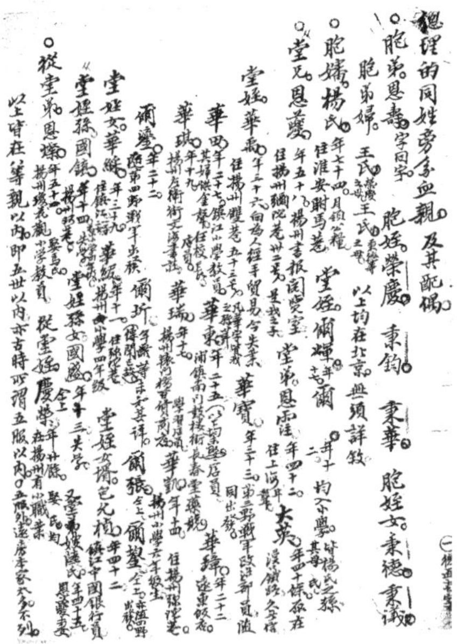

總理的同姓旁系血親及其配偶

○胞弟恩壽，字同宇。胞弟婦王氏。胞姪榮慶、秉鈞、秉華，胞姪女秉德、秉宜。以上均在北京，無須詳敘。

○胞嬸楊氏，年七十四，住淮安駙馬巷。

○堂兄恩夔，年五十八，揚州書報閱覽室。

以上皆在本家親以內，即五世以內，亦古時所謂五服以內。五服外遠房本家太多不列。

△ 周嵩尧（峋芝）手写的“总理的同姓旁系血亲及其配偶”

都在多好，可惜他们都去世太早了，没有过上今天的太平日子，连中南海的大门都没进过……”

妈妈接过话题说道：“是啊，说起来你六爷爷真要算周家他那辈人中最有才干也是最有福之人。不过，也是你伯伯、七妈孝顺老人，过去你四奶奶在时，就常夸奖你伯伯孝顺，你七妈知礼。”

“四爷爷、四奶奶还见过七妈？我怎么不知道？”这真令我意外。按说伯伯、七妈参加革命后，一直在广州、上海和瑞金，后来长征到了陕北，什么时候去过东北呢？

“那时还没有你，我连你妈妈还不认识，你怎么可能知道？”爸爸讲起了1928年我伯伯和七妈去莫斯科参加中共“六大”遇险的故事，24年前的一段往事活龙活现地在我眼前展开了。

1928年5月上旬，伯伯和七妈化装成一对古董商人夫妇，从上海乘一艘去大连的日本轮船，准备经哈尔滨去苏联莫斯科参加中共“第六次全国代表大会”。伯伯粘上胡须逼真的化装，七妈合身体面的穿着，两人从容儒雅的风度，都没有引起船上特务的怀疑。唯独船到青岛时，伯伯职业革命家的习惯险些暴露了他自己。那时是在白区，要了解各地的时政、敌人动向和共产党组织有否被破坏等情况，各地报纸便是重要渠道。那天船一靠青岛码头，在船舱憋了许久的伯伯就上岸去买回了厚厚一叠报纸。这一举动立即引起特务的怀疑：商人历来奉行的是“莫谈国事”的信条，如何会买这么多报纸？特务立即拘留盘查伯伯，还拿出伯伯在黄埔军校身穿军装的照片左比右看，因为那双闪动着沉着机智目光的眼睛，太像周恩来了。特务说：你是周恩来。伯伯说：不是。问他姓什么？伯伯说姓王。问他到东北找谁？答曰：找舅舅。特务对伯伯说：“我看你不姓王，而是姓周！你不是做古董生意的，你是当兵的。”伯伯伸了手去说：“你看我像当兵的吗？”他们看了看不像当兵的手。

伯伯以他的从容镇定应付了特务的盘查。为防止敌人搜查，七妈机敏地将去苏联有关系的证件撕碎，用抽水马桶冲掉了。为了减少特务的怀疑，伯伯让他们买了两张当天下午去长春的火车票。从大连向北去的火车终于开动了，伯伯、七妈却很快发现，身后不远处有一双阴险的眼睛。他们心里明白，敌人并没有完全相信他们，派了盯梢的。带着“尾巴”绝不能与同志接头，何况又烧毁了去苏联的接头证件。可是，也不能总在旅途上逛，这样更容易引起特务的注意。怎么办？伯伯此刻想到了住在吉林的四爷爷和我爸爸，便决定在吉林下车，住进旅馆后，再设法联系。

那天爸爸正好在家，一个旅馆差役模样的青年敲门，送来一封信。一瞧信封上那熟悉的字体，爸爸的心“扑通扑通”地跳个不停，急忙展开信。信中写道：“特意来看舅父，不知家中住宿是否方便”，落款则是“大鸾”。“大鸾”是伯伯的乳名，爸爸立即明白是哥哥到了吉林，心想肯定是遇到了什么麻烦。于是，四爷爷让爸爸立即去旅馆，把他们接到了四爷爷家中。

“你四爷爷一生心地善良，处事严谨。”爸爸拉着我的手边走边说，思绪却仿佛回到了当年，“你四爷爷的家从沈阳搬到天津，从天津又搬回吉林，堂屋里始终挂着这样一副对联：上联是‘事能知足心常泰’，下联是‘人到无求品自高’。他对你伯伯，对我们的治家格言是：孔子儿孙不知骂，曾子儿孙不知怒，周家儿孙不知求。要求我们晚辈勤俭，奋进，严于律己，宽以待人，刻苦学习，助人为乐。这些对你伯伯对我们的影响都极其深刻。在天津上学时，你伯伯和我们每天放学回家，都要先向伯父大人行礼，鞠大躬。他老人家常提醒我们：不要和有钱人家的孩子比，要自己努力刻苦学习，要本分，要节约，不要浪费粮食。吃饭时米饭掉在桌上要捡起来吃了。看见大姑娘，小媳妇，不可抬头看。在吉林那会儿，他和四奶奶单独租了一个小院，平时深居简出，和亲戚朋友很少来往。这也难怪，那时你伯伯在上海闹革命，是当局重金悬赏的‘赤匪’，你四爷爷不愿意牵累别人。但那一次我给他看你伯伯的信，信中没称他伯父而是称他舅父，他立即猜出是你伯伯遇到了麻烦，没一点犹豫，让我赶快去旅馆接回你伯伯和你七妈，这可是冒了杀头的危险的！”

“后来呢？”我着急地追问。

“你伯伯和七妈在你四爷爷家里住了两天。头一夜，他们屋里的灯一直亮到天明。你七妈作为周家的媳妇，是第一次见老人，与你爷爷、四爷爷、四奶奶说话，她一直是恭恭敬敬地站在一边，微笑着回答老人提出的每一个问题。不难看出，你四奶奶也喜欢这个侄媳妇。如果这时来个客人，一定认为这是个知书达理的贤惠媳妇，谁也不会联想到她是报上成天骂的‘赤匪’共产党！甩掉了尾巴后，你伯伯先去哈尔滨。你七妈对老人家说：‘我是作为媳妇第一次见周家的长辈，理应多陪侍长辈们一两天。’过了两天，我陪你七妈也到哈尔滨你二伯家。因为在哈尔滨接头的证件已经销毁无法接头，只能等下一批代表一道走。我又陪你七妈连续七天到火车站接头，见到了李立三才乘车前往莫斯科。”

“知子莫如父！”爸爸又想起了什么，说，“你爷爷深知你伯伯是个孝子。1933年你四爷爷在天津去世，你爷爷让我为他披麻戴孝送葬当孝子，你爷爷还觉不安心，一定要替你伯伯有个表示，我想来想去，还是在天津报纸登的讣告上的下款加上了你伯伯的小名——大鸾。”

关于这段鲜为人知的事，1974年我大弟秉钧回京休假时，伯伯约见他，专门向他谈了自己对弟弟的看法：“虽然你们父亲那时脱了党，但我相信，他不会出卖我们，所以在1928年我和你七妈去苏联参加‘六大’途中遇险时，我们断然去吉林找了你父亲和四爷爷，甩掉了特务的跟踪，实际上他还掩护了我们。”

后来，据伯伯南开同学潘钟文之子潘幼文回忆（刊登于《周恩来邓颖超研究通讯》2012年2月总第20期）：

> 潘钟文1926年起，任职于京奉铁路总局，给局长即奉系军阀要员常荫槐做秘书。1928年潘接到奉天车站电话请示：车上发现周恩来，抓不抓？潘向常荫槐报告，又说：“这人我认识，是南开同学。这个人将来有大的作为，我们不要抓，还要暗中保护，送出路界。”常荫槐同意，潘即传达了常局长的指示。

以上内容是1962年潘钟文对在南开中学读高中的儿子潘幼文所述，并从未对别人提起过。

看来此次脱险又有这一暗助，但伯伯七妈他们本人并不知晓。

五、并不太懂革命道理的爷爷，最惦记着闹革命的儿子

对于我的亲爷爷，我的印象可以说等于零，虽说我出生时，他还在世，但不知为什么，我从来没有见过他。小时候，我常常追问爸爸：为什么爷爷总不和我们住在一起？爸爸有时说爷爷是为了生计，有时说爷爷喜欢漂泊。当我们全家搬到北京后，我来往于西花厅和自己家之间，成了伯伯和爸爸这亲哥俩联络与交流的“传声筒”（那时家里没有电话），加上我是长女，脾气也比较宽厚温和，我在父母的眼中仿佛一下子成了大人，许多老一辈的事，他们也常对我念叨。有一回爸爸正在翻看过去的老照片，见我回来，便招呼我说：“秉德，瞧，这是你爷爷的一张照片，恐怕是1937年在天津拍的。”

△ 20世纪30年代的爷爷

我接过一看，是爷爷在二三十年代与一些同事的合影。那时爷爷还不老，长脸、浓眉、大耳廓、黑胡子，头戴一顶黑色瓜皮帽，身穿一件玄色对襟布装，脸上没有笑容，却显得敦厚善良。细看去，都能在爷爷的这张照片里找到伯伯和爸爸的影子。我不觉脱口而出：“爸爸，

你和伯伯长得真像爷爷！”

“是的，可能我连性格都像你爷爷呢！秉德，你不是想知道爷爷为什么一直漂泊在外，没跟着我们生活吗？现在细想起来，他老人家早年确实是为了养家糊口，真可以说是出于无奈。你爷爷为人忠厚老实，但在官场里拼杀，他真没太大能力，也不善于言辞。他当过小职员、打杂的，还在学校当过门房，收入微薄，一个月最多没有超过30块钱，自己吃吃用用，能给家里捎去的已经寥寥无几。你奶奶去世后，她娘家要求大办丧事。你爷爷无钱操办，万般无奈，只好把你奶奶的棺木暂停在清江浦一家庙里。可是他的收入总也不高，连我们哥仨都无法抚养，要靠四爷爷接济，更无力将你奶奶的棺木运回淮安老家安葬，年复一年地拖下来。你设身处地想一想，爷爷作为一个大男人，自己的妻子死了却久久不能入土为安，他怎会没有心理负担？他又有什么脸面在家乡度日呢？虽说你爷爷是我的亲爹爹，我从小都很少能见到他的面，更很少看到他开怀笑过。”

“奶奶的棺木始终没有入土吗？”我忍不住追问。

△ 二伯父周恩溥在20世纪30年代

△ 我父亲在20世纪30年代

“一直到1935年，你奶奶去世20多年后，你爷爷才攒够了费用，安葬了你奶奶，为他自己也为我们三个儿子还了愿。其实，自从你伯伯参加共产党以后，你爷爷的心就再也无法宁静。他并不懂得革命的内容，但他相信自己儿子的眼光和选择。只是报纸上不断出现几万大洋‘悬赏’你伯伯首级的字样，使他更担心自己儿子的安全。于是，你伯伯似乎成了你爷爷心头最大的念想。听当时住在上海的你恩霔叔叔（伯伯的堂伯之子）说过，1927年蒋介石在上海发动‘四·一二’政变后，上海形势骤然突变，共产党员随时有人被捕、被杀，这时你爷爷就跑到上海一直陪着你伯伯，帮助你伯伯做些秘密通讯联络工作，直到5月下旬，伯伯离开上海到武汉，你爷爷才回到吉林。1930年前后你伯伯在上海坚持地下斗争时，你爷爷放心不下，1931年2月又到了上海，住在你二奶奶（恩霔之母）家，在顾顺章、向忠发相继叛变革命后，你伯伯的处境十分险恶，暂时隐蔽起来。好几个月，你爷爷一直留在上海为你伯伯做些联系工作，还尽自己的能力为他做掩护。”爸爸又接着说，“后来红军长征，召开了遵义会议，周恩来担任了红军三人领导小组成员的报道，你爷爷都是从报上看到熟记在心的。只要知道儿子安全的准信，你爷爷他就又能安心地回到北方苦熬一阵子。那会儿当差的没有什么休假，你要请假探亲吗？行，就放你大假，也就是把你给辞了。于是，回到北方的爷爷，工作还得另找。就这样，你爷爷也无怨无悔，也不再成家，甘愿有个自由身，只身影单而清贫，年复一年地漂泊。我与你妈妈结婚后，曾多次写信让他到东北哈尔滨与我们一起生活，他总是不肯。我开始不解，后来也明白了，东北被日本人占着，从报上是不容易了解你伯伯的情况的……”

“他们从不通信，又几乎不见面。只怕爷爷的这份情，伯伯还一点也不知道吧？”我不禁喃喃自语道。

“也未必！你伯伯又何尝不惦念你爷爷呢！抗战开始后国共合作，你伯伯在武汉有了合法的公开身份，生活相对稳定。1938年1月，他便写信到天津，要你爷爷到武汉去与他一道生活。你爷爷毫不犹豫，立即乘车南下。那以后的四年多，恐怕是你爷爷一生中与自己长子相处最久的日子。虽说从武汉到重庆后，红岩村的生活也十分艰苦，但我相信，你爷爷能天天看着儿子忙着干革命却也平安，他的心境一定是舒畅的。”

听了爸爸这席话，我很感动。我从来只知道母爱是无价的，比大海宽，比大洋深，却从没想到父爱也会如此痴迷，如此深厚。

老舍先生当年在《抗战文艺》1938年第6期的一篇文章《会务报告》中曾谈到我爷爷到达武汉那天，伯伯正出席中华全国文艺界抗敌协会第二次理事会上的一些情景：

△ 这是伯伯和七妈在1940年送给七妈的母亲杨振德老人的照片，落款是“母亲大人，超儿，翔儿”，同样的照片也送给了爷爷，上面写着“爹爹大人，翔儿，超儿”

> 轮到周恩来先生说话了。他非常的高兴能与这么些文人坐在一处吃饭。不，不只是为吃饭而高兴，而是为大家能够这么亲密、这么协力同心地在一块工作。……最后他（眼中含着泪）说他“要失陪了，因为老父亲今晚10时到汉口。（大家鼓掌）暴敌使我们受了损失，遭了不幸，暴敌也使我的老父亲被迫南来。生死离合，全出于暴敌的侵略。生死离合，更增强了我们的团结！告辞了！”（掌声送他下楼）与会的人为他真挚的父子之情而鼓掌，也为他们父子团聚而鼓掌。

60年后我看到老舍先生的记载，感到又进一步走进了爷爷、伯伯父子情深的内心世界。

六、伯伯没能与爷爷见上最后一面，悲痛欲绝，对七妈大发雷霆

事实证明，许多事情都不可以想当然。

1976年1月8日伯伯去世后，我尽量多些去西花厅看望七妈，慰藉七妈。5月27日，我下班后没有回家，乘103路电车到府右街，去西花厅看望七妈。

这天七妈坐在屋里，手里拿着一个黑色的皮夹子在沉思。见我进来，伸出双手拉着我，要我靠在自己身边坐下。好一会儿，她才缓缓地说："秉德，这是你伯伯的一件遗物。抗战时期，我们在国统区工作，你伯伯如果拿公文包上街目标太大，只好把党的重要文件放在这个小皮夹里。那时工作环境险恶，特务横行，所以这个小皮夹你伯伯一直贴身放着，十几年如一日。进城后，就一直放在你伯伯的保险箱里。现在我把它交给你，做个纪念吧。"

七妈从皮夹子里掏出伯伯30多年前写给她的三封亲笔信，一封一封给我解释信的背景和内容：这是你伯伯在莫斯科治疗手臂时写给我的，我听着七妈的追述，在照片右下角记下了"一九三九年于莫斯科"及"76.5.27记"两段字。这两封是转战陕北的途中写的……然后，把那个边已经磨损了的旧皮夹子递给我。

我郑重地接过皮夹子，心底想：是的，伯伯的皮夹子里没有一分钱，可是对于我来说，却是无以估价的珍宝。我打开皮夹子，意外地发现里面还夹着一张发黄的照片，不觉脱口而出："这不是我爷爷的照片吗？"

我轻轻地抽出来看看背面，发现还有伯伯亲笔写的"爹爹遗像"四个字，现在仍然清晰可见。

伯伯为什么曾经天天贴身放着爷爷的照片？我心在颤动，我相信，伯伯的这一举动，一定内含着父子情深的动人故事。我多想更多

△ 伯伯在新中国成立前贴身携带的小黑皮夹，内装机密文件、给我七妈的信件、还有我爷爷的照片

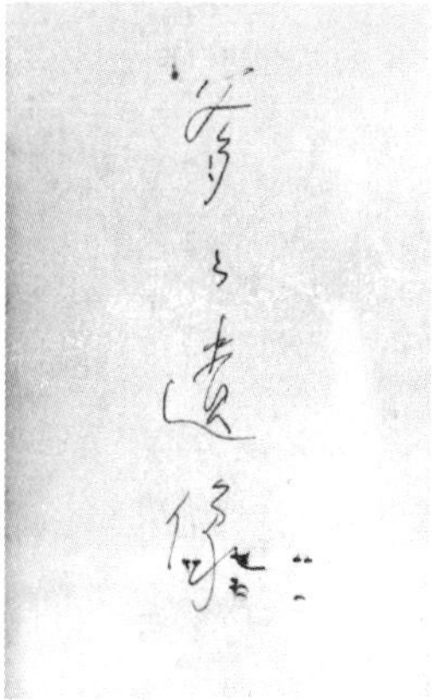

△ 在爷爷的照片背后，伯伯写了“爹爹遗像”四字

地了解爷爷和伯伯的感情世界！

后来，我找过当时在重庆工作时见过我爷爷的同志，也从许多文献资料中了解了那些往事。

原来，跟着伯伯到重庆的爷爷晚年也很孤独：伯伯、七妈总是忙，尤其是伯伯，为处理国共合作中不断出现的摩擦，他夜以继日，成天连睡觉的时间都挤到最少最少；即便是钻防空洞躲敌机，他也要在副官挂起的马灯旁，专注地看文件看电报。常常爷爷就坐在很近的灯影里，伯伯也没时间没心境陪他聊聊家常。当然伯伯也知道爷爷寂寞，他也觉着心里不安。

一天上午，爷爷手握一本唐诗，正独自在红岩村的小果园里散步。

“周老爷子，你好啊！”招呼爷爷的是位年轻姑娘，她没像其他人那样打个招呼就匆匆赶着出去办事，而是陪着老人边走边聊。爷爷的两眼有神，满脸春风，真开心极了，闷在肚里的话像开闸的洪水。他与姑娘吟诵唐诗，朗朗上口，说起家常，有滋有味，久违的笑容一直挂在眉梢。时间转眼就到中午，爷爷仍然谈兴不减：“姑娘，真高兴你陪我说一上午话。还没问你尊姓大名？”

“我叫张颖，是在周副主席身边工作的。这几天身体不好，所以到红岩村来休息两天。临走前周副主席把我叫去说：小张啊，我有件私事想麻烦你一下。我工作忙，没空陪老父亲，他一个人一定很闷，你到红岩村如果身体许可，就帮我多陪陪老爷子。”

一听是儿子委托姑娘来的，爷爷立即生出许多感慨：“恩来那么忙，还能想到我，这就不易了。想我这个当父亲的，对他也没有尽到自己的责任，心觉有愧。他是工作忙不能来看我，我也不会怪他的。当然，你不是外人，我也给你说句实心的话。唉，我这儿子什么都好，就是不让我喝酒这一条，我难以接受。他说我血压高，怕我一人生活，喝多了摔着，或是下山走迷了路，被特务抓走。儿子真没少劝我，不过他劝一次，我就对他说一次：我也是花甲之年的人了，也没有别的喜好，绍兴酒乡的人嘛，就是好这么口酒，说句难听的，没有这点酒，我这几十年孤身在外漂泊，如何苦熬得下来呢？我伙食差点没关系，不喝酒可不行。等你回到他身边，千万别提喝酒这件事，就帮我带个话，我都好，让他别担心……”

1942年6月下旬，伯伯的小肠疝气发作，住在重庆歌乐山医院手术。大家怕爷爷着急，没敢告诉他。7月5日爷爷高烧不止，又住进了另一家医院。七妈去看他，老人反复只问一句话：我儿子为什么不来看我？

起初，七妈没有把爷爷生病的消息告诉伯伯，她6日那天没去看伯伯，一直守在爷爷身边照顾。去医院看伯伯的办事处同志带回了一封伯伯写给七妈的亲笔信：

> 本星期六出院的计划打破了，因为开刀起19天，应该是7号或11号，再过两三天出院，也须是下星期三了。所以我请你和爹爹商量一下，如果他愿意二十八号（指阴历，阳历就为7月11日）本天请人吃面，那就不必等我回来，免得他老人家不高兴。如果他希望我在家补做，那就等我回来，不过据我所知，他的思想是很迷信的，过生日总愿当天过，儿子在不在跟前倒是次要问题呢。因此，希望你还是将就他一点罢！

接到伯伯的这封信，七妈想到伯伯在医院还惦着我爷爷的生日，而我爷爷的病情恶化得这么快，她决定不再瞒着伯伯。她在爷爷床边写了封信给伯伯，告知爷爷先发冷，继之发热，体温四日未退，医生诊断为疟疾。这里有她照顾，让伯伯放心。

谁能料到，十日那天，爷爷永远闭上眼睛之时，七妈又收到一封伯伯的来信。一读他的信，一向十分坚强的七妈也再忍不住呜咽出声。

董必武同志接过信，轻轻念道：

> 我对他的病，不很放心，望你转禀他好好精养。我在这里默祷他的康宁。爹爹的病状，除疟疾外，还宜注意他的年事已高，体力虽好，但他过分喜欢饮酒，难免没有内亏。所以主治他的办法，必须先清内火，消积食，安睡眠。东西愈少吃愈好，吃的东西亦须注意消化与营养，如牛乳、豆浆、米汤、饼干之类，挂面万不可吃。假如热再不退，大便又不通，则宜进行清胃灌肠，勿专当疟疾医。

董老含泪仰天长叹，与大家商量说：恩来对父亲一向很孝敬，他又极重感情，如让他现在知道老人病故，精神受刺激，对养病不利。于是大家一致同意，暂时不告诉我伯伯他父亲去世的消息，等他出院后再说。老人家的灵柩暂停在红岩沟内，待我伯伯回来再出殡。

要瞒住细心的伯伯真不容易，爷爷去世的消息只瞒了三天。当伯伯在医院知道自己的父亲已经去世三日，顿时惊得脸色苍白，术后虚弱的病体不支，一下跌坐在地上泪如雨下，恸哭不已，决定立即出院。然后，他是在大家的搀扶下回到办事处的，他泪流满面，完全不能控制自己悲痛欲绝的心情，大声责问办事处处长钱之光，为什么不通知他！钱之光不敢回答。伯伯转而向七妈大发雷霆：“老爷子过世这么大的事你为什么要瞒着我？你跟我这么多年还不知道我？”责问得七妈直掉眼泪，无言以对。这一夜，谁劝也不行，伯伯执意单独坐在灵堂，为父亲守灵，直到东方欲晓，鸡叫天明……

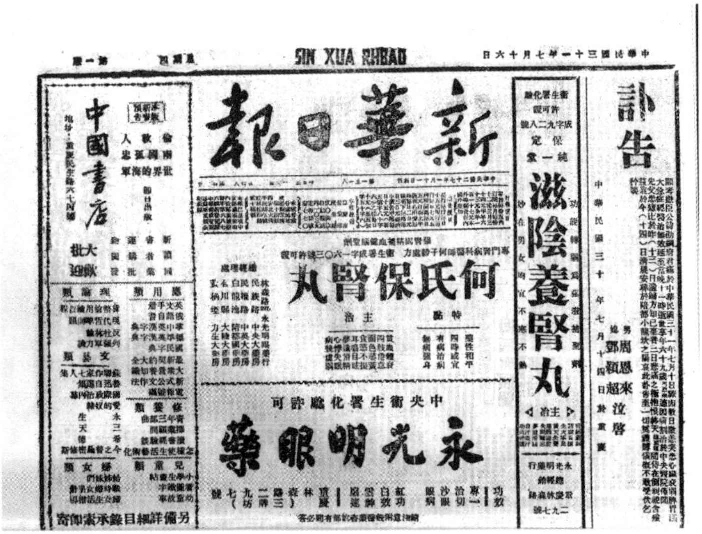
SIN XUA RHBAO

新華日報

訃告

男周恩來 媳鄧穎超 泣啓

中國書店

何氏保腎丸

滋陰養腎丸

中央衛生署化驗許可

永光明眼藥

△ 伯伯和七妈在《新华日报》为爷爷连登了数天讣告

当时，在重庆出版的《新华日报》的广告栏中有一则伯伯为其父亲去世登载的讣告。全文如下：

讣告

显考懋臣公讳劭纲府君，痛于中华民国三十一年七月十日骤因数日微恙突患心脏衰弱，脾胃涨大急症，经医治无效，延至当晚十一时逝世，享年六十九岁。男恩来适因病割治于中央医院，仅闻先父患症，比于昨（十三日）日遄归，方知已弃养三日。悲痛之极，抱恨终天。媳颖超随侍在侧，亲视含殓。兹业于今（十四）日清晨安葬于陪都小龙坎之阳，哀此讣告。至一切奠礼赙仪概不敢受。伏乞矜鉴

男周恩来、媳邓颖超

中华民国三十一年七月十四日于重庆

据说，伯伯、七妈是迄今为止所发现的，我们党和国家领导人中唯一曾为父母去世而登报发布过《讣告》的。后来在2013年初，我还收到了台湾的友人李敖先生来信，并随函附来他自己所存档案资料中

当年《新华日报》影印件（见首），信中专门评述伯伯对传统文化造诣之深厚：

> 《周恩来年谱》中只提到"守灵至拂晓"的事，表示周恩来遵守旧道德规范，不知重庆《新华日报》别有《讣告》。从1942.7.15到1942.7.19，共产党党报上头版连登5天《讣告》。《讣告》中"显考"、"讳"、"府君"、"男恩来"、"弃养"、"抱恨终天"、"媳颖超"、"随侍在侧，亲视含殓"、"安葬……之阳"、"哀此讣告"、"伏乞矜鉴"等等，全是对旧道德规范的遵守，一点都不革命党呢。

我爷爷的丧事在报上公布后，蒋介石等国民党政府要人都致函或到红岩村吊唁。伯伯在拍给毛泽东主席的电报时仍不能克制自己悲痛的心情："归后始知我父已病故，悲痛之极，抱恨终天，当于次日安葬。"毛主席立即复电："尊翁逝世，政治局同人均深切哀悼，尚望节哀，重病新愈，望多休息，并注意以后在工作中节劳为盼。"表达了对我伯伯的战友深情和对我爷爷的真情哀悼。

读到了伯伯所写的信和电报的内容，听当时在场的童小鹏、张颖详细介绍，我才真正清楚并且体味到，即便做了共产党的高级领导人，伯伯也从没改变他对父亲的一片孝心。他天天把"爹爹遗像"装在贴身衣袋，一装就是七八年之久，他一定想用这样的行动告诉爷爷：虽然生离死别之时他们父子没有见上最后一面，但没能为爹爹送行的儿子心里是永远想念爹爹的，他对父亲的思念是由衷的。

许多外国友人回忆起与伯伯的交往，都难忘他"吃水不忘挖井人"，从不过河拆桥，从不忘老朋友的真诚交友之道。其实在家事上，在为人子侄上，伯伯又何尝不是这样呢？对自己的长辈，他永远是滴水之恩，涌泉相报，把养老送终当成自己天经地义的责任。

平时伯伯与我们姐弟的谈话，极少谈到我们的爷爷，只是在1964年8月，他对亲属们讲话时，说过一句："我对父亲是同情的。"（详见第六章的"伯伯为我们讲家世"）

到了1974年5月底，我大弟秉钧到北京出差，抽空去西花厅看望两位老人家。秉钧见到伯伯穿着那件补丁摞补丁的睡袍，不像平时衣着整齐、忙于公务，而是有空与他坐下来谈天。这时的秉钧哪里知道伯伯已得了不治之症，被医生们要求要有些许的休息，不，只是些许的不那么特别忙而已。使秉钧感到意外的是，在这次谈话中，伯伯竟主动谈了自己对父亲的思念之情："我对你爷爷是很同情的。他本事不大，为人老实，一生的月工资没有超过30块钱。但是他一辈子没做过一件坏事，而且他还掩护过我。"这些话，秉钧至今记忆犹新，这是伯伯身患癌症，忙于工作，拖延甚久，不得不住院之前的肺腑之言。

上面提到过李敖给我的信，那我们是怎么相识的呢？这说来还真有点意思。

2012年，我和妹妹一同到台湾，这是周家在台湾的一位远房亲戚李传洪邀请的。我们就提出了要同李敖见面。李传洪说，李敖这个人轻易不和别人见面，更不轻易跟人吃饭。我说，你就告诉他，我要跟他说他外婆家的事。结果，第二天中午，我们就同李敖一起吃了顿饭。在饭桌上，我就对他说，我妈妈抱过你。

"啊？"李敖听了，一下子愣在了那里，然后问道，"怎么回事？"

"我妈和你小姨是在哈尔滨时的小学同学，中学也是同学，你妈是老大，你这位小姨很小，生你的时候，我妈和你小姨都是年轻学生，到你妈家里去看你，

那时候觉得很新奇，所以就抱了抱你。"我回答。

"哎呀——"李敖扭过头去，跟饭桌上的别人说道，"我被'共匪'的家属抱过，那我是不是也有'共嫌'啊？"

大家听了李敖的调侃，都乐了。我们再一论年龄，原来李敖比我大两岁，他就说："那你是大妹妹。"

后来，李敖的儿子到北大上学，还请了我去给他们社团讲课。我们之间一直都有联系。

第五章 一波三折的爱情

一、伯伯用亲身经历教导我如何对待感情

1955年夏季，我从师范学校毕业，工作分配志愿上，我主动申请做乡村教师。因为乡村里教师更缺乏，更需要我们这些师范毕业生，我做了要过非常艰苦生活的思想准备。当我到北京市朝阳区第三中心小学报到时，看到这里有街道，有小商店，学校里还有电灯（我的思想准备是只有煤油灯）和电话，教室有砖房，校门外不远处还有公共汽车站！我感到满足极了，心情愉悦地走上了工作岗位。由此，我至今仍体会着一条人生哲理：生活上不企盼脱离时代现实条件的过高要求，精神上就永远是快乐、满足的，正所谓“知足常乐”。

教学生活开始了，我被指派到四年级做班主任，教语文和算术。说实话，我真爱我的学生们！是的，我每天面对教室里30多个孩子，他们没有城里孩子干净，一个个衣服破旧，长短不一，补丁叠着补丁，小女孩儿头发常是乱乱蓬蓬像草窝，小男孩儿眼屎巴巴，不用问肯定早晨没洗脸。可我在村里住久了，我知道他们并没像城里孩子那样赖床起晚了，瞧他们衣衫沾着的青草，布鞋、裤腿上沾着露水，便知道鸡鸣天刚亮，他们就已起身，到荒坡野地里打回了猪草、羊草，恐怕抓了一个冷馍馍或玉米饼子就往学校跑！

说来也怪，我从第一次站上讲台，面对这群孩子，心里就一点不紧张，因为我读懂了孩子们的眼神：有渴望，有兴奋，有神往！我相信只要我努力教学，面前这群孩子，在不久的将来，一定能像苏联电影《乡村女教师》里表现的那样，成为国家非常需要的有用之才！

一天校长刘熹派给我一个任务：区教育局要各校到派出所统计本地区3年内有多少学龄儿童要入学，并要抄录各村的名单、人数。我用了几天的业余时间完成了任务，在这一工作期间，年轻的派出所所长给了我很大的支持和帮助，他对我的工作态度和工作作风也有了很好的印象。

不料，教师的生涯刚刚开始了两三个月，我刚叫熟了班里所有孩

子的名字，没教完一学期，更别说送走毕业班，这时区委宣传部要调一些年轻党员去工作。那天校长找我谈话，说调令已经来了，让我第二天就到朝阳区委宣传部去报到。我跟她说，我舍不得孩子们，舍不得这里的乡亲们。她只回答我一句话：党员一切服从党的事业。我便痛痛快快点头！没想到，我竟会从此离开学校，过早结束了我当教师的美好理想。

当我和那位年轻的派出所所长告别时，隐约感到他流露出对我的好感和留恋。

我那时刚满18岁，对男女之间细致微妙的感情的确是一片空白。

“小周老师！你到区委工作后，我们还有可能交个朋友吗？”

“交朋友怎么不可以！”我大大方方地说。

“况且你不是也常去区公安分局办事吗？我们还是有机会见面嘛！”

“对对对！”所长喜笑颜开，连说三个对！

周六晚回到西花厅，我轻松地哼着歌，帮师傅盛饭端菜。

“秉德，这么高兴，是不是谈恋爱了？”刚从办公室出来坐到饭桌边的伯伯，身子往椅背上一靠，两臂抱在胸前，头一歪，笑眯眯地问道。

好机敏的伯伯，看样子啥事也瞒不过他的眼睛！我的脸腾地燃烧起来，忍不住“扑哧”笑出声。

“不会吧，秉德刚参加工作才三个多月嘛！”七妈一边拿筷子一边说。

“笑就是默认了，不信问她！”伯伯咬一口包子，口气十分肯定。

“我本想吃完饭给伯伯、七妈汇报这个事，既然被伯伯一语道破，就提前交代吧！”于是，我把与所长怎么认识的过程和因自己要调到区委工作才捅破的事讲了出来。

“你怎么不当小学教师了？调到区委，是不是因为我周某人的关系？”伯伯的口气一下变得十分严肃起来，“人家是不是照顾你离城近些？你还是应该多在基层单位锻炼，不要调到机关工作才好。但我又不能直接干涉你们基层组织的工作安排。”

“我可没打伯伯的牌子找过人！”遇到这种严肃的问题，必须丁是丁，卯是卯，伯伯一直要求我们不能利用他的关系而有任何特殊待遇。“在我填写过的履历表里，只有在入党志愿书里我填写了与伯伯和七妈的亲属关系。在朝阳区，还没人知道我是您的侄女。现在是为了开展肃反工作，要抽调一些党员到区委临时工作，小学教师里党员极少，才抽到我的。”

“这点，我完全相信秉德。恩来，让秉德接着介绍那个对象的情况嘛！”七妈快人快语。

于是，我又接着介绍下去：“最近我听区委的同志说，那位所长本人是党员，无论工作和群众关系确实都不错。不过，他说过父亲当过什么封建一贯道的坛主。”

“一贯道坛主？这合适吗？”七妈有些意外，脱口而出。

真如当头一棒，我不觉一愣！确实，在这之前，我稀里糊涂并不太清楚“一贯道”是怎么回事，以为就是老人有点迷信思想。但在当时的政治气氛中，一贯道被定为反动会道门，是很被人另眼相看的。

七妈又说：“年轻人都要经历谈恋爱的过程，选择对象应该首先考虑‘志同道合’，也要考虑家庭可靠。”

伯伯这时用现身说法来启发教育我：“秉德，你知道吗，我在和你七妈结婚之前，在巴黎曾经有过一个女朋友。”

伯伯突然当着七妈和我的面讲起了自己的恋爱史，让我非常意外。注意力一转移，刚才绷紧的心情不觉放松下来：“七妈，这是真的？”

“是呀！”七妈脸上的表情也放松下来，笑着说，“‘五四’运动那会儿，我才15岁，上街演说，演文明戏，就像个虎头虎脑的假小子，根本没有考虑过谈恋爱的事。你伯伯比我大6岁，他立志振兴中华，献身救国事业，而且抱定独身主义。后来去法国勤工俭学时，他与觉悟社的郭隆真和张若名同行。那时觉悟社的同志们都说，如果今后周恩来放弃独身主义的话，他和张若名真是天造地设的一对。”

△ 郭隆真

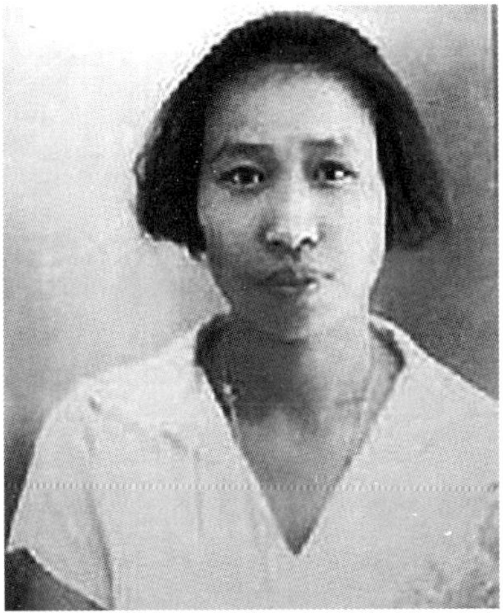

△ 张若名

伯伯这时告诉我："开始的确不错。在巴黎，我们先后加入了中国少年共产党，当年我们学习马克思主义，主要采取互教互学的办法。张若名的法文较好，经常担任主讲人，还曾将自己的讲稿整理成文，发表在'少共'的机关报《赤光》上。后来，这些文章还被团中央编入了介绍马列主义的通俗读物中。但是，后来因为出身问题，她在党内受到审查，又因参加社会政治活动，遭到法国警察几次跟踪和盘问，受到组织的误解和批评。她感到委屈和不满，经过一段时间的思想斗争，她决定脱离政治活动，留在法国专心读书，学成后再回国效力。是的，为国效力，使中华腾飞，这确实是我们的理想。'五四'运动前，我也曾经信奉过'教育救国'、'科学救国'，甚至我还希望中国能像日本那样'军国救国'。然而斗争事实证明，这些路都走不通，中国要独立富强，只有走武装夺取政权的道路。我是认定马克思主义，一定不变的，既然我誓为无产阶级革命事业奋斗终生，并不惜牺牲自己的生命，我的终生伴侣，理所当然必须是志同道合的，要经得起革命的艰难险阻和惊涛骇浪的战友。这一点，你七妈是当之无愧的。于是，我主动与张若名说清楚，转而与你七妈频繁通信，还向她求婚。”

“那位张阿姨后来怎么样？”

“张若名后来获得了法国里昂中法大学的文学博士学位，1931年就与丈夫杨堃回国任教。起先在北京，后来到了云南大学中文系当教授。1955年4月我去印尼万隆出席亚非会议，回国时从昆明路过，我和陈毅还与张若名夫妇见了面。”七妈在旁补充说：“我还怪他没与他们合个影，都是老朋友了嘛！让我看看他们现在什么样儿了！”

我真想知道，当年在巴黎，伯伯与张若名分手时都说了些什么，这样也能最稳妥地结束我的初恋。只是看伯伯总忙，瞧他匆匆来去和彻夜不灭的灯光，我再没好意思开口。但以我少女的直觉，我相信以伯伯的为人，他可以苛求自己，他可以有自己的择偶原则，但他必定会豁达地对待一切；不当恋人，却可以是朋友；不以革命为友谊的基点，但能在正直爱国上找到共同语言。这也正是为什么伯伯的朋友特多、特广的原因之一。包括那些政治上完全反对他的人，也能因爱国的共同目标，甚至仅是出于对他人品的敬仰，而帮助他多次化险为夷。

事后，我主动找那位所长，谈了自己近几年内不想考虑恋爱问题，但我仍然感谢他对我的关心和帮助，我们仍然可以成为互相帮助的好同志、好朋友。

30多年后，我从邓中夏伯伯的儿子口里知道了这样一段故事。

1928年正值伯伯去苏联参加中共六大，回国时为了安全他独自从欧洲绕行。那次邓中夏托伯伯给他新婚的妻子小妹带一件礼物，邓中夏说这是他坐牢3个月才省下的一点点津贴费，要伯伯无论如何一定要买个最好最合适的礼品。到法国后，伯伯就去找了张若名，他相信她虽然脱离了革命，但绝不会出卖朋友。果然，她不仅在里昂掩护了伯伯，还帮伯伯选定了一块银质的瑞士坤表。后来邓中夏说过，小妹特别喜欢这块表。邓中夏在南京雨花台牺牲20多年后，伯伯又见到小妹。她告诉伯伯，那块银表是中夏留给她的珍贵纪念，至今还珍藏着。

伯伯逝世后，七妈还曾对我提起过关于张若名的事情，在本书后面会写到。

二、中苏关系日趋紧张，注定我与留苏回国的大学生有缘无分

五六十年代，家里若有个20多岁没出嫁的姑娘，妈妈就很担心女儿嫁不出去了，我妈妈当然也不例外。1958年的夏天，妈妈的一位朋友将自己的一个亲戚介绍给我。

这是一位正在莫斯科留学的大学生，正好放暑假回北京。第一次见面，他的热情健谈，就给我留下了很深的印象。短短一个月里，他约我见了几次面。有一回我把他带到西花厅，七妈还带我们一起去了陶然亭。那天，他对七妈的态度落落大方，大家谈得挺开心的。他回到莫斯科后，立即来信，十分忘情地赞美"一见钟情"的缘分。希望我们能保持通信联系，等待下一次在北京的重逢！读着这样的信，我的脸一阵阵发热。是的，因为我没上过大学，我确实希望找一个大学生，将来组成家庭，身边有一个老师守着，能鼓励自己不断追求知识。而且那时候能到苏联去留学，一般都是比较优秀、出类拔萃的好青年。我自己是个性格开朗的人，当然希望丈夫能够胸怀更宽广，性格更直爽，更坚强些。我正想提笔给他回信，转念一想，既然我有意和他发展感情，我还是先征求一下伯伯和七妈的意见吧，对于他们，我确实没秘密可言。那时我在密云水库工作，就立即写了一封信，向七妈详细介绍了我们现在交往的情况。

那些日子，我天天盼着七妈来信。一天，我终于收到了七妈的一封来信，急不可待地拆开：

亲爱的秉德：

一定在盼着我的信了？等着急了吧？说真的，我很喜欢看

到你的信，从你的信中可以增加我的见闻，又可以了解你的思想和进步，因此，每次看完了你的信以后，就想立刻回你的信和你笔谈一番。但是，拖下来亦就搁浅了，这就是最近你来了一二次信，我没回信的原因。前几天接到你第三次来信，这是关系到你的终身大事问题的信，我应该也必须把我的意见快答复你，不过这只是供你参考，决定问题，还是应该由你自主。

首先你在处理你个人问题时的立场，是完全正确的，就是你来信所说的"他应该绝对服从组织的分配"，"个人问题，到时候再根据情况具体安排"。这就是不把个人的打算放在组织之上来考虑和处理，是一个共产党员起码应有的党性。另一方面党对于党员在服从组织决定，不妨碍工作的原则下，也会对党员的问题加以照顾的。但是共产党员首先最重要的是要求自己，把自己和党的关系摆对来。

其次是一个共产党员在选择伴侣的时候最重要的前提，第一是政治条件和品质，以及围绕这一条尚有相爱的诸方面，至于外貌不是主要的，只要平常不异样过得去就行啦。

再次说到你和他的关系，我同意你的方针、看法和安排。你们既有了相爱和了解的一段时间，可以把问题肯定下来。为了他的学习，也是为了你们基础打得更好，将来的关系更能巩固和美好幸福，那么再经过一个有限期的了解和考验，那有什么不好呢？何况限期并不长哩。明年三四月正是春暖花开，完成学习任务的好时节。自然，如果他这次学习结束后，组织上如有什么新的安排，例如为了工作需要或在国内或提前早于明年三四月回国等，在有变动的条件下再来考虑解决问题的时间，这仅仅是我的设想，并非已知组织有什么决定，这点需要向你说明的。

最后，我向你建议，你应要求你的组织通过他的组织去对他再做些了解，这不比现在你们仅仅直接了解更可以从组织上较全面的了解吗？了解得更好吗？望你把他的名字写清楚来，因为你来信写的第三个字，我和伯伯都没能弄清楚。在我把名字弄清楚后，可能帮你做点了解工作，但最主要的你还是应向你的组织提出请求。

以上这些意见，不知对你是否有些帮助，希望知道你的意见。我现在外地，回信可仍寄北京。我和伯伯都好，勿念。

你的七妈同志

1960年7月31日

读了七妈的信，我立即一一照办。

半个多月后的一个周六的下午，我回到西花厅。因为知道伯伯和七妈都到北戴河去了，我在屋里取了本书，想回爸爸、妈妈那去看看。走到门口，正好碰到伯伯下车。

“伯伯，您不是在北戴河吗？”

“有事回来。”伯伯与我握握手，“明天是星期天，秉德，等会儿跟我一块到北戴河去，七妈有事要跟你谈。”

“好啊！”我随和地答应一声，心里猜想，一定是要谈我的个人问题。因为伯伯工作太忙，他是无暇问及我们的个人问题的，直到多少年后我才知道，其实1958年到1960年，伯伯正因为“反冒进”的问题，受到毛泽东主席的严厉批评，他曾经向中央提交了辞呈，一度西花厅“门前冷落车马稀”。但是，我们这些小辈在西花厅里从来没有见过伯伯发愁烦恼过，他在我们面前永远是那么从容不迫，镇定自若，精神矍铄，仿佛世间没有解不开的疙瘩，过不去的火焰山！

我随他一块儿回到西花厅，他进办公室，我习惯地坐在客厅里看书。伯伯的办公室虽然没挂牌子，但那里对我们孩子来说是“禁区”，别说我们，就连与伯伯一同革命、生死与共的七妈，进伯伯的办公室也是要先敲门的。伯伯忙了一阵出来，可能是等个什么文件，便坐到客厅来与我聊天。

“伯伯，今天我是跟你乘专列到北戴河吗？”建国初期我是经常跟着伯伯、七妈一块乘车去看戏，到颐和园游玩，但还从没乘伯伯的专列离开过北京城，尤其没去过北戴河。

伯伯点点头，话锋一转说道："秉德，给你商量个事情吧？"

"当然好啦，有什么不好！"我答应着。

"你的婚姻问题能不能在25岁以后解决？"伯伯那双炯炯有神的眼睛注视着我，"女孩子嘛，25岁以后也可以啊，不要过早。我们国家是个人口众多的大国，1949年人口统计是四万万五千万；这才几年，已经达到五万万多了。我们国家应该实行计划生育，否则，工农业生产发展赶不上人口增长的速度，老百姓连饭都吃不饱，国家要富强又从何谈起呢？按我的设想，我们中国是人口基数这样大的国家，一定要实行计划生育，从你们这一代开始，就要坚持晚婚，而且生孩子要晚一点，稀一点，少一点。你看，你能不能在25岁以后再结婚？"

五六十年代，女孩子一般在20岁上下，最大二十二三岁就结婚了，我的好几位同学都已做了妈妈。但听了伯伯讲的道理，我觉得很对，也感到了我作为总理侄女应尽的义务。"没问题，当然没问题！"我爽声答应，"你有这个要求，我肯定这样做！"

"好！"伯伯脸上浮现出由衷的笑容。

火车开动了，车轮滚滚，车身摇动。伯伯坐在桌边，专注地批阅文件，仿佛置身无人之地。我坐在不远处的窗口，望着一闪而过的风景，心里暖呼呼的。至于伯伯对我晚婚的要求，我想我一定要做到，那时并没多想深想。

来到北戴河住地，七妈十分亲热地与我拥抱。她拉着我，一起走到海边，沿着金黄色的沙滩边走边谈。七妈十分了解我开朗直爽的性格，她与我谈话一向直奔主题："秉德，你上次告诉我的那个小伙子，我已经向我们驻苏大使馆留学生处了解了，他的大致表现情况是这样：他是个共产党员，学习也很上进，很用功。不足之处是比较自顾自，在学习上不大愿意帮助其他的中国留学生；另外在与苏联女孩子接触时比较随便一点。情况就是这些，你自己考虑，谈下去还是不谈下去，你自己决定。"

平心而论，七妈的话说得很平静很客观，她并没有明确表示反对我们继续交往。但我毕竟年轻，又追求完美，感到这人不太理想，当即明确表示：“那就算了吧！”没有丝毫的犹豫。第二天，七妈带我到了北戴河的城里，在一个小商店里，七妈对我说：“既然来了，就送你一样礼物。这里盒装的饼干很好看，你自己挑一样吧！”

△ 1961年，我与孙维世姐姐在西花厅

我并不关心盒里是什么饼干，只看中那只最漂亮的铁皮饼干盒。在那时候，像这样的盒装饼干，对我这样收入的人来说真是奢侈品，是从不问津的。“七妈，我就要那个黑地红牡丹的！”后来，这只七妈在北戴河给我买的饼干盒一直跟随着我。

仿佛我与留苏学生特别有缘。不久，从苏联留学归来的孙维世的妹妹孙新世又给我介绍了一位。记得那是个上海人，妹妹也在北京读大学。那一天，热心的新世直接把他们兄妹俩领进了西花厅。伯伯一听介绍也挺高兴，当即交代成元功：“从我的工资里拿出100块钱，交给维世，让维世夫妇安排秉德和那两兄妹还有新世夫妇一块去四川饭店吃顿饭！”出门前，他还特别对我说：“秉德，你还记得我的要求吗？”

“是晚婚晚育吗？”我顽皮地眨眨眼睛，轻声凑近他的耳边问。

“晚婚不等于不谈恋爱嘛！”伯伯笑着说，“不支持你谈恋爱，我会出钱请客？”

现在的宴席，一般的就是几百，有时还会数千，甚至上万，可是往往吃请回来，仿佛记不起吃了什么，只觉肚子仍是空空。可20世纪60年代初，伯伯那100块钱，可相当我近两个月的工资啊！在四川饭店请我们吃的那顿饭，尽管由于时间的洗刷，我也记不清都上了什么菜，但当时我吃得那个香，那个饱，那个兴奋的心情，至今记忆犹新！因为那毕竟是三年困难时期，我平时在机关吃，粮食定量，平均每天我只有八两，油一月才半斤，新鲜猪肉更是很少有缘问津了，更别说什么宴会了。因此，伯伯出钱请的那顿饭，给我留下了极深的记忆。

这次我没有征求伯伯、七妈的意见，因为我一听说他父亲是资本家，就对自己说：算了吧，还是坚持政治条件第一。在那个时代，这样的家庭出身好像就被列入另册，我不愿在伯伯的亲属关系中因我而增加任何的复杂因素。

而一提起维世姐姐，我真是为她痛心疾首。那么好的一个人儿，竟然在“文革”初期被江青、叶群合谋投入监狱，在1968年10月14日猝死于狱中。伯伯和七妈对她一直很关爱，当他们得知她的死讯后，伯伯立即要求有关单位对她遗体进行解剖，查明这位烈士遗孤的死亡原因。但很快得到的答复是“尸体已经火化”，这是多么惨绝人寰又见不得人的勾当呀！

我那时正在北京休产假，到了西花厅听七妈告诉我这事时，简直不能相信自己的耳朵。但在那个没有道理可讲的年月里，什么事情不会发生呢？我还很气愤地问七妈：“她是烈士的女儿，又是我们国家总理夫妇的干女儿，办案的人难道不知道吗？她怎么可能是苏修特务呢？他们怎么可以这样对待她呢？”

七妈强忍着失去这位不是亲生女儿，却认了30年的干女儿的悲痛，缓缓地对我说：“秉德呀，你知道吗？凡是做了我们干女儿的人，都是苦命的呀！有人说我和你伯伯有多少多少干儿子、干女儿，哪有那么回事？其实我们真正认了的，就只有三个干女儿：一个是叶挺将军的大女儿叶扬眉，小小年纪就与她父母乘飞机时遇难了；一个是你伯伯南开同学的女儿（当时未说姓名，后查出是谌志笃之女谌曼里），在延安时下大雨，窑洞塌垮，被砸死在里面了；只有维世跟我们时间长，感情深，现在又死得这样惨！”然后她又恢复了常态，镇定地向我说：“但是，我们活着的人要坚强地活下去！”

又过了两年，我已经是25岁的大姑娘了，也算大龄女青年。有一天，在师大女附中比我高一班的聂力大姐，笑眯眯地将一张年轻军官照片递到了我手中。呵，好一个满脸阳刚之气的英俊小伙子！聂力大姐详细地介绍了他的各方面情况，最后说，在苏联留学毕业回国的同志中，往往是挑选各方面优秀的分到军队科研单位，而分到部队中的大部分同志，都是评正排级干部，因为他优秀，所以一回国就是副连级待遇……我非常相信聂力大姐的眼力，等我见到那位青年军官时，更佩服她的眼光！那小伙儿，个高肩宽，眉清目秀。他成熟却又不乏热情，稳重却又不乏幽默，有事业心却对我不乏细腻的关切。我又一次相信了一见钟情。我们接触中谈得挺投缘，在不知不觉中，陌生和拘谨已经消失得无影无踪。他送我好几张在莫斯科红场、列宁墓前拍的照片，我欣然收下了。“你能给我一张照片吗？”对他的要求，我没犹豫，也送了他几张。

像往常一样，我又将处朋友的事向七妈说了。

过了几天，那是深秋的一个周末，晚饭后，七妈招呼我：“秉德，我们谈谈。”

我心里明白，七妈一定是要谈我交朋友的事。

我端起七妈的茶杯，就往客厅走。

“不，秉德，我们到院子里谈。”

“院子里风大，您？”

“我穿上外套，戴上围巾，没事。”

我挽着七妈的胳膊，沿着西花厅里院的小径，缓缓而行。可能是从小看着我长大，了解我的个性，七妈和我谈话，从来不用转弯抹角，有话总是直说。那天的开场白也是直入主题，只是与往常相比，她说话的语气更加严肃：

“秉德，我知道聂力给你介绍的朋友，人品学业都挺优秀，而且你们两人又谈得不错。只是我和你伯伯考虑现在中苏关系已经破裂，苏联特工组织克格勃正无孔不入，千方百计从留学生中找他们可以利用的人选，刺探中国各方面的情报。过去我和你伯伯在白区做地下工作，真是深有体会：敌我双方往往都是利用亲属关系打进对方营垒，而堡垒也往往最容易从内部攻破。你想想看，你现在交往的这位朋友在苏联上过学，肯定有很多苏联同学都认识他，如果你们真的成了夫妻，要经常出入西花厅，克格勃会不会利用这层关系？这种可能性恐怕我们不能不考虑，你看呢？”

听话听音。七妈这番话虽没有直截了当说不同意，也没直说反对我们交往。但我听明白了她的意思，我几乎没有一点犹豫，明确表态说：“七妈，我当然一定要保证你们的安全，我不能给伯伯带来任何麻烦。您放心，我肯定断，对这人再满意我也断！”我当时就心想：你们的安全，就是党的安全，对我来说就是天大的事！我的事多大都是小事！

七妈欣慰地点点头，她握着我的手说：“秉德，我相信你！”接着我们边走又边谈起其他的事。七妈是久经风霜的革命者，她之所以拉着我在院子里谈这段话，是警惕在这中苏关系破裂时“隔墙有耳”。

我已经不记得后来是以什么理由回绝那位青年军官的了。但是，我们的交往确实说断马上就断，说停马上就停了。从此，我对所有再找上门来的留苏学生一律都关上了感情之门。中苏关系的日趋紧张，注定了我与留苏学生有缘无分。

如果说当时对这位非常优秀的同志不留恋，心里没有一丝惋惜之情，那不是心里话。他的确打动了我的心，而且潜意识中，我相信聂力大姐的眼力，我也相信自己的直觉，他会成为一个优秀的人才，他一定能为中国的军事现代化做出自己的贡献。

但是，我人生信条中还有一条更重要的、更不容违反的原则，那就是，我自己的事一定要服从于伯伯、七妈的大局！恋爱，这是我个人的事，但我毕竟又是伯伯、七妈的亲侄女，防患于未然，我决不能只为追求自己的幸福，而给伯伯造成任何一点点不安全的机会和可能！因为伯伯在我心中，不只是我的亲人，更是中国共产党和中华人民共和国的重要领导人之一，从我18岁举起右手宣誓加入中国共产党的那天起，我就必须以党和国家的利益为第一生命。

后来我从别人的口中听说，七妈在别人面前称赞我：秉德很理解我们，很听话。我听了心里有甜，也有一种说不清的滋味。

时过境迁。在如今爱情仿佛已经成了最热门、最广泛的话题，爱情仿佛成了最自我、最自由、最自私的代名词。一些年轻的朋友第一次从我嘴里知道这件事后，十分惋惜，也有人很不以为然地反问我："你怎么那么听话？"同时，我还能从他们的眼神里读懂另一种含义：真是那个时代造就的"驯服工具"，连完全属于自己的爱情都不敢去追求！

我不去辩解，但也从不后悔。我的爱情经历确实有时代的印记，但爱情决不只像当代流行歌曲里唱的"不想天长地久，只要曾经拥有。"如果爱情调色板里缺少了"事业追求"和"共同责任"——包括对双方和双方各自家庭的责任，爱情就像缺少阳光的树苗，永远无法长成参天大树！换句话说，要想拥有相伴到永远的爱情，就不能只求个人甜蜜和浪漫，还要有事业追求和为对方以及对方家庭不断付出的精神准备与实际行动，这样的夫妻，在共同生活的岁月里，才可能相濡以沫，幸福与共，患难与共！

三、相亲对象是与伯伯有至交的沈钧儒老的长孙

1963年，已经26岁的我还待字闺中，细想起来，当时可真应了妈妈常说的那句老话："皇上不急，急死太监。"我成天乐乐呵呵的，依旧一副无忧无虑童心未泯的笑模样，而年近半百的妈妈可急得像热

锅上的蚂蚁！也不知为什么，我对自己的婚事从不担心，我很自信我的人缘好，我相信世界上一定有一个爱我适合我的人存在，只是时间未到，两人还没碰面而已。谁知我这样的想法更使妈妈着急，更觉得我在爱情问题上“缺根弦”，她也是急不可待，想来想去，竟直接找到了伯伯的老警卫秘书何谦家里。

“王大姐，你也别着急。”何谦的爱人林阿姨热情地端上茶。

“我能不急吗？我26岁都有两个孩子了，日子过得好快，再拖，眨眼就要30，那还能嫁得出去吗？秉德的事，只能拜托你们两位了。”

“老伴，你说刚回来的沈大夫的儿子怎么样？”何谦叔叔突然眼睛一亮，对着爱人问道。

“哪个沈大夫？他儿子多大，干什么工作？”妈妈睁大了眼睛，连忙问道。

“就是沈谦，他原来是中南海门诊部内科主任，现在是广安门中医医院的副院长，就住在我们三楼上。他儿子叫沈人骅，今年33岁，是空军大尉军官，大学生，共产党员，搞技术工作，懂四国外语呢！”

“哎呀，怎么早没听你们说过？”仿佛喜从天降，妈妈着急地追问。

“是呀，我们过去只知道沈大夫有个女儿，每个星期日都来看老两口。这次沈钧儒老先生去世，沈大夫的儿子人骅，也就是沈钧儒的长孙回来参加丧事活动，我们才知道沈主任家里还有个当兵的大儿子，而且还没结婚！”

“真的，是不是长相不好？”确实，这样的家世，33岁还没结婚，妈妈怀疑他的长相也不为怪。

“将近一米八〇的个子，英俊、谦和也稳重。至于为什么没结婚，我们倒没有问过，不过……”

“为什么不安排他们见见面？”妈妈和何谦夫妇几乎是异口同声。

△ 画家杨之光（人骅的好友）为沈钧儒老人所作画像

于是，在何谦叔叔家中，我见到了被戏称“从天而降”的沈人骅——一则他是空军，二则他家住在三楼，而何叔叔住一楼。眼前站着的确实是位英俊小伙，话语不多，只是微笑，无论谁讲话，他总在彬彬有礼地聆听。他最后的一句话倒加速了事情的进程：“王老师，您们既然已经到了，就请到三楼我父母家去坐吧。”后来他告诉我，他一眼就被我朴实灿烂的笑容迷住了，立即口对心说：我心里一直希望找的姑娘就是她！当然，此时他压根不知道我是周恩来的侄女，如果知道，恐怕还不会如此迅速地发出邀请！

我第一眼见到人骅的爸爸、妈妈，两位老人谦和慈善的微笑就给人一种亲切感。在楼下，我听何谦叔叔介绍说，沈大夫是留学德国的医学博士，很注重中医的研究，医术高明，医德又好，整个国务院宿舍里的老老小小有病都去找他，院里几乎人人都认识他，尊敬他。沈夫人虽说是位家庭主妇，但知书达理，待人十分客气。我后来听她老人家说，她第一眼就看中了我面善心好！

我知道七妈经常惦记我的婚事，认识人骅后，那个周末我回西花厅，就一五一十向她说了。一听人骅的爷爷是沈钧儒老先生，七妈脸上露出了笑容：“沈钧儒先生与我与你伯伯都熟悉，他是我们党的老朋友，他的四个儿子里面，大儿子沈谦是最进步的。”

“七妈，你们认识？”我问道。

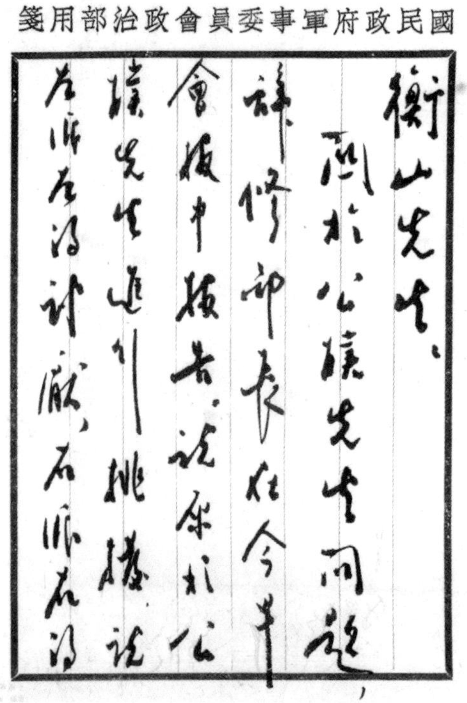

△伯伯为李公朴被捕事，于1938年6月致沈钧儒的信函，一日内连发两信，可见情况之紧急

“岂止是认识，还很熟悉呢！”七妈侃侃而谈，仿佛在我面前展开了沈家近几十年的一幅历史长卷：

“沈钧儒先生是历史上著名的七君子之一，他与你伯伯是1937年在南京第一次见面。虽说沈老先生年长20多岁，但与你伯伯一见如故，相见恨晚，无话不谈。抗战时期在重庆，老人家经常去曾家岩，有什么重要的事，都愿意听听你伯伯的意见。他老人家多次提出加入中国共产党，但组织上考虑他在党外为国家发挥的作用更大些，直到去世，仍是党外布尔什维克。你伯伯代表党中央曾给过他一个很高的评价：党外民主人士左派的旗帜。

“抗战时期，沈老的女儿沈谱在重庆，是位造纸工程师，我是她的单线联系人，她那时正与著名报人范长江在谈恋爱；你说巧不巧，范长江是秘密党员，你伯伯正是他的单线联系人。当时，他们是分别向我和你伯伯汇报工作后，提出结婚申请，由我们报请组织批准的嘛！结婚后他们才彼此知道是共产党员。

“沈老的长子沈谦抗战时期一直在上海。日伪政府知道他的医术高超，高薪聘请他出任院长，他坚辞不肯，与两位同学在租界里办了个私人诊所。战乱时期，生活十分困难。他是医术十分高明的医生，但自己的两个孩子都是营养不良，得了急病，虽有了明确诊断，却无钱购买价格昂贵的特效药而夭折了。抗战胜利后，回到上海的沈钧儒先生就住在长子家中。有一回我和你伯伯从南京到上海去，专程去看望沈老。不巧老人外出，还是沈谦夫妇接待的我们。

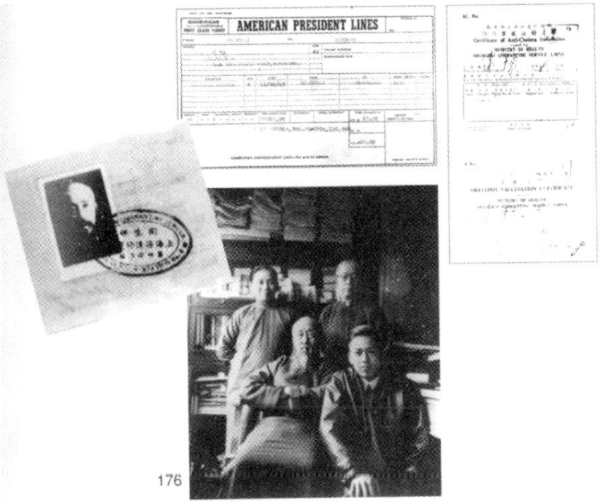

△ 1947年，国民党政府宣布民主同盟总部为“非法团体”，民盟被迫停止活动，并遭追捕与暗害，沈钧儒毅然赴香港开展活动。11月26日晚，他化名秘密乘船去香港，这是离开上海前，在家中与长子沈谦、长媳张绚、长孙沈人骅的合影

“我亲耳听沈老夸过自己的长子沈谦，别看平时文绉绉一介书生，紧急时刻倒也沉着机警。国共和谈破裂后，为着不与国民党同流合污，沈老决定去香港。动身那天，国民党特务突然上门来‘请’沈老先生。在敞开大门的客厅里，沈谦一边请来人落座，招呼倒茶，一边吩咐家人去后面请‘好爹’（沈家称呼父亲的家里话）。也就在这时，大门口传来汽车发动的引擎声。特务一看，慌了手脚。沈老经常乘坐的小轿车箭一般地飞奔而去。于是，特务恶狠狠地撂下一句：后会有期！赶出门外乘车追去。这时，沈谦再赶到后门口，送沈老上了早已借来准备好的另一辆汽车，直驶轮船码头。

“刚解放时，沈老已经是古稀之年。他一个人在北京生活，多有不便。你伯伯就和他商量：我们现在也很需要医生，你的身体也需要子女来照料，把你的大儿子调到北京来好不好？老人家当然高兴。按说，那会儿上海已经给沈谦安排了医院院长的职务，听说父亲需要，他立即放弃这一职务，阖家搬到北京。

“沈谦在中南海门诊当内科主任，口碑很好。他还是西城区人民

△ 1960年8月在六个民主党派联合座谈会上，刘少奇与伯伯听取民盟中央主席沈钧儒发言

代表，在中南海选区选举时，毛主席、刘主席、朱德委员长和你伯伯他们都投过他的票呢！

“当然，父辈英雄不等于儿女一定就是好汉。沈人骅的人品个性如何，这就要靠你自己多接触一段，多做些了解，看能否志同道合共同生活。”

我连连点头，表示完全赞成。

恐怕老天也赞成这段姻缘！我和人骅认识是1963年12月，他在济南空军第五航校工作，如果按照正常情况，总需要花上两三年时间互相了解。然而事情也这么凑巧，刚好空军工程学院要在北京的空军学院中筹建。人骅在1964年的春节就被调回北京，参与第二年将要迁往西安的空军工程学院的筹建工作。几乎每个周末不是他来看我，便是我们一同游北海、颐和园。他真不太会说，是他爷爷从小要求太严，往往我说十句，他讲不了两三句。但他事业心强，心善心细，文笔优

△ 1963年元旦，伯伯在招待70岁以上的全国政协委员，人大代表和民主党派领导人的宴会上致词。特别讲道：“沈钧儒老人是民主人士左派的旗帜，他曾经为民主主义、为社会主义奋斗到老。”

美，极有情趣。记得一位熟悉我们两人特点的阿姨，曾经悄悄地问过他：秉德这样爱讲话，你这样不爱讲话，往后在一起怎么生活？他笑笑说：“她爱讲总要有人听啊，我就是那个听的角。”其实我心里很清楚，他是个很有主意的人，我讲十句，往往最后他一锤定音！很快我们发现互相都依恋着对方，换句话说，真正是找到了心心相印的甜蜜感觉。

那是春天的一个星期天，上午十点半，我电话约了人骅一块来到西花厅。走进中南海的西北门，人骅突然问：“今天总理在吗？”

“当然在！七妈打电话告诉我的，今天伯伯正好在家，他们两位要见见你。”

“我真有点紧张。”一身军装的人骅手心冒汗，连鼻尖上都有细小的汗珠子。

“紧张什么！”我笑着打趣道，“待会儿进家，你就想面前的是伯伯，别想是总理就行了。”

△ 沈人骅于1963年

话是这样说，一见伯伯走进客厅里，人骅“腾”的从沙发里站起身，右手紧贴帽檐，恭恭敬敬行了一个标准的军礼，脱口而出：“总理好！”

伯伯点点头，握着人骅的手带笑问道：“人骅，你是不是比秉德年纪小？”

“我大，我今年34岁，她27岁，我比她大7岁！”人骅很认真地回答。

“看不出来，看不出来，你长相英俊潇洒，样子比秉德还显得年轻嘛！”

也真怪，伯伯说完这句话，刚才面色拘谨全身紧绷的人骅，立刻显得放松多了。

“人骅，我记得建国初的《兵役法》上可有明文规定，独子不当兵，你是独子嘛，怎么会破例了？”七妈笑着问道。

“抗美援朝开始时，我正在大连工学院读无线电专业，我只想保家卫国是每一个中国人义不容辞的责任，就报名参军了。当然，参军的事，我开始没敢跟父母讲，担心他们不同意，我只给爷爷写了一封信。爷爷立即回信支持我！”

“党外民主人士，左派的旗帜——沈钧儒先生确实当之无愧！”伯伯眼里流露出真诚的目光。

看餐桌上已经摆好了菜，七妈招呼大家入座，说：“人骅，你是第一次到家里来，我请大师傅加了两个菜，咱们边吃边聊嘛！”

“人骅，你妈妈姓什么，是哪里人？”伯伯吃了两口饭问道。

“我妈妈姓张，是浙江海盐人。”

“喔，海盐人？”伯伯停下筷子，头一歪又问道，“和张元济他们家有什么关系？”

“张元济是我妈妈的堂伯父。”

“喔，还真有关系！这一家子我知道，很好啊，多年来和我们党的配合一直都很好！”伯伯点点头微笑着称赞。

回家的路上我才知道，张元济是中国商务印书馆的创始人，而第一次见伯伯的人骅更觉得惊叹：“总理熟悉的党外朋友真多！反应联想的本事也真神了！”

四、我骑自行车把伯伯七妈送我的结婚厚礼送到婆婆家

1964年9月的一天，秋高气爽。我一进伯伯家会客厅的大门，正巧伯伯坐在客厅里沙发上看报，我迎上前叫了声：“伯伯！”

“秉德，这么高兴，是不是有喜事？”真是什么事都逃不过伯伯敏锐的目光。

“伯伯，我‘十一’要结婚了！”

“是吗？”伯伯放下报纸反问道。

“伯伯，您一定还记得，我答应过您25岁以后再结婚。今年我已经27了，算是听话了吧！”我忍不住眉眼含笑地问。

伯伯微微一笑，一回头，指着放在客厅东墙暖气架上的那个大镜框说：“秉德，把这张照片拿去，算伯伯给你们的结婚礼物吧！”

“给我？太好了！”我真有点受宠若惊了。因为这是七妈在庐山亲自拍的一张风景照，画面上是含鄱口青山之巅，飘动的白云间若隐若现的两个精美的翘角凉亭，因为抓拍到位，整个画面不是静止的，仿佛那些云雾仍在流动，十分传神。照片在《中国摄影》杂志上刊登过，因为伯伯特别喜欢，七妈特意请人放大21英寸，配上镜框，放在客厅暖气架上，还没来得及挂到墙上。

从那一天开始，无论我的家在西安、贵州还是北京，无论搬过多

少次，这张照片都一直悬挂在我的床头，因为这是伯伯亲自送给我的最珍贵的结婚礼物。

△ 伯伯送我的结婚礼物——七妈所拍庐山含鄱口风景照

七妈则像嫁女儿一样，从缎子被面、毛织被面、毛毯、枕套到成双成对的带盖的茶杯、磨花玻璃大糖罐等等，准备得一应俱全，既漂亮又实用。我用纸盒装好，再用大包袱皮一扎，捆在自行车后架上，骑车径直一股脑儿送到了婆婆家中。婆婆笑着直摇头：真是时代不一样了，新媳妇自己骑车上门送嫁妆！

我参加过许多朋友、同事的婚礼，瞧那种在饭店摆上多少桌，这仪式，那规矩，都像在捉弄一对新人，觉得特别没意思。于是，我向公公婆婆提了个建议：我们不举行通常的结婚仪式。两位老人欣然接受了。9月30日晚，两家父母、人骅的姐姐姐夫、“月老”何谦夫妇和我们就在家中吃了个“团圆饭”。正式结婚的日子定在“十一”，不备饭菜，桌上只摆着糖果、瓜子、花生和茶水，通知了在京的亲戚朋友，谁能来谁就来，坐坐谈谈，人太多时就先来的让后来的，完全自由的流水席。

“十一”放假，但那时国庆节天安门前年年都要游行、放焰火，

▷ 我与人骅及双方父母

长安街上午和晚上都要戒严。可来贺喜的亲朋好友、人骅的战友来了一茬又一茬，说说笑笑，热闹喜庆。

那天，人骅的姑姑沈谱、姑父范长江也来贺喜。我和人骅忙着端茶递糖。姑姑拉着我婆婆的手说："大嫂，恭喜恭喜，过去您还一直担心人骅总在部队男人堆里工作，生性又少言寡语找不到媳妇呢，瞧，这不找到一个好姑娘！长相水灵又落落大方。"

"是呀，人骅找到她是他的福分！秉德性格开朗，脾气随和，也很懂礼，进门就随着人骅叫我们'好爹''姆妈'，一点儿也不生分。"

正在这时，七妈和她的秘书张元阿姨提着一个大包敲门进来了。可能是刚爬了三楼，花甲之年身体较虚弱的七妈有点喘粗气。我急忙扶她坐下，递上茶水。七妈笑容满面地对我公公婆婆说："恩来参加国庆典礼活动去了，我就做代表来给你们道喜。秉德这孩子不懂事，你们要多教育她喔！沈谱、长江同志，你们好呀，你们也来贺喜了？"

"大姐您好，人骅是我的大侄子，他们办事怎么也惊动了您？"姑姑迎过来与七妈握手，面对老上级，她丝毫不掩饰自己的惊讶。

"大姐您好！"姑父范长江也上前握手，别看他是新闻界的老前

△姑姑沈谱与姑夫范长江于1940年12月10日在重庆结婚，这是姑姑、祖父、姑夫及王炳南带其子王黎明的合影

辈了，但对七妈的来访，脸上也写满了困惑。

“我怎么能不来？！秉德是恩来的大侄女。从小在我们跟前长大的，嫁她，就像嫁女儿嘛！”七妈反应特快，立刻问道，“怎么，你们都不知道？”

“这太好了，这太好了！”沈谱姑姑恍然大悟，含笑对我公公感慨道，“父亲后半生视总理为知己，如果他老人家在天有知这段姻缘，一定眉开眼笑！”

后来有一次我去西花厅看七妈，七妈很动感情地对我说：“你公公、婆婆这家人真好，一点不炫耀！”

五、关于伯伯七妈的婚宴传闻

回顾自己的婚礼，让我不禁也想起了社会上关于伯伯和七妈的特别婚宴之类的传闻。例如像下面这样绘声绘色的描述：

黄埔军校的许多同事知道周恩来和邓颖超结婚了，非要见见新娘子，还闹着要他们请客，周恩来推却不了。周恩来和邓颖超在广州北京路上的太平餐馆请大家吃了一顿西餐，这顿饭也就顺理成章地成了他们的婚宴。赴宴的有何应钦、钱大钧、张治中、恽代英、熊雄、陈赓等，刚到广州的李富春和蔡畅也赶来参加了。客人们早听说邓颖超在“五四”时期便当演讲队长，大家热烈鼓掌，要求新娘子站在小板凳上报告恋爱经过。周恩来担心她应付不了这个场面。只见她落落大方地踏上凳子，脸色虽然有些绯红，但完全没有一般少女的那种忸怩和慌张。她轻轻咳嗽了一声，清了清嗓子，便从容不迫地述说起来。她先从“五四”时期和周恩来相识谈起，接着又讲了他们几年相爱的经过。她侃侃而谈，口齿清楚，声音洪亮，讲得绘声绘色，不时引起人们一阵又一阵的掌声。特别是当她把周恩来在明信片上写给她的那首诗：“奔向自由自在的春天！打破一向的束缚！勇敢地奔啊奔！”她用深情优美的语调一字不落地背诵出来，赢得了全体客人长时间的鼓掌和喝彩。张治中连声夸奖：“周夫人名不虚传，和周主任一样，是极出色的演说家。”邓颖超抗议了：“什么周夫人，我有名字，邓颖超。”

站在后面的人嚷嚷说着不见新娘啥模样，张治中突发奇想，伸出双手把邓颖超抱了起来，放在桌子上，还大声说：“大家看，大家看。”这突然的举动把邓颖超羞得满脸通红，不好意思地低下了头，下面的人笑得前仰后合。客人们轮流着一杯杯地向新郎新娘敬酒。邓颖超不会喝酒，体贴的周恩来把敬给新娘的酒一杯杯全代她喝下去。只看到他一杯又一杯，竟喝了三瓶白兰地。邓颖超心里又急又心疼他，却又挡不住客人的敬酒。周恩来喝醉了，不过他有极强的自制力，没有失态，只是咕哝着，不放李富春和蔡畅走。邓颖超和蔡畅把周恩来扶到阳台上吹吹风，邓颖超找来一碗醋，让周恩来喝了醒醒酒。

（广州日报）

但是后来，我又看到了曾任广州市委书记的欧初同志的一篇文章《众口铄金太平馆——邓颖超托我“辟谣”》：

1960年1月29日是农历除夕，我奉广东省委领导之命赶到从化温泉宾馆松园三号，代表省委陪在温泉休假的中央领导人吃年夜饭。席间，周恩来夫人邓颖超对我说：“欧初同志，我要请你们帮恩来和我辟谣。”她的语气相当郑重，令我大吃一惊。邓颖超是中共老资格领导人，虽然解放后因周恩来坚持，邓颖超长期未担任重要职务，但她与周恩来向来在党内外均广受爱戴。究竟是哪些谣言造到他们两位头上，并且以讹传讹？

邓颖超见我有些紧张，便放缓语气说：“有人传说，恩来与我结婚时在广州太平馆设宴请客。根本没有这回事。恩来一生勤俭，何况我们当时穷得很，哪来钱请客？”听到这里我才明白，流传多年的“太平馆宴客”传言，一直令周恩来与邓颖超不安。邓颖超先前已要我们设法澄清此事。我们也做过一些努力，但纠正一个广为流传的误会谈何容易。

太平馆开业于1860年，据考证是第一家由中国人开的西餐馆，最早的位置在太平沙。太平沙靠近永汉路南端，离天字码头不远，过去属广州最繁华的地段之一。太平馆1926年后开设数家分店，后来老店与其他分店先后关门，永汉路北端的分店则接过太平馆的招牌。“文化大革命”开始不久，红卫兵认为“永汉”有大汉族主义的味道，遂将路名改为“北京路”。虽然岁月流逝，太平馆声名不坠，仍是广州最出色的西餐馆之一。

多少年来一直有人传说，周恩来与邓颖超1925年8月在广州结婚时，邀请一批朋友到太平馆聚餐。还有人说，当时黄埔军校校长蒋介石、军校政治部主任邓演达恰好路过附近，闻讯亦欣然入座。这个故事已经流传很久，细节逼真，言之凿凿，我也曾经信以为真。20世纪50年代，我两次陪同当时澳大利亚共产党中央书记处书记希尔到太平馆，品尝葡国鸡、烧乳鸽等著名菜肴，还向希尔讲起周恩来在太平馆摆婚宴的故事。

据周恩来与邓颖超介绍，他们新婚时到太平馆用餐确有其事，但并非他们宴请宾客，而是张申府请周恩来、邓颖超等吃饭，祝贺他们新婚之喜。出生于1893年的张申府，早年留学法国，曾将罗素等人的著作介绍到中国。张申府曾参与中共建党活动，还是周恩来的入党介绍人。1942年，张申府夫人刘清扬也说她是周恩来的入党介绍人。那么，会不会张、刘都是介绍人？我是后辈，这就不清楚了。后张申府因与中共总书记陈独秀意见不合而脱离中共。1924年，张申府经李大钊推荐，南来广州，在新成立的广东大学教授数学、哲学、逻辑学等课程，并兼任大学图书馆馆长。同时，张申府参加筹建黄埔军校，担任该校政治部副主任，并推荐周恩来前来主持政治部。

这次由张申府做东的聚餐，众口相传，却演义成周恩来大摆婚宴，还添入蒋介石等人物，从而困扰周恩来夫妇多年。为纠正人们的错误印象，周恩来1959年春来广州时曾采取不寻常的做法。他与邓颖超找来广东省委办公厅副主任关相生、公安厅副厅长苏汉华，说打算次日早晨邀请几位省市负责人到太平馆饮茶，并交代一定要上石岐乳鸽、蛋挞等，还要将座位摆成马蹄形。第二天，陶铸夫妇、陈郁、朱光等准时到达太平馆。周恩来等大家坐定，便站起来笑着说："三十多年前，我和小超在广州结婚，张申府先生在这家餐馆宴请我们。今天按当年的样子请大家来坐坐。"陶铸等才恍然大悟。

周恩来似乎对太平馆有特殊感情。六十年代初，周恩来在广州中山纪念堂看完文艺节目后，特意与陶铸、区梦觉、曾生、红线女等一道前往太平馆吃夜宵，令太平馆员工再次喜出望外。

尽管周恩来夫妇反复"辟谣"，我们也尽量作解释，但"周恩来在太平馆举行婚礼"的故事愈传愈广。邓颖超1985年

△ 1922年3月，伯伯从法国到德国，参与创建旅德中国共产主义组织。这是伯伯和张申府（左一）、刘清扬（左二）、赵光宸（右一）合影

重来广州，再次向关相生提起此事。此后，关相生和我分别撰文阐述真相，但似乎收效甚微。

直至如今，许多报刊、网页提到太平馆时，往往要提起周恩来、邓颖超曾在此举行婚宴。太平馆更张挂周恩来夫妇的合影，以吸引顾客。据说，太平馆还推出“总理套餐”、“总理夫人套餐”，成为餐厅的招牌菜。

回顾历史，许多传说或多或少有虚构成分；与名人有关的菜式，更有不少是杜撰出来的杜“馔”。人们宁可相信与事实有出入的美好故事，本来无可厚非。但是作为知情者，一有机会就要说出真相，否则愧对历史。

（欧初著《依旧红棉—与广东有关的名人逸事》第13篇）

以自己跟伯伯、七妈的接触，我认为，欧初文中引述七妈说的“恩来一生勤俭，何况我们当时穷得很，哪来钱请客”，这是最为可信的。因为当时的广州国民政府和黄埔军校的财政都是非常困难，廖仲恺经常为了筹措经费焦头烂额，蒋介石也曾为此两度提出辞职，伯伯和七妈的经济状况自然也好不了。只是到了两次东征胜利，国民政府统一两广后，财政情况才得以改善。而在民国时期，大学教授的薪水都普遍较高，说是张申府宴请伯伯和七妈他们更为可信。

第六章 谆谆教诲

一、伯伯关心我的工作，不许受特殊照顾

一直以来，因为受到伯伯、七妈的教育和影响较深，严格遵守共产党员一切服从党和国家需要的党性原则，所以，连我自己选定的乡村女教师的工作，也只做了三个月，便被调到朝阳区委参加肃反工作——因为那时候中小学老师中的共产党员确实太少了。

伯伯听说我离开小学被调到区委机关，很不以为然。他总是希望我们都在最基层、最艰苦的单位工作，经受锻炼，磨炼意志。他问我：“你调到区委机关，离城近了，条件好了，是不是因为我周某人的关系？”当他知道现在我的工作是因为中小学校教师中党员实在太少的原因，他无奈地对我说：“那有什么办法？我也不能干涉你们区委的事，只能服从组织吧！”显然，如果他让区委把我调回小学工作，必然暴露了我与他的关系，我就可能反而被区委特殊照顾，这是违背他意愿的。因此，他只好不管了。

一年后，组织安排我去东北搞外调，因为再找不到青年党员，便让我带一个女团员出差。临行前的一个中午，我来到西花厅，正巧碰上伯伯刚从外面回来，他有点奇怪地问：“秉德，今天不是星期六，你怎么有空回来？”

“我明天要带人去东北搞外调。今天特地来看看您和七妈，星期六就不来了。”

“什么什么？”伯伯两手叉在腰间，浓眉往上一挑，瞪大眼睛反问道，“秉德你再说一遍，你明天要带人去东北干什么？”

“带人到东北搞外调啊！”我大声重复一遍。

伯伯仰头哈哈哈地爽朗放声大笑，对

△ 北京师范学校毕业时，我与同学赵素勤在学校大门口留影

七妈说："小超，你瞧秉德，自己还是个孩子呢，明天还带人出去搞外调呢！"

"你也别小瞧人家秉德。"七妈带着笑反驳说，"她已经是快两年党龄的共产党员了！想想当年，你我在天津觉悟社那会儿才多大？我15，你也不过21岁吧。"

"就是嘛！"我乐得直拍巴掌。

"好！秉德要记住，外调工作是极严肃的事，要仔细，谨慎，实事求是！"伯伯嘱咐道，我连连点头。

伯伯非常忙，我有什么事，多数时间都是向七妈讲，如果他们在外地，我的信也是写给七妈的。当然，往往是我去两三封信，七妈能回一封信。我从来也没有什么埋怨，因为给他们写信，对于我来说，主要是汇报自己的思想和工作情况，当然也盼望得到他们的来信指导。但我似乎从小就养成了宽厚待人、善解人意的习惯，我知道伯伯、七妈工作忙，七妈身体也不太好，他们是高级干部，是长辈，不能及时回信，实在是很正常的事。

有一回我陪伯伯散步，闲聊着，他冷不丁问了我一句："秉德，你工作几年了？"

"三年了。"

"有没有当科长啊？"

"当科长？怎么可能呢！"我心态平衡极了，心安理得地说，"我们的部长是处级十四级，副部长是十六级干部，下面的干事有十八九级的、20级的，我才是22级，我怎么可能当科长呢！"

确实，我就在不设科的区委宣传部，没有任何职务地干了整整十年，工作一直受好评，但级别职务从来没有动。伯伯、七妈从没为我说过一句话，我也从来没有动过脑子，也从没想过要提个职，当个"长"，更不会想到要求伯伯或七妈帮我找人打个招呼，或者调到伯伯管辖的国务院系统工作，可以动一动自己的职务。伯伯、七妈也从未因为我没有提升职务而批评我进步不快，相反，他们常为我能够扎扎实实在基层工作，而且表现还挺好而感到欣慰。

二、参建密云水库，伯伯六到水库工地

为了解决北京吃水问题，伯伯经过亲自调查研究，与专家论证，批准在北京远郊修建密云水库，调动了二十万民工修大坝。1958年8月到1960年10月，我就被朝阳区委派出一直在密云水库朝阳区支队的支队部做秘书类的工作。

几个月回到北京一次，伯父伯母看到我脸黑了，体健了，都很高兴。

我在工地很忙很累，可能这是我第一次长时间离开家，总是十分惦记爸爸妈妈、弟弟妹妹，尤其更惦记伯伯、七妈。晚上稍微有点时间，就在煤油灯下给爸爸妈妈和伯伯、七妈写信。又怕自己写的太乱耽误他们的时间，所以还常常先打个草稿。也是鬼使神差，几十年过去了，我从一个人到结婚成家，从北京搬到西安再到贵州再重返北京，转了西边半个中国，那些信纸已经发黄，字迹已经变淡，却没有丢失，把个修水库的事记得清清楚楚！

△ 1958年，我在密云水库标语柱前

亲爱的伯伯：

您好！现已是“灯节”了，我才给您拜个晚年。这个年早就想拜了，只是找不出个时间来好好给您写封信。请原谅。

您的身体现在怎样？睡觉够吗？为了全国和世界人民的和平与幸福，请您一定要注意睡眠和健康。特别是

△ 1958年6月，伯伯在十三陵水库工地参加劳动

七妈不在家，没法天天督促您的时候，您就更要适当地安排工作和休息。我想这话不是多余，而是需要您注意的，对吗？

我来密云水库已经四个半月了，只是去年十一月份回京一次，也见到了您，现在有时真是想念您、七妈、西花厅的同志们还有爸爸、妈妈和弟妹们。特别是和您们在一起，每次谈话和随时随地都可受到难忘的教导，我真希望能常回去，但工作怎么能允许呢。虽然有这样的心情，但请您放心，这对我的工作绝对没有丝毫影响，我们这里工作是较紧张的。

……

这是1959年初我在密云水库工作期间给伯伯写的一封信的底稿。现在重读当年写的信，21岁姑娘的思想难免简单幼稚，却句句是真情。

1958年11月那天，我风尘仆仆回到西花厅。

"成叔叔，你好！"我走到伯伯办公室门口，第一个见到的是卫士长成元功。

"秉德回来了！"成元功与我握手，笑着说，"去密云晒黑了，

△ 1959年，伯伯在密云水库现场视察水库模型

好像还胖了些！”

“密云的水甜特养人嘛！我还买了点鲜枣特甜，洗干净的，你尝尝。”

“是甜！”成元功尝了一个，“今年夏天我跟总理去密云县时，在老乡家避雨时吃过杏子，也甜！”

“伯伯夏天就去密云了？”我觉得很奇怪，密云水库10月底才开工嘛！

“对啊，他是带人去为规划中的密云水库选坝址！”

听成元功一说我才知道：6月26日，伯伯刚刚在十三陵水库工地参加过劳动，身着灰色便服，脚穿圆口布鞋，戴着一顶遮阳草帽，在习仲勋、万里、阮泊生、赵凡和张光斗、冯寅等有关领导和水利专家的陪同下，一同乘车直驶密云，为规划中的密云水库勘选坝址，中途还视察了即将竣工的怀柔水库。当车到达密云县南碱厂村潮河滩后，尽管一路颠簸，已是花甲之年的伯伯却毫无倦意地大步向河滩走去。这天骄阳似火，伯伯全然不顾，他深一脚浅一脚地走着，专心致志地远望近观，察看着地形、地貌和潮河的流向，一直走到规划中的潮河坝址。他随意坐在河滩中的一根木头上，一边认真地看铺在地面上的库区地形图和水库设计图，一边同大家一起研究方案。伯伯时而提出问题，时而陷入沉思，他既考虑这项万年大计的工程质量，又考虑如何付出最小的代价使人民得到最大的长远的福利。经过大家仔细推敲、研究论证和反复对比，伯伯同意了白河主坝与九松山等副坝的选址。

△ 伯伯在工地

勘察完了潮河，伯伯挥手让大家上车。要立刻到白河去。那时节，潮河与白河之间相距35里，只有一条临时抢修的狭窄的土路相通。山路崎岖坎坷，有时还要经过山间小溪。车子一路颠簸行驶，到了白河畔的溪翁庄，大家下车后又跟随伯伯沿着乱石河滩徒步前进，一直来到河西岸。刚登上半山坡，滚滚乌云从西北而涌来，随之雷声隆隆，大雨突降。人们注视着伯伯，向他提议等雨停下来再去看，他却大声说："趁着大雨，河水流向清晰，察看坝址尤为真切。"后来，雨越下越大，脚下的卵石又光又滑，极易滑倒，经大家一再劝说，伯伯才答应先找个地方避雨。大家随伯伯来到一户姓侯的农民家中。进屋擦干雨水，伯伯盘腿上炕，人们纷纷落座。谈话间，六十多岁的女主人认出是周恩来总理，激动得不知用什么招待才好。她转身到厢房端来一簸箕黄杏，放在炕上说："这是自己院里的土产，请总理尝尝鲜儿。"伯伯拿起黄杏津津有味地品尝起来，一边吃一边跟女主人拉起家常，问到她家和社员们的日子过得怎样，生产队的生产搞得怎样，以及白河历年发水受灾的情况。女主人看伯伯这样和蔼可亲又随便，便也不再拘束，和他有说有笑地聊了起来。

雨住了，大家乘车来到白河勘察，确定了白河主坝的坝址，直到下午两点才顺着原路回密云县城。雨后的道路一片泥泞，行进间，伯伯乘坐的车陷在一个泥坑里，车子吃力地发动，仍然“爬”不出来。伯伯挥手说：“咱们下车帮助推一把。”他和大家一起踏着泥水，终于把汽车推出泥坑。这一天，伯伯在密云县一直忙到晚上7点多钟，才乘车返回北京。

这时我才知道密云水库还是伯伯选的坝址！根据后来的统计我才知道：在修建密云水库的1958年至1960年期间，伯伯六次到工地视察，从水库设计、坝址勘测到施工中的关键问题，都亲临指导。但因密云水库“规模大，应该由毛主席题词”，尽管水库指挥部领导再三请求，他始终没有为密云水库题词。也因此，他只为规模小得多的怀柔水库题了名。

当然，1958年一直跟着我伯伯的成元功当时也还有许多事情不知道。伯伯去参加“南宁会议”时，他跟着去的，但对会议上伯伯被点名批评“离右派只剩了五十米”的事只字不知，他只注意到总理参加会议回来表情十分严肃——但这似乎也不奇怪，他心目中总理的工作太忙，全国人民的吃喝拉撒睡都要操心，常常是人命关天，分秒必争，以至于把他笑的时间都挤掉了。当然，他也有点觉着反常：“南宁会议”虽说是在1月，广西气候温暖，南宁的橙子又大又甜，还有大个菠萝，看着皮是青的，一削开，果汁香甜四溢，这两样都是邓大姐最爱吃的水果，也是严冬中的北京看不见的水果。按着常规，总

◁ 1958年8月，伯父和伯母在北戴河

理到外地开会或视察，还提醒过成元功，看到有小超大姐喜欢的水果，记住买一点带回去。“南宁会议”快结束时，成元功只是例行公事地报告了一句：“总理，这里橙子和菠萝很多，我准备买几斤带回北京。”

“不！”伯伯紧绷着脸，话语生硬，“这一次我们什么也不买！”

成元功只是隐隐觉得反常，但立刻又以“总理太忙，这种小事是不该打扰他”为理由安慰了自己，照例买了几斤橙子，挑了几个菠萝。

当然他也不可能知道，6月9日政治局决定了伯伯继续担任总理的职务，不过虽然还是总理，但在国家建设问题上，已失去发言权，更没有决定权，凡事必须报中央书记处批准。留在中央档案中，现已公布在《周恩来总理与北京》一书中，伯伯关于修建密云水库的批示就是明证：

> 拟予同意。
>
> 请彭真同志汇报中央书记处批准。并告水电部办。
>
> 周恩来
>
> 十月十日

这份伯伯1958年10月10日批示的报告，我是四十年后的1998年才知道，如果1958年我就知道“南宁会议”的内容，如果我也知道当年伯伯受到的不公正批评，承受的千钧压力和被有条件地使用，那年11月我见他时可能就不会有那么轻松和愉快了！

“秉德回来了。”伯伯从办公室走出来。

“伯伯您好！”毕竟是第一次离家那么久，我紧紧拉着伯伯的手，一齐进到客厅，在沙发上落座。

伯伯细细地端详着我，话语里透着笑意：“好，秉德，我看你皮肤黑红，脸更圆了，精神面貌很不错！”

“当然不错！”我接着说道，“伯伯，我真庆幸能参加密云水库的建设，我从北京到密云工地，仿佛从山谷爬上一座大山，眼界一下打开了！密云水库不仅工程巨大，场面雄壮，来往火车运料繁忙，50条皮带机伏在坝身运转不息，20万人分布在几个工地积极劳动，在我

△ 1960年8月，伯伯和七妈在密云水库留影

们九松山副坝工地上一眼望去，还真像是移山造海。现在这座山已没有原来的模样了，这里一条沟，那里一个槽，好几条公路纵横满山。山上的旧路也已无踪影，各处看到的都是新翻出来的黄土。在这壮阔的建设工地上，我既看到自己参与事业的伟大，又看到自己一个人能力的渺小，像是大海中的一滴小水珠。如果离开事业，就如离开大海的一滴水，立即挥发得毫无踪影。个人只有融入集体之中，才能最充分地发挥自己有限的力量！”

“对。能明白自己在社会中的定位，就会对自己有个正确的认识，才会感到学无止境！”伯伯说罢，微笑着转变了话题，“新中国建立后，我有两件事是非常关心的，其中一件就是水利。秉德啊，你现在参加修筑的密云水库，就是个有重大意义的工程。这个建成后坐落在密云县城北燕山怀抱中的水库，横跨在潮、白河主河道上，离北京只有100公里。所以，我曾多次提醒密云水库指挥部，既要保证进度，更要保证质量，绝不能把一个水利工程建成个水害工程，或者是一个无利可取的工程，要把工程质量永远看作是对人民负责的头等大事。”伯伯说着站起来，他双手过头比喻道：“这座水库坐落在首都东北，居高临下。就如同放在首都人民头上的一盆水，一旦盆子倒了或漏了，洒出大量的水来，人民的衣服就要被打湿的。所以，保证在明年汛期前，保质保量，使大坝达到拦洪高度，这是密云水库成败的关键，不能儿戏！”

我庄重地点点头，我明白，这“湿”字的丰富的内涵，是指千百万人民生命财产所遇到的重大灾难。我立即感到身上肩负着极重的担子和极强的荣誉！

“再跟我说说水库的事，民工的情绪怎么样？你们朝阳支队的工程进度怎么样？存在什么问题？”

“伯伯，我们朝阳支队10月份任务完成得不好。每日坝身填筑任务经常是倒数第一、二、三名，总是完不成任务。任务完不成，支队工作就被动。只抓生产又忽视了抓生活和思想，这样士气越不高，任务完成得就越不好。民工中开小差已非常普遍，我们六千多人的队伍，曾有一回开小差的达三百三十人，而且是公开地跑，干部也没办法，干着急看着他们跑。”

“民工集体开小差，一定有他们的实际问题和困难。是吃不饱，活太累，还是有后顾之忧？如果是库区的民工，很可能是家里搬迁后住处不落实。总之当干部的，应该深入了解情况，任何时候，心里都要想着民工疾苦，关心民工生活。参加修建密云水库的是来自河北省、天津市、北京市28个区县的民工，高峰时工地上有一二十万民工。如果干部不以身作则，不深入群众，切实地解决民工的各种生活和工作中的问题，就不可能把密云水库的事办好！你说是不是？”

“是！”我答应着。

记得回到水库工地，我就向支队政委汇报了伯伯的意见——他是支队中唯一知道总理是我伯伯的领导。支队政委立即召开政工会议，在我们支部指导员以上干部会上讲要宣传修建密云水库对北京、对未来的意义和贡献，而且干部带头上最艰苦的工地，带头不回家过元旦和春节，同时注意粗粮细做改善民工的生活。我们支队的工作果真慢

△ 1960年9月，我站在即将完工的密云水库大坝前

慢扭转了落后的局面，从1959年2月份起我们日日都能完成计划，并以超额15%、提前八天完成2月份生产任务的成绩，敲锣打鼓向水库党委报喜。

只有成天一身水一身汗地泡在水利工地上的我，才知道这个翻身仗打得多么不容易呀！开头提到的那封信，就是那时趴在工地桌上给伯伯写的。

我在密云水库整整工作了两年多。

1959年8月初，一场连续七天七夜的大暴雨，使潮、白两河产生了新中国成立以来最大的洪流，严重地威胁水库大坝的安全，各种险情不时告急。我作为20万水库建设大军中的一员，也是彻夜不眠与洪水搏斗，有关技术人员全神贯注地监护着大坝，拦洪工程进入了最后阶段。

那天，我正和民工们一起冒雨抬土，工地高音喇叭里突然传出水库总指挥王宪激动的声音："同志们，我们刚刚接到了周总理的电话，他虽然此时远在三千里以外，正在参加党中央召开的庐山会议，却已经好几次打来长途电话，询问：'密云水库大坝工程进度怎么样？''库内的水涨了多少，泄了多少？''水位现在是多高？'周总理最后指示水库总指挥部：'务必竭尽全力，千方百计地保护大坝。万一不行，即主动挖开一道副坝泄水，也决不能使下游人民蒙受重大损失。'周总理还要我代他向全体水库建设者们问好，他相信我们上下一条心，一定能战胜洪水，夺取最后的胜利！"

我亲眼看见身旁的民工们热泪盈眶，工地上20万建设者心情都格外激动，就像决战前夕，人人都鼓足了劲。

水库总指挥部立即组织10万民工，从走马庄至下游白河岸边，修筑起两条长10公里、高5米的堤坝，分别保住金笸箩村、溪翁庄。由一名副师长指挥军工在走马庄副坝挖开一个较大的缺口，泄洪流量达到每秒30立方米。这样从副坝泄洪，既保全了主坝的安全，又保护了两岸村庄免遭洪水之害。此时此刻，工地上一片沸腾。

现在，密云水库已正常使用了几十年，最高蓄水位达153米高程。然而，大坝下游地上地下，找不到丝毫漏水痕迹，所以有人称誉密云水库是地上竖“铜墙”，地下插“铁壁”，首都东北的这一盆水是不会“湿”了首都人民衣服的。密云水库工程进度和质量已成为“世界水利史上罕见的奇迹”。

在《周恩来总理与北京》一书中，有这样的记载：“现在，北京居民用水的70%至90%来源于密云水库。北京市区湖泊水面现已增到1000公顷，较建国初期扩大1.5倍，每年所补换的4000万立方米清水都流自密云水库。颐和园、什刹海、北海等公园吸引着众多的国内国外游人，而那里的水都来自密云水库。可以毫不夸张地说，没有密云水库，就没有北京的繁荣和发展。”

“青山环绕，波光粼粼的密云水库，滋润了首都。她是敬爱的周总理和20万水库建设者奉献给北京人民一颗璀璨的明珠。”

我知道1958年伯伯挨批无比痛苦和无可奈何的状况，也亲身经历过那个充满浮夸幻想的时代，更目睹了小高炉、大锅饭给民族带来的灾难。这使我更珍爱内含了我两年劳动的密云水库，也更感到它的确是能反射出伯伯品格、作风和对人民对祖国对北京至死不渝的珍爱的璀璨明珠！

三、党和国家的需要就是第一志愿

我的弟弟妹妹，在迈上人生之路时，仿佛都与解放军有缘，先后有四个都穿上了军装。但伯伯的态度，却因时代需要、国家形势的不同，有过完全不同的要求。当然，原则只有一个：党和国家的需要就是第一志愿。

1961年夏，大弟弟秉钧高中毕业。那天。七妈给我打了一个电话：“秉德，你找找秉钧，让他明天到西花厅来一趟，伯伯有事找他谈。”

第二天，秉钧喜形于色地来到我的单位，关上门兴奋地说：“姐姐，你猜伯伯找我干什么？”

我笑着说：“是不是关于考大学的事？”

“算你猜对了一半！”秉钧顽皮地眨眨眼，“昨天伯伯在饭桌上，第一句话就说：秉钧，听说你高中快毕业了，祝贺你，我请你吃饭！能给我说说下步有什么打算吗？我当时想，伯伯找我来，一定有他的想法，就直截了当地说，想听听伯伯有什么建议。伯伯也很坦率。他说：秉钧，你能不能不考大学？我反问道：为什么？我平时品学兼优，论成绩和表现，老师说我考清华大学是有把握的！”

“伯伯是怎么说的？”我忍不住催问道。

“伯伯说，现在国家遭受自然灾害，农业减产，急需重点发展农业，要加强农村劳动力。所以，今年征兵的重点是城市，不在农村征兵，怎么样，你还是参军吧！我爽声答应：行！伯伯立即笑了，浓黑的眉毛高高扬起。他兴奋地说，他在国务院会议上跟大家讲了：今年的征兵对象主要是城市青年，咱们都是当兵出身，也让咱们的孩子到部队里去锻炼锻炼！你们可以说敢情你说话轻松，你没儿子嘛！对，我是没有儿子，我有侄儿，我可以送我侄儿去！他意思当然是送我去参军。这时我才告诉他，我在学校里已经参加了空军飞行员的体检，身体各项都符合标准，只是等最后政审了。看得出来伯伯有点惋惜，他说原来他希望我去当陆军，在野战部队里摸爬滚打，锻炼会更大，当然，如果在学校里能选上空军的飞行员，也不容易，那就当飞行员。最后伯伯还说：秉钧你能不能答应我，如果选不上飞行员，就到陆军去服兵役，怎么样？我满口答应下来。”

接着，伯伯又专门交代了成元功：“秉钧当兵的事情，你们谁都不要插手，要是服兵役，让他自己到武装部去报名。”

结果，大弟秉钧政审合格，被选上飞行员了。1961年参军到了航校，也曾下连队摸爬滚打，表现突出，1962年就加入了中国共产党。航校毕业后，他在广州空军的飞行部队驾驶战斗机，在部队工作了三十多个年头，1992年才转业到地方。

△ 1961年秉钧（左二）参军前与伯伯、维世姐姐和金山在西花厅

在秉钧刚参军的那几年，有一次回京到西花厅吃饭，还发生过一个小插曲。秉钧和七妈一起吃饭，有道菜是一片生菜叶托着上面的炒菜，他不认识生菜就没吃。伯伯回来以后，看见餐桌上还剩一片菜叶，就说："哎呀，这菜叶怎么没吃掉？"说完就用筷子夹起来，蘸着剩的汤汁吃掉了。对此，秉钧特别后悔和惭愧：怎么可以让伯伯吃我剩的菜叶呢？但他在北方长大，当时真的不知道这是可以吃的菜叶。

我四弟秉华是1965年高中毕业，他是正常的应征服兵役。伯伯一方面非常支持，同时也根本不加任何的干预和联系。他当了三年兵然后复员回北京当了一名普通工人，因为工作认真、严谨，不仅做了干部，还被评为部级先进工作者。

1966年后，学校都"停课闹革命"。

1968年夏天，我的小弟弟秉和、小妹妹秉建主动响应毛主席上山下乡的号召，先后去延安和内蒙古插队。临行前，刚满15岁的秉建到西花厅向伯伯、七妈辞行。秉建从小由妈妈带大，她到西花厅的次数少，从小就特别害怕伯伯。每回到西花厅，伯伯跟她讲话，她嘴里答应着，两眼只看着脚尖，头都不敢抬。

那天，她第一次感到伯伯并不严厉，相反，非常亲切。伯伯握着秉建的手，笑容满面地说："秉建真长大了！我和七妈坚决支持你到

△ 1968年的秉钧。伯伯当年曾说：这才像个当兵的，以前的照片都还像个学生

内蒙古草原去，希望你沿着与工农相结合的道路永远走下去，和蒙古族人民一起建设好边疆。来，你给伯伯在地图上找一找你插队的地方。”伯伯说着戴上了老花镜，随着秉建的手指，在地图上细细地查找起来。找准位置后，伯伯熟悉地说出了那里气候、草场、民族特点，然后语重心长地说：“秉建，你一定要有充分的思想准备，要多想困难。中国有句老话：预则立，不预则废，什么事情若事先想简单了，遇到困难时就会发生动摇。这次你去的是少数民族地区，一定要尊重那里的风俗习惯。我听说你平时在家不吃牛羊肉，到牧区可要锻炼吃，不过生活关，就没法在那里扎根。到了草原，要虚心向那里的牧民学习，搞好民族团结。”

秉建到了内蒙古草原后，七妈要送给秉建一个有短波的半导体收音机。她对我说：“秉建到草原上看报纸不太方便，我要送一个好点的半导体收音机给她，能经常听听新闻，学习党的方针政策，关心国家发生的大事，要做一个有觉悟的新牧民。你去买，我付钱。”我说我已工作，我来出钱，七妈说她出钱是为了表示伯伯和他对秉建下乡的支持。等我买回来，七妈立即寄给了在内蒙古大草原插队的秉建。

此后，伯伯、七妈一直关心着去插队的秉和、秉建。当年因为林彪、“四人帮”的破坏和干扰，伯伯辛苦、心苦已达到极限，经常通宵达旦地工作，一天睡眠不足三四个小时，但他对秉和、秉建的来信，都一一抽空阅读，并嘱七妈给他们回信：不要骄傲自满，继续严格要求自己，不断进步。秉建给伯伯、七妈寄回了身穿蒙古袍骑马放牧的照片，伯伯看着照片，宽慰地笑了：“好，秉建像个草原姑娘了！”

△ 秉华军装照

两年后，秉建在内蒙古当地应征入伍了。当她参加完新兵集训，穿一身军装走进西花厅时，心里别提多高兴！她知道伯伯和七妈都曾积极支持两个哥哥当兵，如今自己穿上军装，伯伯和七妈一定更高兴。当时解放军威望高，参军光荣，并且能吃饱饭，劳动强度也没有农村大。没想到一见面，伯伯当时对她说的话，让她大吃一惊，也永生难忘：“秉建，你能不能脱下军装，离开部队，重新回到内蒙古草原上去？你不是说内蒙古草原天地广阔吗？”

秉建急忙解释：“我参军不是开后门，是民兵大队推荐，通过了体检政审的正常手续。”

伯伯摇摇头，表情严肃地说：“你参军虽然符合手续，但内蒙古那么多人，专挑上了你，还不是看在我们的面子上？有这个机会，应该让牧民青年去，我们不能搞这个特殊，一点也不能搞。”

从感情上说，秉建何尝不想留在军营！她实在想不通，哭着，想着，但还是要按照从小认准的一条道理：伯伯说的，一定是对的，一定要照办！经过激烈的思想斗争，终于在回到部队当天，她流着泪向部队领导写下了离队申请。部队很想留她，没有立即给她办手续，因为多少事情都是可以拖段时间，便大化小，小化了的！然而在秉建这件事上真正是破了例，没两天，部队领导接到了伯伯亲自打来的批评电话：“你们再不把孩子退回去，我就下命令了！”于是，秉建终于脱下军装，又重新回到了内蒙古大草原。这次，当过四个半月兵的小妹下了狠心，坚持不回知青点，直接住进了牧民的蒙古包里。她想通了一个道理，正因为我的伯伯是周恩来，所以，我应该坚持在大草原做一个最普通的牧民。

△ 秉和唯一的戎装像

△ 秉和在延安插队

与此同时，小弟秉和也从他插队落户的延安，参军到了新疆喀什做了边防战士。他在新疆拍了一张穿军装的照片寄给伯伯、七妈，与小妹秉建一样的心情，想让两位老人家高兴高兴。很快，他就收到了七妈的亲笔回信："秉和，我和你伯伯都看了你的信。你想当兵，当然很好，但是，农村更是一个广阔的天地，在那里同样可以大有作为。我和你伯伯都认为你还是应该回到延安去，和老区人民一起，坚持在艰苦的农村劳动锻炼，改造自己。"小弟秉和看完信，尽管不甚情愿，但也不得不去办了离队手续，重新回到延安。于是，小弟秉和只当了三个半月的解放军，比小妹秉建的军龄还少一个月！

记得1971年4月，我从贵州出差到北京，住在婆婆家中，因急着先办公事，没与七妈联系。谁知第三天一早就接到了七妈打来的电话："秉德，你到北京三天了，怎么还没有来看我？"

我立即赶到西花厅，聊了会儿家里的情况，七妈主动提起了小弟小妹参军的事。

"参军本来是件好事，但是，目前全国有上千万的青年学生正在农村插队落户，由于农村的条件十分艰苦，最近已有一些干部子弟通过参军的途径离开了农村。这样做很不利于贯彻毛主席关于青年

△ 1970年，伯伯、七妈为鼓励秉建到草原去，同她在西花厅合影

人上山下乡去经风雨见世面的指示，在群众中也造成了很不好的影响。现在，我们要求秉和、秉建带这个头，越是困难越是不能离开农村……”

看来，七妈恐怕猜测我是因为对让小弟、小妹脱军装的事情有想法，所以回北京才没及时去看望伯伯和她。其实我心里十分清楚，参军在当时可是成千上万农村青年、知识青年能够离开农村、改善生活条件的唯一阳关大道，也是他们争先恐后打破头想要追求的。1968年我父亲被逮捕直到这时还在受审查，如果不是知道小弟、小妹是总理的侄儿、侄女，参军这种好事怎么也不可能轮到他们头上的！

想到这里，我说道：“七妈，您和伯伯的这个决定，妈妈和我都没有什么意见！秉和、秉建回到农村和草原去，不单是对国家和人民有益，对维护党的威信有好处，而且对他们自己本身来说，也能在艰苦的环境里面受到更多的锻炼。我自己也是有亲身体会的，我相信秉和、秉建能想通。当然，从感情上说，秉建在部队待了四个半月，的确非常留恋。前不久，她给秉钧写了一封信，兵没当成，但当兵四个半月的经历已经成了她最珍贵的记忆，她真希望要一条军棉被。夜

△ 秉建在内蒙古牧区放牧

△ 秉建在草原上熟练地骑马

晚，在散发着浓郁酥油奶味的蒙古包内，让她盖着黄色的军被，在梦中回到日思夜想的战友身旁，回味那紧张火热的军人生涯……”

“秉建感情挺丰富的嘛！”七妈赞许地点点头，“我看她这点要求不为过，秉钧是当大哥的，应该满足秉建。”

“秉钧也是这样想的。他立即找到军需仓库，花了12元钱买了一条军用被，打成很小的包裹，已经寄到草原去了。”

“好！上次秉钧回北京开会，我给他谈过一次，你们兄妹之间一定要团结，互相帮助，解决困难，是为你爸爸妈妈减轻负担，也是不给国家增加麻烦。我知道你从1955年工作起，就每月给家里20元钱，占去你工资的三分之一。现在你们姐弟六人还有三个没有工资收入，我们分个工：我让秉钧负责帮助秉宜；你在西安，离延安近，你就负责帮助秉和；我和伯伯负责帮助秉建，你看怎么样？”

“行！”我痛快地答应，心里一阵激动：伯伯和七妈一直是我们家的经济支柱，他们宁可苛待自己，也不愿利用权力，违反原则，给自己的亲属以照顾，把帮助我们当成自己的义务，也当成共产党员减轻国家负担的实际行动；而且他们不仅自己做，还言传身教，要我们六个孩子也坚持这样做。在“文革”这一非常时期，伯伯、七妈就是我们的精神支柱，如果没有他们的教育，我们兄弟姐妹之间不可能像现在这样亲密无间，互助互爱。

四、用两个周末召开的一次家庭会议

1.七妈讲四个重要问题

1964年8月2日，星期天。中午，西花厅好不热闹，后客厅里坐了周家三辈十几口人，沙发上坐着伯伯、七妈、八妈陶华和爸爸、妈妈几位高辈分的，我们兄妹六人和堂哥周尔辉夫妇、周尔萃，远房堂侄周国盛、周国镇，搬来椅子、高背竹椅围坐成一圈。我找了个合适记录的位置坐定。可能是职业习惯，也可能是当大姐的责任感，每次伯伯、七妈的谈话都是我记录，我的笔快，回去再整理出来，抄给每个弟弟、妹妹。这已经成为家里的惯例。

七妈面带笑意先开口了：

> 今天，我们利用礼拜天开个家庭会议，我先讲几个问题，然后恩来向你们多谈些内容。
>
> 我要讲的第一个问题是家庭中的关系问题。我们这个家，有各种关系：有父子关系、母女关系、婆媳关系、兄弟姐妹关系等；还有党团员之间的关系，党员与非党员的关系等等。这样多的各种关系，如何相处呢？
>
> 大家都是新中国的主人，都有远大目标，不要纠缠于小家庭之间的关系上，应该建立新型的关系。家庭也首先是平等、民主、和睦、团结的家庭。为什么要平等？我对秉德、小咪（秉宜）是你们的七妈，或者对国镇来讲，是奶奶，我对你们就要讲民主，不能一切都是我说了你们就得听，这是老辈对小辈的民主。反过来说，年轻的对老年人也要尊重，老年人讲得

对的，就要听；讲得不对时，不应吵架、顶嘴，要把是非弄清楚。平等、民主不等于对老一辈不要尊重、不要孝敬了，对我们碰到的各种问题，都要有个民主气氛，家庭才能和睦。兄弟之间，父子之间的认识，会有矛盾，但都是人民内部的矛盾。我们对待这些矛盾，要先从团结的愿望出发，经过批评和自我批评，达到团结的目的，不是吵嘴，是讲道理，进行批评或自我批评，要用新的关系去处理问题。

第二个问题，我要讲我们老一代人对下一代人要强调劳动，党员、团员、非党团员，都要在劳动中进行改造、锻炼，要懂得劳动创造世界的道理。

第三个问题，党团员和非党团员的关系。党团员对家庭中非党团员要团结，既要有原则，又要把关系处理好。不能认为自己是党员，是团员，就光荣，就了不起，根本看不起非党群众，不向人家做工作，只给人家扣帽子，嫌人家落后，这样不对。党团员更应起模范作用，你先进，不帮别人进步，只你光杆一人能干什么？中国革命成功，不是只靠党员才能成功的，不能瞧不起别人。小四儿（秉华）是好的，应该帮他进步，从善意出发，不应放弃党团员的责任。

关系要处理好，还要有原则，要从根本上分清是与非，分清好事与坏事，然后要用说服的方式，不能强加于人，要一次、两次、三次地说服，不要认为说服不了，就不耐心了。

第四个问题，要求我们家庭成员中的党、团员要有组织性、纪律性，发挥模范带头作用。

伯伯星期五晚上要给应届大学毕业生作报告。之前，国镇听说了，打来电话要票。我接了电话，告诉他要按自己的工作岗位，能有票就听，不能拿到票，就不去听，反正不能走家庭路线。小咪、尔辉、桂云都要求去，成元功叔叔告诉我，还为他们几个说话，说总理办公室的人都可以去，也让他们几个孩子跟着去听吧。我说这不一样，办公室的人去，是组织上的决定，但小咪、尔辉、国镇几个，不能因为他们的伯伯或爷爷去作报告，他们就可以去听，这是政治性的活动，不应该不按组织关系办。如果是戏票、游园票等文化娱乐活动，可能时，可以给他们票去看。

所以，我要求我们的家庭成员，不要因为咱们家中有个国务院总理，就任何活动都想参加。你们有困难，我们的工资可以帮助你们，毫不吝惜，但我们从来不利用工作职权来帮助你们解决什么问题。你们也不要有任何特权思想。我们要把家庭关系和组织性、原则性区别开，不要搞乱，搞乱了势必犯错误。家庭内的关系，要服从组织性、原则性，要公私分清。

今天是请家里人自己吃饭，不是工作上关系来吃饭，不好意思让公家的公务员为我们服务。今天我带队，组织年轻人、孩子们到厨房去端饭菜过来。吃好了饭，大家坐下来，听伯伯为你们讲家史，讲讲如何认识和对待周家这个没落的封建官僚家庭。好，现在孩子们跟我一块儿到厨房端菜！

2.伯伯为我们讲家世

七妈讲完之后，我们就跟她一起到厨房端菜端饭。

偌大的一张饭桌坐得满满当当，什么菜已经记不清了，但吃得很香。伯伯、七妈不断招呼大家：多吃菜，别客气。不到半小时，大家饭饱汤足，知道伯伯事情太忙，很快又回到客厅刚才落座的位置上，等伯伯讲话。

伯伯双臂抱在胸前，在客厅里踱着步，这是我们都看惯了的。他走到秉宜面前停下来，对着秉宜以清亮的略带淮安口音发问，以此开始了他的讲话，一下就把大家的注意力抓住了：

“小咪，你说说我们国家有多大面积？”

周尔辉的爱人孙桂云脱口而出：“有九百六十万平方公里。”

“你是小学教师，当然应该知道！”伯伯转脸对着孙桂云接着问，“你再说说每平方公里有多少亩？”

“这……”孙桂云的脸一下红了。

看得出，伯伯并不想为难孙桂云，他又收回自己的目光继续问秉宜：“小咪，你知道你和国镇是怎样的关系？到上边哪一辈是一个人？”

“不知道。”小咪摇摇头。

伯伯又转身问秉华：“小四儿，你知道不知道你和尔辉、尔萃是什么关系？是同一个什么祖？我和你父亲是不是同一个父亲？”

“我不知道。”秉华老实地回答。

“这个都不知道？这个应该了解嘛！”伯伯有些意外，他转过身，坐在身边的一张高靠背的小竹椅上，很耐心地对着大家侃侃而谈：

我、同宇和尔辉的父亲（潘宇，号恩硕）是同一个祖父。我们这辈人按大排行就算不清了，人太多了。我们这同一个祖父名攀龙、字云门，这名字有封建思想，想中科举。结果是秀才还是举人，不清楚了。他下面只有四个儿子，没有女儿，儿子按大排行是四、七、八、十一。我的四伯贻赓（字曼青）无子嗣，行七的劭纲（字懋臣）生有我们三个，就是我、博宇、同宇，我们的八叔贻奎生了潘宇一个，十一叔贻淦也没有孩子。

我们的曾祖父光勋公，号樵水，这个名字还好些，还有个务农之意，他是地道的绍兴人，绍兴有他的坟（到我们祖父攀龙就迁到淮安，也埋在淮安）。前几年，绍兴县写信给我，问对光勋公的坟要修，还是深埋？征求家人意见。1939年我在新四军作战时，曾路过绍兴，公开回老家去看看，我们老家的地址是在绍兴保佑桥，百岁堂（前十代的一位祖先活到百岁，建了此堂，现在还在，他们想重修）。1939年那次，一位本家（我记不清是谁了）拿出了家谱给我看，上面有我的名字。还有我们的四哥恩夔的名字，我知道一定是我的六伯嵩尧回绍兴时写上去的。那位本家带我撑一条小船，看了这位曾祖的坟和本家其他十几个人的坟。坟在外凰山上，我还上了坟。那时已讲统一战线，如果不上坟，人家会说你共产党不认祖宗。

△ 伯伯的嗣母陈三姑（画像）

土地问题一定要解决，中国有六七亿人口，只有十六亿亩耕地，平均一人二亩三分地。将来人口越多，每人平均土地越少。这只有两条出路：一是提高单位面积产量，一是城市个人增产，利用城市可利用的土地为自己补充食品，为国家减轻粮食负担，但绝不许走私，高价出卖。尔辉、孙桂云你们两个共产党员要做榜样。曾祖樵水的坟，人家来信问，已破烂不堪了，准备重修，人家不肯深埋。我告诉他们不准修坟，要平坟，起码不准修。如果他们修，我一是要付钱，二是仍要平掉。当然对平坟的问题，也不能由我一个人决定，以后如有机会到绍兴，我要找本家开个会，共同研究把坟平了。

祖坟在绍兴，绍兴的家谱上又有我的名字，我不能不承认是绍兴人。但我生长在淮安，满嘴的淮安口音，也不能不承认是淮安人。所以我说我是“原籍绍兴，淮安生人，江浙人也。”为这个籍贯问题还很费了些脑筋呢！

说是绍兴人，不仅是因祖坟和家谱，更重要的是我们封建家庭的根子在绍兴。封建家庭的老底子可厉害了，影响思想，影响生活习惯，封建根子不挖清，思想认识不到，你的思想觉悟就提高不了。

我们家没有土地，为什么说是封建家庭呢？过去绍兴人靠什么为生？一靠土地，二靠当绍兴师爷。师爷很厉害的，给县官出主意的，现在叫“秘书”。县官都用两个师爷：一个管收税，多数是沧州师爷；一个管判案子。多数是绍兴师爷，都可以剥削人。绍兴师爷的行会，把持、垄断师爷职业。全国两千多个县，多是绍兴师爷，上一级的府也是。哪个县的案子如果不是绍兴师爷办的，到上一级就不能让你打赢。做师爷的没有不贪污的，所谓“清廉”，只是少拿些钱就是了。绍兴人大部分在外面当师爷，有了钱就回家置地，进行封建剥削。有人到外边办南货庄，进行商业剥削。

我的曾祖父下有五个兄弟，都搬到了苏北，大、二、三、四都做过县知事，老五没做过。我祖父是老四，从绍兴师爷升到县知事，做官还不是剥削人？也可能不太大，因为他没买下土地，只留下了一处房子，在淮安驸马巷，还是我二祖父和我祖父合买的。

△ 1939年，伯伯在绍兴大禹陵碑前

我们上一代，还都去拜绍兴师爷，给人家做徒弟，但没学好，只有二伯、六伯学得较好。六伯中了举人，做了师爷，后来还曾给袁世凯做过秘书，在中南海办过公，他赚了不少钱，娶了两个妾。他的儿子恩夔，从小不读书，不学好，整天打闹、骂人、欺负人，生了10个儿女，自己没能力供养，靠他父亲供养。封建家庭，上一代钱来得容易，就不会教育出好子弟来。

我父亲这一辈有兄弟四人，按大排行是四、七、八、十一。八叔腿瘫了，十一叔刚结婚一年就死了。十一叔、婶都属虎，才20岁，我刚1岁，就把我抱过来过继给了十一婶。只有四伯到东北做了科长，我父亲老七能力不行，老实得很，不会扒钱，家里就破落了。从我记事时，家里就破落了。

具体地说，我们这个家是个破落的封建官僚家庭。没土地，只有房子，也不出租。

△周恩来童年读书处——伯伯在淮阴的外婆家

说实话，长到那么大，我还是第一次知道我们周家是个这么庞大的家族。伯伯喝口水润润嗓子，又接着自己的思路说下去：

我外祖父姓万，江西人张勋的参谋长与我外祖父是一家人。我外祖父万青选在淮阴（清河）县做知事及淮安知府30年，没有出过错，没有被裁下来，一般人都称赞他。他只有一个姨太太，共生有18个儿子，14个女儿。他身体非常好，活到九十多岁，他最喜欢我们的妈妈——第十二个女儿，人称万十二姑，小名叫冬儿。她从小开朗活泼，虽身为贵族小姐，却不像大家闺秀，不肯缠足，她一直到十一二岁才缠足。外公经常带着她到处走，参加各种活动、礼仪排解纠纷等，所以她以后很会处事，很会应酬。我想伯伯的相关作风，也正有她的基因。

万家在淮阴河北石版十里长街有所大房子，有90间房子、几进院子。

我的父母两方面都是封建官僚家庭，我生下来时，两家生活都在下降、破落。

我上一代的四个兄弟中，十一叔死得早，我父亲和四伯父到外边去做事，家里的男人只有八叔一个，但他腿瘸，不管事。我七岁时，四妈死了。我九岁时，我妈和十一婶也死了，只有一个八妈带着我们这一辈兄弟四人，家中生活靠把房子押出去，到当铺去当东西，或者借钱过日子，有时四伯寄钱回来还一笔账。但就是这样，还要装门面。吃都困难，每年仍按期给各家亲戚送寿礼！我痛恨这虚荣！

小时候在家里，有两件事我最看不惯，一是破落下来还要装门面；另一件是搞彩票。彩票太坏了，助长人的侥幸心理和不劳而获的思想。一提彩票我就烦，所以现在我把彩票废了，我要报复旧社会的彩票。

我父亲和十八舅舅合起来买了一张彩票，头彩是一万元，彩票摆在我母亲手里，号码被一个亲戚知道了，开彩号码登出来后，他知道父亲他们得了头彩，想骗过去，对我父亲说他要帮助查号，要把彩票拿过去。我母亲精明，不肯给那个亲戚，怕他给调了包，一定要自己对，一对，正得头彩！真是高兴得头都昏了，首先想到玩，要大讲排场。彩票在武汉，要坐船去兑，一路上到处玩。我母亲就要给这个送东西，给那个送礼物，又要买皮衣，又要买留声机，她是从小看惯了讲排场，爱面子的。这五千块钱，光是玩、送东西就不在一半以下。债主们听说，又都来讨债，亲友们又纷纷来祝贺，住下来要吃要喝还要拿，母亲压力沉重，想躲一躲，决定暂时搬到她的娘家淮阴。只有父亲、母亲、我们兄弟三人和十一婶我们六人搬去了，是住在外祖母家（我刚出生时外祖父就去世了）。但人家人多，我们刚发了财，长住人家也不好，就搬到西头的陈家花园住了一年多。这所房子有14间屋子，但父亲做事一个月只有16元，钱很快就花完了，别人给他介绍到湖北做事，家里就借钱过日子。

母亲又劳累，又愁闷，得了肺结核，半年就死了。父亲都没来得及见上她一面。她死后，十一婶对我说："我也活不长了。"不久她也死了。（注：一位党史研究专家曾对我说：抗日时期在重庆，周恩来曾对一位同志说："我母亲陈氏很能忍让，所以我也学会了忍让。"这也是对伯伯性格的重要影响之一。）在一年内死了两个母亲，给我打击太大，印象深刻。当时我只有9岁，母亲死时，棺材是借钱买的，是楠木的，已经很好了，但外祖母还一定要搞什么七层漆，五层麻，逼得我9岁时就要拼命想办法再去借钱。后来十一婶死时，人家问我怎么办，因是我的过继母亲，外祖母当然不会要求什么，由我做主，我只说买了棺材运回淮安与父亲（注：指十一叔）合埋。

得彩票，完全是昙花一现，我小时看到这状况就想，为什么前后有这么大的变化，所以我最反对彩票了。

两个母亲死后，我带着溥宇和同宇从淮阴搬回淮安。一屁股债，常有人到家来要账，要利息，我就到处典当、借钱。典当时还常被人家嘲弄，所以我是从小就尝到了人间的世态炎凉。从10岁到12岁，我当了两年家，在墙上有张纸，要把亲戚们的生日、祭日都记下来，到时候还要借钱去送礼，东家西家都要去，还要到处磕头。到外婆家要走30里地，还要坐船过河，连吃饭都困难，还要搞这种虚排场，就想这家真难当！

我12岁，四伯把我接到东北去读书了。12岁以前我受的完全是封建教育，家里请了先生教书，也是借钱请的，他只为自己考秀才，对我们根本不负责任。我的知识许多都是从看小说得来的。我母亲，就是十一婶，认字，会写诗，她总教我读诗，还让我看小说。小时，博宇很顽皮，虽然比我小一岁，我常受他欺负。一次他玩刀子，掉在我眼睛下面，险些伤我眼睛。母亲就把我关在屋子里看书，背诗，总跟着她，所以娇生惯养，身体不好。

我身体好，是到东北以后跟四伯父住在一起。到东北有两个好处：上学，冬天夏天每天都要有室外的体育锻炼，把身体

△ 1990年10月，我在辽宁省铁岭市找到当年伯伯离开淮安老家到东北的第一个读书之所“银冈书院”

锻炼好了；吃高粱米，生活习惯改变了。另外学会了交朋友，我由南方到了东北，说话口音重，同学们骂我是“南蛮子”，每天打我，欺负我，大同学还扒下我的裤子打我。我被打了两个月，被逼得想出办法，我就交朋友。他们再打我，我们就对打，他们就不敢再打我了。东北的几年对我很有好处呢！

我是经过封建教育、资产阶级教育的。对封建教育我是反感的，那时代，到处讲面子，不劳而食，借钱过日子，还死要面子，完全是一派虚假。现在看来，封建家庭一无是处。只有母亲养育我，还是有感情的。另外是四伯接我出来念书，念中学时，先供我一年，后来因我成绩好，就公费了。到“五四”时，对家庭有认识了，想脱离家庭。后来到日本、法国去学习，都靠同学、老师的帮助和自己的奋斗。以后加入了党，与家不通信，怕我加入了党连累家庭。所以1928年去莫斯科参加“六大”路过大连被日本宪兵盘查时，我就说来东北是去吉林找舅父周曼青的，没说是伯父。

我在24岁（按：根据中央党史办资料，实应为23岁）入党以前，是受资产阶级教育的爱国思想，知道旧家庭是没法奋斗出来，对家庭没有留恋，但我对伯伯没有反感，对父亲也很同情。所以我敢去吉林找四伯，相信他不会出卖我。我对家庭这样的认识，是一步步来的。

好，对我们周家情况就先讲到这里。下星期天再来，我们接着谈。

“伯伯，下星期主要谈什么？”我放下笔记本忙着问。

“听你们七妈说，你们都想去听我给大学生作的过‘五关’的报告，七妈没答应是对的，凡事应按组织原则办。下星期我专门为家里人讲一次，你们是近水楼台先得月，我则是尽义务吧！”

“太好了！”大家一片叫好声，真为有这样的荣幸感到自豪和骄傲！确实，在那个时代，我们从没想过因为有个当总理的伯伯可以开什么后门，生活、工作上得到什么特殊照顾，但很看重政治上能得到伯伯直接的关怀和帮助！因为他太忙，像这样一次两个小时的与家人谈话的机会实在也是太少了。

3.伯伯讲“过五关”

第二个星期天，也就是1964年8月9日。还是14个人，全家人自己照顾自己吃完午饭后，1点20分，又都落座在西花厅的后客厅里。

穿着白色短袖衣的伯伯，很随便地坐在小竹椅上，两眼炯炯有神，没有什么开场白，他直插主题：

上次讲了些家庭历史，今天不讲了，讲讲“过五关”。老的过五关，关公的过五关，不去谈它了，我们现在讲过五关是借用这个词。

第一，讲思想关。思想，就是人的脑筋里想什么。想什么这个问题就大了，有人想得不对，思想方法不对头，怎么办？要自己一件事、一件事去实践。你去经历一件事，对这件事才能懂，有的也不一定马上就懂。人的思想想的什么，也不一样，就是共产党员和共产党员想的也不完全一样，周秉德和周恩来的思想想得都一样？都不一样。人的世界观也不一样，现在问你天外是什么？秉德回答，回答不出嘛！那是个未知数，人们还不知道。但是要问陶华（伯伯的堂弟潘宇之妻），她就可能说是菩萨、天老爷、玉皇大帝。这就是思想认识的不同。世界上总有许多未知数，不是一切事物都已被认识了的。天外是什么？是个未知数，现在坐宇宙飞船也达不到，我们要不断地去了解。但有些人图省事，又迷信，就说天上有上帝，有玉皇大帝，那是唯心的。这些未知数到底是什么？我们解决不了的，就要下一代去解决，我们总是尽可能解决一些，解决不完、认识不完的，就一代一代、子子孙孙传下去。世界是无穷的，永远也解决不完，认识不完的，所以我们就总有工作要做，这就是辩证唯物主义的观点。

看问题的方法不一样，我们这些人都有距离。陶华与我们的距离较大了。有人稍懂一些，但也只是那一件事、两件事懂了，也不是所有的事都懂了。大家都是一件事看对了，再去正确对待一件事。共产党员、老点的，就比较对。我算老的了，但也还是要不断改造。我常说："要活到老，做到老，学到老，还要改造到老。"我在观察社会现象上看不对，在政治上看错了的，也有。

思想上完全与我们相反的，唯心的、主观的人，我们家庭中不能说没有；就是贪污的、劳改的、做坏事的也有。这是因

△ 1910年至1913年伯伯读书的奉天第六两等小学堂（后改为沈阳东关模范学校），在这里他发出了"为中华之崛起而读书"的豪迈心声

为环境不对头，对他们有影响。这些人能不能改造过来，要靠社会，靠群众的教育和影响，更要靠自己的努力改造。

但总希望靠近的这些人的思想较一致。在我们这个家庭里有三种类型的人：第一种人，自己不能创造环境，需要我们帮助。如陶华，不要总闷在驸马巷周家院子里和那些老太太谈旧事，要打开这个圈子，要和工人、农民、劳动者多接触，谈谈新鲜事，认识些新人。儿子、媳妇都是共产党员，要帮助她，带她到外面走走，了解些新鲜事儿。不然整天和邻居老太太在一起，只知道谈过去的事。“好汉不提当年勇”，周家以前的事就不去提它了。

第二种人，要自己创造环境。同宇已退休一年了，退休时我说过，现在小学二部制多，孩子一放学回来就野了，吵嚷打闹得很乱，你拿着国家发的退休金，应该为人民做点事情，你可以把一些孩子组织起来活动、学习。我们要创造出新的作风。你一天用两小时对孩子尽点义务、起点作用，不是什么大的负担嘛！你是我的亲弟弟，你要表现出模范的行动来。我希望你可以自己创造条件，应尽义务，要从一个方面、一件具体事去表现。王士琴也是走出了家门，进入了社会，当然还要自己去创造环境，不必像陶华那样需要别人的帮助。

第三种人，就是共产党员、共青团员和青年们，得不断前进，不要满足。提高思想要一件事、一件事地去认识。小咪下乡劳动回来以后，精神面貌有了改变。要经过真正实践，干活，用了心了，才能改变思想，不是读一本书就行的。对我们接近的人要帮助，要创造新的环境。青年人得不断前进，不要满足现状。

过思想关，是从小到老，改造不完的，总要前进。思想关是用什么方法想事情就对了，用什么方法是不对的。思想问题不解决，就是对立的矛盾。要使思想方法完整、全面，要长期锻炼才能学得好。

第二，讲政治关。我们国家是共产党领导的无产阶级专政的国家。看你站在什么立场上，是站在反动的立场，还是我们的立场，是反动的立场就谈不到一起了。在还赞成我们国家的人中间，也还是有怀疑的。假如在驸马巷有人造谣，说蒋介石要打回来了，看你周家怎么办？陶华会怎么想？也许就不知该怎么办，有点担心。尔辉、桂云是共产党员，就要帮助妈妈站稳立场。

一个人的立场是不是永远站得稳？靠不住。思想稍一歪，也可能不稳了。

政治上我们第一要帮助别人，第二要经常检查自己是不是站稳立场了，共产党员自己要经常考验自己是否站稳立场了。

第三，讲亲属关。我们家的亲属复杂，我们是旧家庭、旧环境、旧观念。怎么样才能拖着全家投降无产阶级？我现在就要带领你们投降无产阶级。这话听起来好像很不舒服，二十多年前在延安开展文艺整风时，文艺界的人就对“投降”这个词想不通，朱德同志对他们说：“我半辈子军阀，到现在才投降无产阶级。”那些人听了才想到要向无产阶级投降。

我总是想谈封建家庭，是想批判它，否定它。要否定封建的亲属关系，不是消灭他们，是要救他们，把他们改造成新人，拖过来投降无产阶级是可以帮助改造的。旧的否定了才能创造新的，否定以后，在其中找出些好的肯定下来。对一个人的肯定、否定，要看晚年，你过去不好，最后好了，算是好了。我们要否定旧作风，创造新风气。

第四，讲社会关。社会环境有两类人，也要一分为二，凡是坏人就要与他断关系。另外的人也有两种：一是直接参加生产劳动的人，一是非生产劳动的人。我们碰到的人脑力劳动的多，要创造环境，多与新的生产劳动者接近、来往，自己也要多劳动。

第五，讲生活关。这是最难过的关，在生活实践中要劳动，就可能锻炼自己。我为什么痛恨旧社会封建家庭？没落的封建家庭，什么都败坏了，贪污、腐化，有许多坏东西，我们

△ 1939年夏，日本侵略者派飞机多次轰炸重庆曾家岩八路军办事处。图为周恩来邓颖超在敌机轰炸后的办事处前留影

小时候都见过。如果认为无所谓，就会铺张、虚荣、说假话，完全是虚伪。我最痛恨这些。对这种生活方式不痛恨，就改变不了它。你们年轻一代，不要学老一代的旧的生活习惯，穿衣服要朴素，要一心一意为人民服务。

我们周家没有个工人，国盛来了，就决心培养她做工人。

开始她想不通，现在已经做了八年工人了，培养个工人可不容易呢！

无产阶级家庭的本能，有无产阶级的感情。一位电车公司三十多年工龄的老司机，是个老党员，一个人养七口人，住一间屋子，用一条毛巾。你们谁曾困难到这个程度？他这么困难，每天回到家里都要给全家讲党史，讲党课。他有个女儿，学校组织劳动她不去，问她为什么？她说怕晒黑了，将来当不了演员。他一听马上火了，说：“今天我这只手得犯错误了。”上前就打了女儿一巴掌，说：“你当演员我不反对，但你要演工人、农民，为人民服务，又不是让你给资产阶级当演员，要那么白干什么？黑是健康，黑才光荣！”人家无产阶级感情鲜明。如果小咪去劳动，怕把脸晒黑，你们会是这态度吗？当然，我们也就是教育教育，也不会打的。

亲属关，也必须一分为二，要有个界限。坏的，反动的，就不与他来往，需要帮助的和自己创造条件的，都要给你们帮助。

秉华要去农村，好，我们是支持你的。

好了，今天就讲这么些了，思想关和生活关，一头一尾最重要。

这时，客厅里响起了一片掌声……

说实话，听伯伯讲如何“过五关”，我比上次听家史还要投入，因太专心听了，手上的笔竟不知什么时候就停了下来。伯伯讲的远比我记录下的内容多得多。但是，伯伯要“带着全家向无产阶级投降”这句话，给我们大家的印象太深刻了。当然，如果不是经过“文化大革命”，我们不可能真正弄懂“向无产阶级投降”的难度！不是你愿意投降，就能够有人接受的！伯伯一生不断学习，不断改造自己，努力向无产阶级的大公无私靠近，但在中国这块封建性根深蒂固的土地上，为了维护党的团结和毛主席的领袖地位，特别是维护国家的稳定，他确实也无法做到无所顾忌的抗争。伯伯只能面对现实，忍辱负重地因势利导，竭尽全力来保障国计民生。

第七章 亲历『文革』

一、面对造反派的隔离审查，我就没想过讲出伯父是周恩来

我1964年“十一”结婚，1965年春，我丈夫沈人骅调到西安工作。5月份，中央下了文件通知：要精简北京市人口，在北京工作的夫妇双方，只要有一方不在北京，另一方不论男女，都跟着调离北京，到对方的工作地点重新安排工作。当领导通知我有这样一个文件时，我立即表态：我一定按中央的指示办，等8月份生下孩子休完产假，立即调到西安去。

去西安前，我向伯伯、七妈辞行。两位老人请我一块吃顿饭。不知是碰巧还是有意安排，四样菜中唯一的一盘荤菜便是胡萝卜红烧羊肉。过去我嫌羊肉膻气，从来不伸筷子，今天却伸出筷子捡了一大块，有滋有味地吃起来。七妈特明白，她笑着打趣说：“秉德有进步了，西北牛羊肉多，入乡随俗，现在就练着吃牛羊肉啦！”

正吃着饭的伯伯关心的却是另一件事，停下筷子问：“你去西安，孩子怎么办？”

“留在北京爷爷奶奶家里。”

“为什么不带孩子到西安去自己抚养？”

“前几个月，我到西安休假过一次。人骅部队住在郊区，离城还有38公里，我每周要挤郊区公共汽车进城上班，平时只能住机关集体宿舍。偏偏现在人骅又被派出去参加地方‘四清’，不在部队，我一个人又要带孩子，又上班，实在忙不过来。孩子是爷爷奶奶的长孙，疼得不行，留在这里，他们会精心照顾的。”

“精心照顾这一点是没有疑问的，老话不是常说‘隔代亲’嘛！我只担心孩子跟着老人，会因为照顾得太周到，娇生惯养给宠坏了。”

“伯伯你放心，我和人骅已经商量好了，等我工作环境熟悉，孩

△ 1967年国庆，我与人骅在西安

子能上托儿所时，就立即把他接过西安去。”

“这样就好！”伯伯面露满意的微笑，“孩子一定要从小严格教育，不能宠！”

确实，伯伯、七妈对我随丈夫调离北京之事，丝毫没感到奇怪，更不会有一点干预。因为在他们看来，按党的政策办事，是每个共产党员的义务，没有什么人可以例外的，作为伯伯的亲属更要带头。伯伯压根没担心我去西安人生地不熟，更没想过要不要托熟人照顾，相反，只担心留在北京的孩子会太受老人宠爱，娇惯坏了！是呀，在伯伯、七妈的人生字典中，只有奋斗和磨炼，他们对人民，对党的事业，可以说是全心全意地付出。但对身边的人，越是亲近的人，似乎越严大于爱，或者说爱往往是密封在严格的要求之中，往往只有等你真正勇敢了成熟了，才能真正体会到严格才是真正的爱！

1965年10月，我调到西安，分配在西安市轻工业局人事科当干事。住在机关的集体宿舍里，周末乘公共汽车回到离城38公里的郊区空军工程学院的营房。每周一的一大早起床就像冲锋，急匆匆吃点饭就往郊区公共汽车站赶，只能提前，不能有片刻的耽误，郊区车少，如果赶不上头班车，进城转车再顺利也要迟到！那时年轻，身边也没有孩子，早起晚归的日子，并没有觉着辛苦，相反，与在北京相比，还多了许多乐趣。

过去我从小住校吃食堂，回到西花厅也是去吃食堂，即使是陪伯伯、七妈吃饭，也是由师傅做好了，我跟着吃现成的。星期天回到妈妈家，想帮着妈妈烧个菜吧，一来厨房有大娘操持，二来妈妈又疼我难得回来，总把我从厨房往外轰。嫁到婆家住了一年，下班一推门，饭菜全在桌上摆齐了，婆婆眉开眼笑地招呼："福气人，回来啦，快洗手吃饭！"总之，论年龄也是快三十的人了，而且已经当了妈妈，在北京时，我还真不会做饭炒菜！

我刚到西安时，人骅还在外地农村参加"四清"。我住的营区筒子楼，三四家公用一个厨房，我基本不进去，主要是吃食堂，有时用煤油炉烧点水喝。

那天听说人骅要回来了，正好是星期天，我想他在农村参加"四清"好几个月，又辛苦，伙食也不会好，于是高高兴兴上街买了只鸡，想用香喷喷的鸡汤犒劳一下丈夫。应该说我想得够周到了，我不会焖米饭，担心第一次烧煳饭或者夹生饭，便学着大食堂，在饭盒里放了米，加一盒水，放在锅里隔水蒸。当打开饭盒盖，我看见刚才的水米分明变成了满满一盒油亮亮的白米饭时，在公用厨房里兴奋地叫出了声："瞧我蒸熟了一盒饭，瞧我蒸熟了一盒饭！"

突然，我从厨房邻里的异样的眼神里读到了这样一句话：快三十的人了，蒸熟一盒饭也值得这样高兴！不觉伸伸舌头，自己悄悄乐。

可惜那锅鸡汤没有这么幸运！我买回的三斤煤油已经全烧完了，那只塞在砂锅里的并不大的小母鸡，还像雕塑一样硬挺挺地躺在汤里，想用筷子扎扎烂不烂，筷子往下一扎，鸡像有生命似地弹到一边。邻居几位大姐都来参加"会诊"：葱、姜、盐、料酒，我是一样没少放。有位大姐突然问道："盐是什么时候放的？"

"当然是葱、姜、料酒、盐和鸡一块放进锅的！"

"难怪三斤煤油煮不烂一只鸡呢！"

"只怕再给你三斤油也煮不烂！"

“盐要最后才放呢！”

大姐们你一言我一语地教我，我真懊恼极了，直骂自己太笨，好不容易买只鸡还烧不烂！

不料想人骅却大加赞赏：“不愧是我的好爱人，知道我这钢嘴铁牙，最喜欢吃有嚼头的鸡肉，真香，真香！”那一顿饭我俩还真把那只硬邦邦的鸡连汤一块吃了个底朝天！

从人骅回来，我便常进公用厨房了。看别人做菜，用啥料，怎么炒，我总留点心，照葫芦画瓢，慢慢也能学着做一点。能够自立了，心里还真是挺高兴。

只可惜好景不长，“文革”　开始，我作为人事科的干部，不久便成了造反派揪斗的对象——他们要我交出局长们安排的接班人的名单。我当然坚决不给。他们要我凭自己的记忆，揭发领导干部的历史问题。我坚持不讲，作为党的干部，怎么能做违反组织原则的事情！于是，我被骂成“死老保”，不断被造反派拉去问话、批斗。有一回，造反派想抓科长没抓着，竟把我抓去当反省的“替身”。我被关在中共中央西北局一间四壁空空的办公室里，水泥地上铺了几层稻草。我一连被关了三天！好在那时天还不太冷，否则事后难免不落一身病！

因为我毕竟不是官，又找不到我什么过硬的“罪行”，三天后，终于把我放了。

办公室里，科长见到替他受过的我，心里很不过意，他感慨地说：“秉德，你如果讲出你是周总理的亲侄女，造反派一定不敢关你了！”

我坚决地摇摇头。在我的档案里，只有在入党志愿书上我填过伯伯是周恩来，其他的简历从未提过与总理的亲戚关系。在人事科里，也只有科长看过我的档案，知道这层关系，其他人一概不知。我也从不在外面说。

但是，在工作上，我永远不忘记自己对伯伯、七妈的承诺，一定要做得最认真，最棒！所以，不管那时候单位里有没有人，上不上班，不管郊区汽车通不通，城里街上有没有武斗，我都坚持每周星期一雷打不动地去上班。

二、在伯伯办公室门上给他贴“大字报”

1966年6月开始的“文化大革命”，自从毛主席《我的一张大字报》发表，全国开始批判党内资产阶级反动路线。只短短几个月的时间，几乎所有的国家机器都陷于瘫痪，几乎所有的部长都被揪斗，无法工作。1967年5月21日，我由西安出差来北京，到西花厅去看伯伯和七妈，无意中站在伯伯办公室门口往里一看，不觉大吃一惊：原先宽大的会议桌上、躺椅上、地面上，都被厚厚叠起的各种各样的文件、报纸堆得满满的。

记得那天我坐在七妈房间里，忍不住地问：“七妈，伯伯办公室怎么成了文件库一样，堆放了那么多文件？”

△“文革”中，伯伯尽最大努力制止林彪、江青一伙挑动群众批斗党、政、军领导干部的行为。这是1966年12月他和受他保护的陶铸（右一）、陈毅（右三）、贺龙（右四）在批斗会上

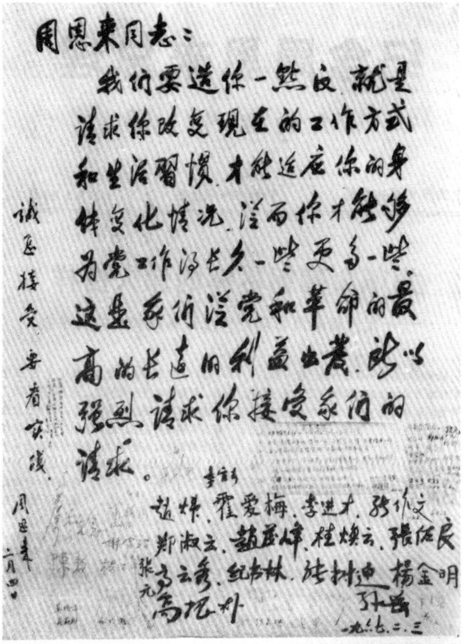

周恩来同志：

我们要送你一点意见，就是请求你改变现在的工作方式和生活习惯，才能适应你的身体变化情况，从而你才能够为党工作得长久一些更多一些。这是我们从党和革命的最高的长远的利益出发，所以强烈请求你接受我们的请求。

李讷　赵炜、霍爱梅、李进才、张作文、郑淑云、乔金旺、桂焕云、张佐良、张树迎、纪东林、杨金明、高振普　孙岳　一九六七.二.三

诚恳接受，要看实践。周恩来　二月四日

一九六七年二月三日张贴在周总理办公室门上的一张大字报。

△ 伯伯办公室门上的大字报

△ 大字报上，我加写的一段小字

七妈无可奈何地摇摇头说：“本来全国各地向国务院各部委汇报情况，并由各部委处理的文件，由于各部委都受冲击无法正常工作，于是无论哪个部的问题和文件就都往西花厅报。你伯伯白天要参加政治局会议、群众会议、接见外宾，就是天天不睡觉，也批不完这么多文件啊！现在他睡觉的时间越来越少，常常我早晨已经起床了，他屋里的灯还亮着呢！这样长期下去，再好的身体也要累垮了！”

“七妈，你劝劝伯伯。”

“我说多了他不高兴。他理由多了，这么大个国家，这么多的人民，总要有人管具体的事情，几亿老百姓要吃要穿呀！”

果然，等伯伯回来我一看，心里真不是滋味：伯伯的脸更加瘦了，老人斑也明显多了，原来特有神的眼睛，如今布满了血丝，变得有些朦胧了。他吃饭更快了，三下两下就放下筷子，急匆匆走进办公室去，

步履似乎也不如过去那样轻快敏捷，显得沉重了许多。我看在眼里，心里真着急！

这时我又意外地在伯伯办公室门上发现一张大字报，仔细看去，是秘书、医生们写的，还有七妈的五点补充建议，都是针对刚发现伯伯有心脏病，请求他改变工作方式和生活习惯、注意休息的内容。这张大字报是2月3日写的，陈毅、叶剑英、李先念等都签了字，伯伯也写了八个大字："诚恳接受，要看实践。"我一算三个多月过去了，伯伯的生活习惯仍未改，休息得仍然少啊！我想我不能只签个字，还要再加重些语气多提醒他一下才行。于是，我便在伯伯的八个大字旁边写了一段小字，主要是说："您的实践还做得不够，必须真正实践才行。"

其实，在那种特殊的年代，指望用大字报来保证伯伯的健康，那当然只是良好的愿望。但是，这一张大字报，却成为战友、同志、部下和亲人对伯伯一片真情的珍贵的历史注脚。现在看看大字报上签过名的人，伯伯的老战友们包括七妈都已仙逝，如果真有天堂，他们又能欢聚，大伙一定还记得这张大字报，伯伯一定会生出许多感慨来！

记得那一天，我留在西花厅吃午饭，饭桌上我憋不住满肚子火，大声批评起西安各大学的造反派，冲击陕西省委闹什么静坐示威，不分清敌我矛盾还是人民内部矛盾，用对付敌人的办法对付陕西省委，太不像话！

伯伯停住筷子，很认真耐心引导我：学生大方向对，只要符合《十六条》，拥护党和毛主席，就是革命学生。

我想不通，忍不住又顶了一句："那些造反派，残酷批斗革命老干部，尽做让亲者痛仇者快的事，这也算大方向对吗？"

伯伯语调严肃起来："秉德，你不要只站在省委领导的立场看问题，只听一面之词，要透过现象看本质。"

我不服气地坚持道："伯伯，这可不是我一个人的意见，持我这种意见的人可多了。西安大多数党政机关的干部群众都想不通、看不惯呢！为什么这次'文化大革命'只能相信少数学生群众，不能相信广大的工农兵呢？”

回去的当天，我立即追记了伯伯当时的讲话，所以我至今记忆犹新。伯伯当时就火了，他不客气地批评我：“你太主观了！你这人不行，还不如妹妹，妹妹是要革命，但说不出道理来。不管怎么说，用多数派反对少数派就不对，有压力，你怎么能肯定少数派就不革命呢？要到最后才能做结论。”又说：“你好像是省委派来做我的工作来的，你总是袒护省委，为省委讲话，你再这样我就把你赶走了！”

“我可不是省委派来做您工作的！省委根本不知道我这个人。”我一下急了，连忙解释，“我只是说我自己的看法，说大多数群众的看法。”

“哈哈哈……”伯伯笑出了声，继而一字一句地强调说，“我这里可从来没有后门，不能通过子侄们来要求我解决工作上的任何问题！

几十年过去后，我明白伯伯也像绝大多数党和国家领导人一样，对毛主席亲自发动和领导的“文化大革命”“很不理解，很不得力”，但他毕竟是中国共产党的领导人之一，维护和执行党中央的决定是他的职责。他曾不止一次地说过：我犯过政治错误，但从来没犯过组织错误。确实，伯伯在加入中国共产党后，从来没在党内拉过山头、搞过宗派，一直光明磊落。在“文革”初期，他也是努力想跟上形势，他批评我，也是希望我跟上形势，不要与“文革”运动产生抵触情绪，防止成为运动的对象。

三、15岁的小妹带着七妈的亲笔信乘火车突然来到西安

1968年在我的记忆中是痛苦的、难忘的，每当回想起来，就觉得揪心。

那时西安武斗很厉害，长矛对长矛地对骂，扔石块早已不过瘾

了，两派对立群众动辄就开枪，不长眼的子弹横飞，公共汽车经常不通，尤其是郊区公共汽车。那天是周一，天还不太亮，我就赶紧起床，穿上大衣顶着寒风往汽车站赶，到那一问，城里昨晚又打枪了，公共汽车不敢来，今天不通车。我一听就心急了，没车我怎么去上班呢！其实，那会儿就是上班，也没有具体的工作任务，只是上班对我来说，似乎像吃饭睡觉呼吸氧气一样，是生命的一种必需，工作多年，从没有不去上班待在家里的习惯。此时，我脑子里转的都是怎么进城。走路？离城38公里，就是迈开双脚快步走，只怕晚上也赶不到！拦车！也巧，刚想到拦车，就见一辆拖煤的军用大卡车从营区开出来。我顾不了多想，立即冲上前拦住车。

“同志，我就是院里的家属，能带我进城上班吗？”

“不行，驾驶室里坐满了。”司机摇摇手。

“同志，帮帮忙，我不坐驾驶室，我站在车厢里就行！”

“能行？车厢里可全是煤炭，你从后面看看能不能上去。”司机把车停在路边。

“谢谢！”我高兴地跑到卡车中部，手抓车厢板，踩着卡车轮胎，再登上车帮，跳进卡车里，一下跌坐在煤堆上，顾不上拍打就叫道，“行了，开车吧！”

汽车颠簸了半个多小时开进城里，我又照此办法从汽车上跳下来，挤电车，准时赶到班上。紧张兴奋之余，我也只略有点奇怪：怎么自己憋不住尿了呢？来到卫生间一看，一位老大姐惊呼：“快上医院，一定有问题！”

“我才怀孕两个月，刚才还从卡车上跳下来呢，人家能收吗？”我真是不懂。

“老天，你还从汽车上跳下来？肯定动了胎气，先兆流产，快，我陪你到医院去！”

果然，我一到医院就被医生留下来，确诊是先兆流产，征求我意见是保还是流？我问医生，如果留，孩子会不会缺胳膊缺腿？医生摇头不能保证，但因为来得及时，问题也不会太大。我一想，有点悬，

△ 1968年9月，我的第二个儿子沈桐出生后，我与人骅、沈清在北京家中

失了这么多血，如果孩子生出来有残疾，那太痛苦了，还是做人工流产吧。进了手术室，刚要手术，却停电了。第二天再说吧，第二天居然又停电！

这时，人骅赶到病房，我还给他开玩笑：“你的孩子命还真大，想结束他的生命还不行！”

“是吗？”人骅一脸严肃紧张的神情。

“不用紧张！”我笑着安慰他，“医生说经过治疗我不流血，看来孩子已经保住了，我休息两天就可以出院了。人骅，一定出了什么事？”

“秉德，有件事我不能不告诉你了，你一定要有思想准备！”

“到底出了什么事，你快说，我能挺住！”那一瞬间，我脑子里一片空白。因为不用说，一定不会是什么喜讯，在这个年月，耳闻目睹的噩耗已经是太多太多。难道伯伯、七妈，难道爸爸妈妈……我不敢想下去，两眼死盯着人骅的嘴巴，连连催促他讲，心里却真怕听到什么。

“六妹昨晚乘火车来了。”坐在床边的人骅双手握着我微微发颤的手，几乎是凑在我耳边轻轻说。

“小六？”我的心更紧了。六妹才15岁，从小一直跟着爸爸妈妈生活，从来没有出过北京城，现在让她一个人千里迢迢乘车到西安，一定是出了非常的事情！“她在哪？她怎么没来？”

“六妹只背了个挎包，装着一封七妈的亲笔信，她怕丢了，紧紧抱在怀里，不敢离开座位，更不敢打瞌睡。太累了，现在还在家里睡觉。”

“是伯伯、七妈出事了吗？”我几乎要惊叫出声。

“不是，他们还好！”人骅赶紧轻声说明，“是你爸爸被逮捕了！”

“被造反派？”我脱口而出。

“不，是卫戍区。”人骅轻声说，“我本想过两天再告诉你，可小六说，她要立刻赶回去，伯伯、七妈还等消息呢。所以不能不告诉你。”

我忍着眼泪，立刻找到医生，告知爱人部队太远，来探视太不方便，反正已经不用再做什么治疗了，干脆回家安安心心休息。医生也很随和，立即帮我开了出院证明，临走前再三叮嘱，回去一定要卧床休息，这样才可能彻底保住孩子。我嘴里一一答应着，走出病房，泪水便夺眶而出。在公共汽车上，我默默不语，心里却像开了锅，千头万绪，涌上心头。我强迫自己冷静地思考，希望在知道全部情况后，有力量正确处理一切。

我爱我的父亲，我相信他为人忠厚、热情，他身体不好，退休也已多年，说他反党反社会主义，我是坚决不相信的！但是，他现在是被卫戍区解放军逮捕的，我只有相信组织，相信党，可能爸爸确实有什么严重问题没向组织讲清楚。我没问题，一定经受住这次考验，如果爸爸果真自绝于人民自绝于党，我当然要与他划清界限，就像伯伯当年与封建家庭决裂那样。

但是，人骅是空军军官，我父亲的问题一定会连累他，影响他的政治生命。如果因为我父亲的问题，他再被处理转业、复员，我如何忍心让远在北京的公公婆婆痛心和担忧呢！我一定要快刀斩乱麻，做出果断的决定，宁可牺牲自己的幸福，也要保住人骅的革命前途！我对人骅说：“我们离婚吧，我不能牵连你！”人骅生气地说：“你胡说什么？有天大的事咱们也要在一起！”他是这样说的，也是这样做的，有天大的难题我们也是共同应对的。

汽车一颠簸，我无意中双手触到腹部，一下像摸到了已经在腹中形成的小生命。想到孩子。我泪水更是止不住：孩子，你真是不该在这个时候来到这个世界！都怪妈妈不好，妈妈太儿女情长，总羡慕别人有女儿，总渴望当自己老了退休了不能再工作时，身边有个贴心的女孩子，永远不会嫌弃妈妈的乖女儿来看望、陪伴我。于是，才下决心怀第二胎的。如今家里发生这样的事，你如果真正流产了倒是幸事，不必受家庭问题的影响，不会一到人间就受白眼！事到如今，我由衷地祈祷腹中不要是女孩子而是男孩子。相比之下，男孩子的承受力一定要强一些，让妈妈担的心一定少一点。

如果按现在的逻辑，出了什么事，赶紧要找自己能说得上话的亲戚，谁的职位越高，找谁越有希望，谁手中的权越实在，找谁越管用。大家很自然会想，你有个伯伯在当总理，找他说句话，别说卫戍区，就是到了最高人民法院，一个电话过去，那院长还不得手下留情。

可在那时，我怎么可能这样想呢！我从12岁进中南海，跟着伯伯、七妈这么多年，太了解他们了！伯伯首先是党和国家的领导人，其次才是我的伯伯。处理一切事情，他从来都是带头为人民服务，视人民的利益高于一切！任何想利用职权为自己谋利益的做法，哪怕是想法都是很可耻的！

四、爸爸半夜里被秘密逮捕

我回到家里，小六还在酣睡，七妈的信依然紧紧地握在手里。我想看信，又想让小妹多睡会儿，便用手轻轻地去抽信。小妹握得

△ 1960年代，父亲在机织卫胡同院中

真紧，我一使劲，信没抽出来，小妹浑身一颤，立即睁圆了眼睛。当看清是我时，只叫了声大姐，扑在我怀里像个受委屈的小孩子号啕大哭起来。我紧紧抱着小妹，轻声劝道："好妹妹，真难为你了！"妹妹的哭声更响了。于是，我索性不再劝，就让小妹好好发泄一下，不然，对一个只有15岁的孩子来说，把爸爸被抓的打击憋在心里，承担的压力也太沉重了。

在台灯下，我读了七妈让小六带来的信，信中反复强调："你们必须站稳立场，要立场坚定，旗帜鲜明。""你们面临着的一件具体的事件，是对你们最深切的考验，你们要准备着能经受得住考验！"

小妹断断续续讲了事情的经过：那天，睡到半夜，她想去厕所，在过道里，发现爸爸、妈妈屋里有灯，还有轻声的说话声。推门进去，屋里除了妈妈，还站着四五个解放军，爸爸却不见了！

"妈妈，出了什么事？爸爸呢？"

"没事。"妈妈平静地揽过小六，对那位高个解放军说，"王同志，这是我的小女儿秉建，我该怎么对她说。"

"秉建，你爸爸要出趟远门，今后无论是哥哥姐姐问起爸爸上哪去，你都告诉他们是出差去了，懂吗？王老师，你明天也还是照常上班，该干什么，就干什么。至于周同宇的情况，我们会向你的学校说明。”

听了这席话，妈妈和小妹都只能默默地点点头。

那位大个子解放军又转脸对妈妈说：“王老师，请你告诉我一下，哪个是周同宇的抽屉，我们需要看一看。”

那时爸爸妈妈两人只有一个书桌，爸爸只占其中的两个抽屉，无非放些笔记本、照相本、信封、信纸什么的。那位解放军从上到下大略翻看一下，就起身告辞出门，像来时一样静悄悄的，街坊邻居谁也没惊动。他们走后，平时胆子很小的小妹秉建才敢问：“妈妈，爸爸哪去了？真是出差了吗？”

“那个大个子解放军姓王，他先来过一次，把你爸爸带走了。这是第二次回来，要检查一下你爸爸的东西。”

“爸爸被抓走了？”小妹声音都发抖了。

“他们不是军管会，是卫戍区的。”妈妈搂过小妹说，“你不是看见了，他们说话和气，讲道理。你爸爸不会有什么事的，不过要记住，对谁都要说爸爸出远门了，懂吗？”

那一夜特冷，后半夜，小妹又冷又怕，爬到妈妈身边躺下，可年仅15岁本该无忧无虑的她，竟也和妈妈一样，心乱如麻，两眼睁到天明！

第二天天一亮，从来就是以校为家，对学生比对自己亲生儿女还关心的妈妈就起身到学校去了，到晚上七八点了还没回来。小妹跟着朱大娘在家里坐了一天，虽然巷子里有她泼水制成的冰道，昨天她一人穿上溜冰鞋在那兴致勃勃地滑了半天，可今天她怎么也提不起兴趣。她担心爸爸，更无法面对外人的询问。她把自己关在屋里，天黑了也没开灯。没有爸爸的家，空空荡荡的，少了许多温馨。

有开锁的声音，进来一个男人的身影。“爸爸！”小妹惊喜地扑上去，灯一亮，是一身军装的二哥秉钧站在屋里。

“小六，你在家怎么不开灯？爸爸、妈妈呢？”秉钧有点奇怪地问。

“妈妈到学校去了还没回来。爸爸出远门了。”秉建低着头说。

“爸爸出远门了？怎么可能！前天我给爸爸送烟回家，他也没说出门的事嘛！”

“真的，是昨天才决定出差的。”小妹的声音已经有了哭腔。

“不对，家里一定是出了什么事！小六，你有什么事瞒着我！”秉钧焦急地追问。

“真是出差了嘛！”小妹再也忍不住，一下扑在哥哥怀里大哭起来，“昨天夜里，卫戍区的解放军悄悄把爸爸带走了，他要我和妈妈对所有的人都说爸爸出远门了。”

“真有这事？”秉钧大吃一惊，扶起小妹反问道，“这事报告伯伯、七妈没有？”

小妹摇摇头。那时家里也没有电话。

秉钧毕竟参军七八年，加入了中国共产党，是名优秀的空军飞行员，政治上更成熟，想得也更多一些。他知道现在运动中情况非常复杂，他担心有人背着伯伯冒充卫戍区抓走爸爸，或者是想从抓爸爸入手来整垮伯伯！他是从小在西花厅长大的，他知道自己应该把家里发生的事，立即向伯伯、七妈报告。

在公用电话上，秉钧拨通了那个熟悉的号码：“七妈，我是秉钧，您好！我想告诉您一下，家里出了点事。”

“我知道了，你赶紧来一下。”七妈的声音十分镇定。

秉钧立即骑车赶到西花厅，一进院门，远远看见七妈已经站在前厅的台阶上等着。

“七妈，我爸爸确实是被卫戍区带走了吗？”秉钧喘着粗气问。

“确实是卫戍区带走的，伯伯和我都知道这件事。”七妈的表情十分严肃，“秉钧，你是什么态度？”

“既然是卫戍区出面拘捕审查，而不是造反派随便抓人，那说明我爸爸有问题需要向组织讲清楚。我的态度十分明确，相信组织相信党。如果审查结果爸爸没有政治问题，不是反党反社会主义分子，他还是我爸爸；如果审查结果，他是个坏人，我一定和他划清界限！”

“好，七妈就要你这句话！天已经不早了，你今晚就住在这里吧！”

“不了，我们会议结束了，我东西都放在家里，刚刚来时，妈妈还没回家，只小六一人在。我还是回去睡吧。我还得和妈妈谈一谈。”

七妈嘱咐说：“对，要和妈妈谈谈，让她不要乱想，要相信群众，相信党！你明天就要回部队了，走以前，到这来一下，看伯伯还有什么事要跟你谈。”

秉钧和七妈正往外走，伯伯的汽车开进院了。伯伯下车见到秉钧，有点意外，七妈三言两语介绍了刚才两人的谈话。

“秉钧，你有这个态度很好。秉德在西安，你现在最大，回部队前，一定要多和妈妈谈谈，劝她往开里想。还是那句老话，相信党，相信群众嘛！是非曲直，历史自有公论！”伯伯握着秉钧的手说。

“伯伯，爸爸被捕的事，回部队后我要不要向组织汇报？”

伯伯拧紧了眉头思索了一下，问秉钧能否见到吴（法宪）司令？秉钧说能。伯伯就让秉钧向吴司令报告此事。

第二天，秉钧又到了西花厅，十点钟伯伯从外面回来见面就说：“秉钧，你爸爸的事我已经跟你们空军吴司令说了。你回部队就安心飞行，努力工作，什么时候需要你向部队党组织汇报，怎么说，等七妈通知你！”

……

“二哥回来时带了一封七妈的亲笔信。”小妹最后说，“七妈说现在寄信也怕丢掉，这是50元钱，让小六乘火车去西安一趟，把情况告诉秉德，让她也了解情况，有个正确认识。”

第二天，我们把小六送上返回北京的火车。回到自己家里，我让人骅坐下，讲出了自己的心里话：“人骅，既然是卫戍区逮捕了爸爸，这总是事出有因。据我所知，爸爸除了大革命失败后脱离了共产党外，1947年还被国民党抓过一次，坐了半年牢。虽然我相信爸爸不会反党反社会主义，但是历史上的问题要审查清楚，不会是那么简单的事。我有思想准备。一定按伯伯、七妈的要求去做。但你是军人，你是无辜的，我不愿意因为我的家庭问题影响你的前途。人骅，我们离婚吧！沈清是沈家的长子长孙，爷爷一定舍不得，就给你抚养吧；肚子里的老二，不管是男是女，就给我留下纪念吧……”泪水哽住了喉咙，我呜咽着再说不下去。

“你不要再胡思乱想了，天塌下来，咱俩也要在一起顶着！”平时脾气随和的人骅，此刻话语果断，“伯伯、七妈不是讲得很清楚嘛，相信党相信群众，我也希望你相信我。你也知道，当年我们谈恋爱，我绝不是冲着你是周恩来的侄女去的。说实话，如果一开始就知道有这层关系，肯定不去见你。既然我们结为夫妻，当然要有福共享，有难同当，共同经受住运动的考验。至于会不会影响我的前途，我并不把当一辈子兵作为唯一的前途，能继续在部队干，当然很好；如果真让我转业到地方去，也没问题，到哪儿不是为祖国效力，为人民服务呢！”

我含着泪笑了，庆幸自己找到的丈夫，真正是志同道合、正直善良的好人。

五、“你爸爸被抓，就因为是周恩来的弟弟！”

1968年夏天，我已怀上第二个孩子7个月了。一个周末下班后，我提着两个包挺着大肚子赶车回部队的家。谁知走到街口，身后的一支游行队伍，与街边楼里的人是对立面，游行的人一边向前走一边高喊着口号。两派之间由对骂发展到互相扔掷石头、砖块。突然从街边楼顶传来了乒乒乓乓的枪响和子弹撕裂空气的啸声。

“他们开枪了！快跑呀！”随着人们的大呼小叫，游行队伍像炸了锅，人们拼命向前跑。我想跑，手里抱着两个包，又挺着7个月大的肚子，怎么也迈不开步。不一会儿，就落在了所有人的后面，子弹不断打在我身前身后的墙上、地上，有的子弹离我只有半尺距离。我心惊肉跳，两腿发软，但拼命咬着牙往前迈着步。我心里只有一个念头，我不是一个人，为了肚里的孩子，我不能停，不能停，只要有一口气，我也要走下去！冷汗迷住了我的眼睛，我也顾不上去擦，终于到了拐弯口，我转过了街口。相信子弹不会拐弯，我已经到了安全地带，这才靠在青砖墙上直喘粗气，越想越觉得后怕。

我对伯伯、七妈可以说是没有秘密，无话不谈的，但对这件事，我从来没在他们面前提起过。我知道伯伯太忙，太累，我不能再让他们担心，我甚至连回北京躲一躲的念头都没有想过。因为伯伯、七妈对我的教育就是一切依靠组织，人在哪里工作，哪里就是你们的家！

“文革”中我一直坚持着一个原则，对伯伯、七妈报喜不报忧，自己不能为他们分担什么，起码不能再给他们添什么乱了。直到1974年，人骅被调回北京，我也随他回到北京工作，去西花厅看伯伯、七妈时，一见面，伯伯听说我调回北京，眼睛一瞪，很严肃地问：“秉德，你在外地工作了9年，现在怎么回来了？是不是因为我周某人的关系？！”“你放心，不是的！”七妈提醒伯伯说：“恩来，你不要忘了，秉德不光是你的侄女，还是军人家属，她是随军调动的。”

1968年的8月下旬，我回到北京生老二。真不知是我没有女儿命，还是当年的祈祷有灵，我又生了一个胖儿子。每当我抱起儿子亲热时，心里总有一点苍凉，因为看见儿子，我就会立刻想起自己的爸爸。我的儿子十月怀胎出世了，可我爸爸被关已经6个月了，还不许探望，不知道任何情况。道理上也懂，相信党，相信群众，所以，即便到西花厅去看望伯伯、七妈，我也从来没有问过他们一句。但还是特别惦念，爸爸毕竟已经是花甲老人了，身体又不好，能受得了监禁之苦吗？

这天，小儿子满月，我也算月子做完了，看不得婆婆劳累，就抢着洗孩子的尿布。

“秉德，有人来看你！”婆婆招呼我说。

我闻声到了客厅，看见一位完全陌生的解放军同志。他身材魁梧结实，笑容真诚坦率。不等我开口，就握着我的手，像久别重逢的老朋友一样热情自然地说："你是周秉德同志吧？你好，我叫王金岭，是北京卫戍区的。嗯，像，真像！"

"像什么？"我真有点丈二和尚摸不着头脑。

"你真像老周，就是你父亲周同宇啊！"

"您认识我父亲？"

"何止是认识，是很熟悉。今年初，就是我带人去你家带走他的嘛！"老王说话的口气很轻松，一点不像是抓了个坏人，倒像是带走了一个朋友。

"真的？"我心急地脱口问道，"我爸爸现在身体怎么样？关在哪个监狱？他的问题弄清楚了吗……"我的泪水随着一连串的追问夺眶而出。

"唉，真是个孝女，难怪你父亲提到你也落泪！"王金岭快人快语，"我就是怕你月子里担心老人，特地来看看你，也让你宽宽心。你父亲一切都好，放心吧！"

"他到底因为什么问题抓起来？组织查出什么问题了吗？"

"要问问题呢，就因为他是周恩来的弟弟！如果不是总理的弟弟，也就没他的事！"

"真的？"我心里仍然不明白底细！

"所有外调都是我和造反派一块去的。什么材料我都看了，没问题，你放心！老周人品好，也有水平，他头脑清楚，历史上的事，哪年哪月，张三李四，他都记得清说得准，无论造反派怎么跳着问，他都不会张冠李戴；他从不为开脱自己乱咬人，就是对已经落难的人，他一是一，二是二，也不做落井下石的事，不简单！上个月我去看他时，他哭了。"

"为啥哭？"

"成天关着，不能看报纸，不能听广播，大半年了，外面的消息他一点也不知道，他担心自己的问题连累你们伯伯，连累你们孩子嘛！"

“唉！能不能让我们去看看他？”

“我可没办法！”王金岭摇头说，“不过，我还是想出个办法，让人给他订了份《参考消息》，那上面虽然看不到你们的情况，起码能看到你伯伯的消息吧！你妈妈那里我也常去看望，你小弟弟、小妹妹去延安和内蒙插队后，你妈一个人在家，她对我说房钱太贵，一个人住太浪费。其实我知道她内心的感受，总对邻居说你爸爸出远门了，半年多不见人回来，人家背后能不瞎议论吗？我正在帮你母亲找一套房子，准备搬家呢。”

“老王同志，真谢谢您了！”我又忍不住落泪道。

“谢我干什么，我也是在完成组织上交代的任务。我走了。总之，放宽心，不要急，我相信事情最终会弄清楚的！”

第二天，我去西花厅看伯伯和七妈时，还自以为是从组织上了解了父亲的近况，兴冲冲地说：“昨天，参加审查爸爸的解放军同志王金岭来看我了。他说，爸爸被抓，就因为是伯伯的亲弟弟，爸爸其实没有什么问题。”

“这个王金岭怎么这样说话！”伯伯板下面孔，对在座的人骅叮嘱，“你明天去找他谈一谈，叫他今后讲话要注意，不要影响关系！”

我一听真后悔，心里直骂自己头脑太简单，连累了好心人挨批评，可对伯伯的话又不能不执行。第二天，人骅特意按照老王留下的地址找到他，转达了伯伯对他的批评。人骅也和我一样觉着对不住老王，最后向他道歉：是我们想问题太简单，让您受批评了。

谁知老王却挺神秘地笑了，可能因为人骅也是军人，军人之间讲话更坦率点，老王伏在人骅耳边说：“没关系！总理对我的表扬，都是通过组织传下来的，说我们外调认真、辛苦，向我们致敬。对我的批评，就让你们这些孩子转达，这是对我的提醒。你想，表扬我让大家都知道，批评我别人都不知道，所以，我只会胆更大，没问题！”

以后，王金岭一直关心着我妈妈和我弟弟妹妹的生活，成了我们家要好的朋友。当然，真正的内情，直到“文革”结束后，王金岭才原原本本地告诉了我。

1968年，王金岭是从野战部队调到北京卫戍区的，他怎么也没想到接受的第一个任务，就是抓我父亲——周恩来总理的亲弟弟，而且还是总理亲自下的逮捕令！

那天，王金岭奉命先来到谢富治的办公室。谢富治没开口，先递给他一份文件。他一看，是周恩来总理的亲笔批示的逮捕令：立即逮捕周同宇。旁边周总理还用蝇头小楷注明：其妻：王士琴；三女：周秉德、周秉宜、周秉建；三子：周秉钧、周秉华、周秉和，家住北京机织卫胡同二十七号。

“这是外交部红卫兵报到江青同志那里的一个案子。”谢富治口气平静地介绍着情况的来龙去脉，“江青同志直送总理处，总理亲自批准办的一个案子，需要找一个比较强的干部来办此案。选中你，是对你的信任。”

“这个周同宇是什么人？”王金岭立即知道了问题的严重性。

“他是周总理的亲弟弟。”

“总理的亲弟弟！”王金岭的头“嗡”地响了起来：周总理亲笔批抓自己亲弟弟的逮捕令？！

“是啊，严格地说，这是无产阶级司令部的家务事，你要多动脑子，实事求是，为无产阶级司令部分忧解难。我现在还要去开会，具体如何执行，由傅崇碧司令员给你布置。”谢富治完全是搞政治的口吻，话说得中性、简洁，看不出他的倾向性，说罢便起身出门去了。

王金岭跟着出门，他敲响傅崇碧司令员办公室的门。心里依然在忐忑不安地猜想：老天，当总理的也无法保护自己的弟弟，还要亲笔批准逮捕自己的弟弟，这到底是什么严重问题？我如何才能处理好？

“把你从野战军调来，就是相信你有战斗力！你要敢跟红卫兵干！”一身军装的傅崇碧司令员声音洪亮，态度明朗，“这个案子是红卫兵搞起来的，周同宇就是与王光美的哥哥王光琦一块吃过几次饭，红卫兵就说是什么阴谋‘聚餐会’，是特务活动！完全是无中生有，无限上纲嘛！谁知案子报到江青那里，她倒动作快，不问青红皂白，一下送到了总理办公室。”

“总理找我去商量，我立即向他建议，与其让红卫兵乱来，不如由卫戍区出面用拘留的形式把周同宇保护起来，以免落在心术不正的坏人手里遭人暗算，甚至杀人灭口！煤炭部部长张霖之不就是活活被打死的！总理接受了我的建议，不过他提笔批示时想了想，把‘拘留’改为‘拘捕’，这是总理想得周到，拘留不能时间太长，而且不能搜查住所，拘捕当然就不同了！”

王金岭此时知道问题的严重性了，他紧锁眉心，非常专注地听取傅崇碧下达命令。

“执行这个任务确实十分艰巨，而且政策性、机密性很强！光有勇没有智不行！”傅崇碧接着交代说，“这案子是红卫兵弄起来的。人抓起来后，还不能完全抛开红卫兵，还要他们继续介入调查，但你必须左右局面，这样该怎么办？这是难点之一；第二，如果总理的弟弟被捕的消息在社会上传开，肯定有居心不良的人唯恐天下不乱，借题发挥把矛头指向周总理。所以拘捕周同宇的事，只能你知我知，绝对保密，最好不要让社会上知道，而且越拖得时间长越好！你看有没有什么办法？”

“第二个问题好办！我在野战部队当过侦察科长，我马上去看一看周同宇家周围环境，夜深人静时去悄悄执行任务，保证人不知鬼不觉。”王金岭从傅崇碧前面的讲述中，已经明白了拘捕的真正含义是保护，心里轻松了许多，脑袋顿时清醒灵活，点子也多了。“至于第一条，我一定牢记傅司令员的指示，决不给红卫兵乱来的机会。况且，周同宇在我们保护之中，安全是没有问题的！”

“好！”傅崇碧司令员紧握住王金岭的双手，提高声音说，“周总理已经批准了，从今天起，周同宇一家的事，都由你出面关照。你要记住，这不是为哪一个人，是为无产阶级司令部分忧解难，为无产阶级司令部做贡献吧！周总理为国事已经操碎了心，太忙太辛苦了，我们有责任不让他后院起火！”

王金岭一天中已经是第二次听到“为无产阶级司令部分忧解难”

这句话了！他面对傅司令员，右手举向帽檐敬了一个庄严的军礼，掷地有声地说："司令员，您放心，保证完成任务。"

当天夜里两点半，一辆没有打车灯的军用吉普车停在离我家五百米外的巷子里，一名身手敏捷的战士顺着院墙外大枣树爬上墙，轻手轻脚翻过屋顶，跳进院内，轻轻开了院门。王金岭带人立即闪身进了院，用事先准备好的万能钥匙打开了我家的屋门，进了客厅才开灯，轻声把我父母从睡梦中唤醒。

王金岭宣布了拘捕命令后，先让我父亲穿好衣服并把他带走，送到巷外的车上，然后第二次返回我家，我妈妈搂着小六儿还呆呆地坐在客厅里。

"王老师，我们奉命逮捕周同宇，是有人揭发他与王光琦一块吃过饭，说是反革命聚餐会。至于是不是刘少奇线上的，是反革命还是什么，是不是反革命聚餐会，要审查。所以，按照上级指示，我们还要搜查。"说着，王金岭压低声音对我妈妈解释，"你们不必紧张，王老师您不属于审查范围，家里的孩子也不属于。所以，你和孩子的抽屉都不动，我们只查看周同宇的抽屉。"

于是，王金岭检查了我爸爸的两个抽屉，拿走了我爸爸的笔记本和一个照相本。余光里，他读懂了我妈妈脸上的痛楚憎恶和小姑娘的恐惧害怕，他心里像压上块巨石，仿佛真是干了造反派还没干的坏事！以他的个性，他恨不能立即将自己知道的所有真实情况都告诉惊恐中的母女俩，告诉她们这是保护措施，告诉她们自己的打算和想法！但他无意中从对面镜子里瞥到了自己帽子上的红五星时，他一下镇定了，咬紧嘴唇，什么也不再解释。作为一个军人，他只能不折不扣地执行命令，不该讲的，一个字也不能露。临走前，他又叮嘱一句："王老师，周同宇被逮捕的事，对谁也不准说，这是纪律！如果有人问，就说出远门了。"

"孩子们问呢？"我妈妈追问道。

"你也这样说。"王金岭想了想，回答道，"我姓王，我还会再来看你们。"

△ 1979年，我们六姐弟与父母在家中

两天后，王金岭把造反派找来，不卑不亢道：“你们告周同宇是坏人，现在根据中央指示，由我和你们一块组织个审查班子，今天是不是选个组长？”

“我们是毛主席的红卫兵，应该……”

“你们是红卫兵，我是解放军，我才是名副其实，地地道道的兵嘛！”王金岭笑容满面，嘴里却当仁不让。

“那好吧，我们推荐你当组长吧！”

“好，既然你们选举我当组长，你们就要听我的指挥。约法三章：从今天起，要见周同宇，我单独一个人不去，你们同样也没有资格单独去见他。外调我们一块去，提审也要共同进行，目的只有一个，把问题查清来龙去脉，弄个水落石出，向中央报告。”

于是，去东北、上海、广东等地的外调，王金岭亲自带队；每回提审周同宇，王金岭也都必然在场。尽管造反派在提审时有过吼叫催逼，但有“王组长”在场，他们也没法武斗！短短几个月，王金岭已经查清了所有问题，但上面有命令：周同宇人还押在卫戍区，但案子全部移交给刘少奇专案组，王金岭不再管此案。于是，“周同宇案”

一拖再拖，我父亲被关了整整七年多，直至1975年5月才被释放。

王金岭虽然不再管理父亲的案件，但仍常常到我家中看望和安慰我母亲，帮助解决困难等，也常常到关押我父亲的部队中了解我父亲的情况，向我父亲传递家中老伴和子女的情况。父亲希望通过报纸了解社会上的情况，更想了解自己兄长的政治动向。王金岭就通过有关方面帮他订了几份报纸和《参考消息》。

几十年来，我们全家人与王金岭成了好朋友，经常往来。他有时还会谈父亲在“里面”的情况，说：“你父亲在‘里面’7年半，头脑始终清醒，无论怎样被反复引诱逼问，他从没被问糊涂过。”“专案组的人逼你父亲供出王光琦曾在美国接受特务训练，从而为打倒刘少奇提供依据。但逼来逼去，拖了好多天，专案组也未能得逞！”

我永远忘不掉第一次见到刚出监狱的爸爸的情景！

整整7年多没见，爸爸的头发铺了一层白霜，人瘦得很厉害，但因打过激素，脸显得水肿。更让人心痛的是，他两眼似乎呆滞无光，神情也仿佛麻木迟钝，再也不是过去那个眼睛明亮有神的爸爸！我忍不住抱着爸爸失声痛哭。我无法想象，整整7年多没有与家人见面，一张《参考消息》是他和世界的唯一联系，爸爸是靠什么熬过来的，他的心一定浸泡在无尽的委屈和不平之中！

“秉德，别哭，快别哭！”爸爸两眼含泪道，“你知道我和什么人关在一起，都是部长以上的大人物。多亏有你伯伯，把我这小舟拴在了大船上，这才闯过险滩，要不早就翻船沉没了！被关的这7年中，我天天对自己讲，我是个小人物，真是微不足道，他们整我，目的就是为了整你伯伯。所以，天大的压力，我也要坚强地活下去。”

1979年5月30日，在伯伯去世3年多后，在胡耀邦同志主持下，中共中央组织部干审局在为大批老干部、老同志平反冤假错案的同时，也为我父亲做了公正的结论，彻底推倒了当年中央专案组强加给我父亲的诬蔑不实之词，这一复审结论最后说：“与王光琦同志等在一起聚餐没有什么问题。此案属错案，应予平反，恢复名誉。”

这时，父亲对自己政治上的新生非常激动，11年来压在自己头上的冤案终于昭雪了，这冤案不仅使自己身心受到莫大的摧残，妻子儿女受到牵连，而且他最忧虑的是给兄长带来极大的烦恼和被动。现在兄长虽然已不在人世了，但他仍感到此时可以告慰兄长：他是无辜的。父亲更感到在精神上、政治上是一极大的解脱，所以，虽然他年过七旬，身体瘦弱多病，仍拄着拐杖，让我四弟妹李玉树陪同乘公共汽车，兴奋地向亲朋好友去一一地报告：“给我平反了！给我平反了！”他多么珍惜这一政治上的新生呀！

父亲在家中享受了几年天伦之乐，对他的一生也算是一种慰藉。但无情的疾病却又来折磨着他。1985年5月13日，病魔夺走了他81年的生命。因他嘱不大办丧事，母亲带着我们兄弟姐妹几家人和几位至亲好友在北京医院的小告别室为他送行。在现场布置了许多鲜花，放在最中间的，是我七妈邓颖超所送的大花篮。

而回想这个房间，也正是9年前我们与敬爱的伯伯告别的场所。这同一个地方，那两个不同的场面，都永远保存在我的记忆之中。

△ 1998年1月8日，王金岭与我们姐妹三人同到毛主席纪念堂周恩来纪念室缅怀伯伯

六、听说邻居不相信我会是周恩来的亲戚

1970年2月，我丈夫沈人骅被调到大三线，〇六一基地位于遵义的山沟里，离遵义有70多公里。他在那里做军工厂的军代表，就是军管组那样的军代表，不是验收产品的。因为那时全国都在军管，他就在那种大三线的国防工厂里头担任军管组组长。当时要求必须要扎根三线，亲属们都得调过去。我原来就已经随军在西安工作了五年。这年10月份我带着大儿子沈清来到贵州遵义山沟里的工厂。

当时的贵州是“天无三日晴，地无三尺平，人无三分银”，非常贫穷落后，所以把这个军工厂设立在那里了，大三线嘛。我觉得只要人骅去了，我就应该跟着一块儿去。贵州那个地方，确实很贫困，工厂离居民区住的地方要走25分钟，就得绕一个山沟，而且得走路。住的地方叫五村，就是在五三三厂的五村。大家集体住在两层小楼，我带着孩子，我们三口人就住楼上一间半房。

在那期间，大概是在1971年冬到1972年初吧，有一阵子特别冷，北方人就不习惯南方的那种阴冷，所以我还托家里用火车托运了一个煤炉到遵义。煤炉是老式的带烟囱通到外面的那种，火白天着，到晚上得封火，就是要把炉门稍微关上些，以让火着得慢一点而且不要灭掉。这时炉子上面还可以放上一壶水。有一次，人骅外出到贵阳开会，我一个人在家的时候，封完火就睡了。第二天一早我刚一坐起来，“啱”的一声就倒在床上了。哎哟，我就想到肯定是煤气中毒的问题，赶紧从床上滚着下来，向外爬。因为我清楚煤气在上边，在地面煤气就少一点，我就在地面上爬着从那个半间小屋爬过了大屋，然后到门口把门打开，赶紧透透气，这样才缓过来，不然的话恐怕就麻烦了。毕竟就我一个人在家，那时候孩子因为要上学已经送回北京了。

我们那煤是怎么来的呢？用的是煤末。当时，如果有个手工的能打蜂窝煤的机器，那就是大好事了，我们最盼望的就是有这个，可是没有！就用煤末，加上黄土加上水，拌来拌去，搅来搅去，用那个大

铁钳，搅拌好长时间到黏糊了的时候，把它铺在地面，铺平以后再用大铁钳给切成大约四五公分的小方块，晒干后堆起来用。谁家要是能够找到一个手工压的蜂窝煤模子，那可真是太难得了！大家都特别想有这个，但都没有，所以有一家有了，我们就排着队去借用。能有蜂窝煤，就算是非常讲究的了。尽管很艰苦，我们也都过得朝气蓬勃。

另外，由于当地气压的原因，面粉蒸不熟，蒸出来的面都是那种黏的，煮出来的面条黏的，反正就是不利落，所以像样的面粉也吃不着。有时会蒸一蒸米饭吃，但是很难得；在那儿生活，也吃不着鲜肉。当时有很多成建制的从上海迁过去的工人，所以就从上海运一些咸肉过去，那就算是伙食有很大改善了。不过，倒是可以在当地买农民养的鸡和鸡蛋。因为工人多，买的人多嘛，价格也就上去了。然后，偶尔的能够到遵义城里头去开个会，顺道可以到商店去买上一点能够解馋的比较有油的那种松软的鸡蛋糕，那就算大大地改善生活了。不过，进城的时候车都是在悬崖上开，就是那种盘山道，一看就看到底下很深的沟。风景是很美，一眼望去是一片黄色的油菜花，那看着真是漂亮，眼睛是挺享受，但身临其境感觉却是惊心动魄。

在五村的时候，大家都是几家人合着用厨房，一次，我这门外刚好听到有人念叨说，你看咱们这儿这么艰苦，有人还说她是周恩来的

△ 手工蜂窝煤模具，这是当时我们非常渴望拥有的

亲戚，那怎么可能呢？要真的是周恩来的亲戚，能到咱们这个穷山沟里来么？”另一位说：“哎呀，谁知道真的假的。要是也是远亲，八竿子打不着的！”我听后一笑了之，我们家的孩子，就是扎根在普通百姓之中啊！

第八章　鞠躬尽瘁

一、有人用30多年前的“伍豪事件”来整伯伯

1968年8月下旬，我由西安请产假回北京公婆家。准备迎接我第二个孩子的出生。

一天，七妈来电话约我去，我到了西花厅。七妈看到我身体笨重的样子，还走得满脸是汗，忙让我去洗把脸，吃点西瓜。看我歇过来了，就问：“秉德，你生了老二之后，老大沈清准备怎么安排啊？”

“我和人骅及两位老人已说好了，用老二换走老大。沈清三岁了，也该和我们在一起，让他到托儿所过过集体生活了。”

七妈听了很满意，似乎想起了3年前我临去西安时他们对我的嘱咐：孩子应该自己带，放在老人身边容易娇惯，对孩子的成长不利。接着她话锋一转，很严肃、详细地讲了一件使我十分震惊的事情，大体是说现在有人利用30多年前敌人制造你伯伯发表脱党声明的谣言来整伯伯，但这事中央当时就已清楚。1943年延安整风时，中央又有明确结论，就是“伍豪事件”，这是非常清楚的事。最后她说：“现在形势复杂，什么意想不到的事情都可能发生，你平时在外地工作，不论发生什么事情，你心里要明白你伯伯是怎么回事。这也是你伯伯让我对你讲的。”

1972年下半年我到北京出差时，七妈又对我说：“我前几年对你讲的‘伍豪事件’，中央又进一步搞清了这问题，毛主席说这事早已清楚了，让你伯伯在中央的高级干部会上再讲清这问题，并做好录音，要给中央和各省都留一份材料和录音，存入档案，以便后人了解此事。”

对我的这些谈话，她老人家对秉钧、秉宜也都分别谈过。

我想中央对此事已有了非常清楚的结论，应该是不成问题了。特别是“四人帮”粉碎之后，十年浩劫已成为过去，我在思想上对这事已感到无需再提了，却没想到七妈在一次特别的场合，又谈起了这件事，这次我做了记录，所以可以较详细、全面地回忆起她当时的

△ 1979年10月2日，七妈与我们姐弟六对，前排：李玉树、秉建、七妈、拉苏荣、岳五一。中排：秉宜、刘军鹰、秉德、沈人骅。后排：秉钧、任长安、秉和、秉华

谈话。

1979年国庆，我那去内蒙古插队11年的小妹秉建要结婚了，她丈夫拉苏荣是蒙古族青年歌唱家。伯伯在世时就希望秉建既然在内蒙古插队，最好找个蒙古族青年结婚，成家立业。现在虽然伯伯不在了，但秉建仍按伯伯的遗愿找了蒙古族青年为伴侣。七妈也特别高兴，说六姐弟都结婚了，都到西花厅来聚一聚吧。

我们兄弟姐妹们也都很高兴，难得都在北京凑齐了，六对夫妇共同去西花厅也不容易；又想七妈把我们从小照顾到大，费了多少心血，现在我们都已长大成人，成家立业了，对她老人家的报答是怎么样也不过分的，那么我们这次就做一点小小的表示吧。我们事先讲好：10月2日我们去看望老人家之后，集体请她去北京饭店吃顿西餐。她欣然接受了。

△ 1979年10月，拉苏荣、周秉建一对新人

10月2日上午9点钟，我和丈夫沈人骅，秉钧和妻子刘军鹰，秉宜与丈夫任长安，秉华与妻子李玉树，秉和与妻子岳五一，还有秉建和拉苏荣，都来到了西花厅。一看七妈，她穿着一身笔挺的西装，精神特别好。我们除了给新郎、新娘戴上大红花外，还给七妈左胸前也别上了朵鲜花，她高兴地与我们集体在院子里合影，还分别与每一对夫妇都留了影。

然后，七妈招呼我们进到客厅，与我们谈话，她说：

今天是我们中华人民共和国30周年国庆的第二天，我心里很高兴，我们家里也很难得有这么个机会（这时她很激动）；秉建结婚了，现在你们从6个人变成12个人了，在一起聚会，你们也很难得有这个机会。

在这个难得的机会里，我除了祝贺新婚夫妇外，还有个重要问题，我要向你们讲一讲，让你们年轻一代，也要懂得一些老一代的历史。

我要讲的是30年代最初的一二年发生的事情。当时我们党内出了一个叛徒顾顺章，他与国民党特务结合起来诬陷你们的伯伯脱党，伪造了一个“伍豪等脱离共党启事”，当时党中央就了解事实真相，也妥善地处理了这事。

但1967年上半年，“文化大革命”初期，南开大学“八一八抓叛徒集团”从旧报纸上发现了当时的这个启事，像得了宝，交给了戚本禹；你们伯伯知道这事了（注：当时七妈并未讲伯伯是怎么知道这事的，现从大量史料看是：1967年5月

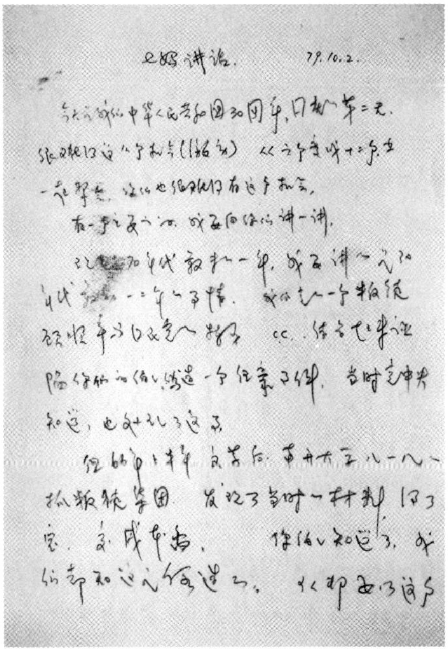

△ 我为七妈讲话作的记录稿

12日江青收到材料后，如获至宝，不做任何调查研究，突然于5月17日给林彪、周恩来、康生三人写了一封信，把伪造启事的抄件摆在他们面前，信中说：“他们查到了一个反共启事，为首的是伍豪（周××），要求同我面谈。”5月19日，周恩来在江青的信上批道：“伍豪等脱离共党启事，纯属敌人伪造”，“我当时已在中央苏区，在上海的康生、陈云同志均知为敌人所为，故采取了措施”）。当时我们都明白这是伪造的，是“四人帮”要以这个事来陷害你们伯伯，有人就知道是伪造的，就拿了当时的证据交给毛主席，毛主席说这是当时敌人伪造的，不能相信。

这事是在1932年2月18日左右，在上海的几个大报纸上都陆续刊登了“伍豪等脱离共党启事”，下款是伍豪等243人，但没有第二个人名。

其实，1931年12月你伯伯已到了江西的中央苏区，这个声明是叛徒顾顺章和国民党特务共同假造的，他知道伍豪这名字在人民群众中不知道，而在共产党内是知道的，他要制造混乱，给人们一个共产党内出现了大批叛徒的假象，达到煽动党内同志动摇的目的。而且他还要报复，为什么他要报复？顾顺章这人原来在党内是做情报保卫工作的，他知道我们党内的组织、人员等机密。一次他去汉口办事，不注意隐蔽，还去变魔术，被国民党C.C.特务抓了。被捕后他叛变，一定要见蒋介

△1979年10月2日，七妈在西花厅后客厅与我们姐弟六对讲了“伍豪事件”的原委

石才讲出我党机密。这事当时就被我党中央知道了，中央机关和工作人员立即转移，但他的家属都认识我们的人，为了免于后患，防止我中央机关被全部破获，我们对他的家人都进行了处置，保了密，中央的局势才得以转危为安。但顾顺章为了报复，在报上登了悬赏捉拿周恩来的启事，想用金钱收买叛徒告密，都未能达到目的。这样又与国民党特务想办法登了“伍豪脱党”的启事。

对这份在各大报上都刊登的启事，怎么向社会说明是假的呢？当时在上海的中央同志很费了周折，采取了侧面说明的办法，在上海《申报》登了报馆广告部的启事——“伍豪先生鉴：承于本月十八日送来广告启事一则，因保人否认担保，手续不合，致未刊出。”用这办法来公开讲明原来的启事是假的。

接着，党还采取了更加明确有力的公开辟谣的办法，用你伯伯另一个别名周少山的名义，请法国律师巴和代登启事，以否认伪造的启事。1932年3月4日的《申报》上刊出了

《巴和律师代表周少山紧要启事》。启事说，“兹据周少山君来所声称：渠撰投文稿曾用别名伍豪二字，近日报载伍豪等二百四十三人脱离共党启事一则，辱劳国内外亲戚好友函电存问。惟渠伍豪之名除撰述文字外，绝未用做对外活动，是该伍豪君定系另有其人；所谓二百四十三人同时脱离共党之事，实与渠无关；事关个人名誉，易滋误会，更恐有不肖之徒颠倒是非借端生事，特委请贵律师代为声明，并答谢戚友之函电存问者云云。”这第二个声明，在党内外又进一步澄清了问题。

1967年5月，你伯伯为了要抓紧时间澄清问题，让西花厅的所有工作人员通通翻阅30年代的报纸，找到了当时伯伯已不在上海，顾顺章叛变、报复，党中央安排的《申报》广告部刊登的不能给伍豪刊登启事的声明以及巴和律师的声明等资料，就充分说明问题了。

你伯伯写了非常详细的信给毛主席，还附了当时报纸有关的影印件。这些影印件洗了十几本，并分送当时的中央领导人，毛主席当时批：“阅，存中央文革。”

七妈很郑重地接着说：

1972年6月的批林整风汇报会上，毛主席告诉周恩来最好向会上的二三百名高级干部说清楚这件事。会上你伯伯讲话，还有三十年代我们党中央在上海的领导人陈云同志也有讲话证实了这问题。在这个会上决定：根据中央政治局和毛泽东主席的意见，把这个讲话录音和根据录音的记录稿以及有关的文献材料，都作为档案，保存在中央档案局。同时，各省、市、自治区党委各保存一份，以便党内都知道这个问题的真相，避免今后有人利用它制造事端。但是这决定后来根本未做到。

现在“四人帮”已经粉碎了，组织上要搞一套材料，详细说明这件事。你们如今都已长大成人，也该知道这件事的来龙去脉。

我们现在革命取得成功，“四人帮”也粉碎了，我们还要纪念那些为建立新中国而献身的无名英雄们。在顾顺章叛变后，我们怎么能很快得到消息，迅速转移，挽救了中央的？是因为我们有地下党员在国民党C.C.特务机构做机要员，就是现在的电影导演钱江的父亲钱壮飞同志！他得到消息，马上赶到上海去向党中央报告，后又去了中央苏区，对革命做了很大贡献。可惜长征途中，在贵阳大休息时，再也未得到他的消息，牺牲了。我们纪念他，我们应该对烈士、先烈们给以怀念。

我们过去革命时，只想如何打败日本侵略者和国民党反动统治，要建立人民当家做主的新中国，随时准备献出自己的一切，直至生命；根本没有想过能活着看到新中国的建立，更没想到做什么官，比起那些为革命献身的同志，我们只是幸存者，是从死人堆里爬过来的幸存者，只有认真工作的责任，没有享受特权的权力。所以你们也同样应该认真工作，不争名，不争利，要想到过去的无名英雄，更要向千千万万个先烈们学习！

七妈谈了这一事件后，我们似乎又成熟了一些，对有关“伍豪事件”更加关注，也不断地翻阅了一些文献资料。

对这一事件，伯伯一直放心不下，因为1972年6月中央会议上关于将伯伯的讲话录音及录音记录稿存入中央档案馆，并发各省、市、自治区党委各保存一份的决定，一直被“四人帮”一伙拖延搁置起来不办。他们还继续派人在上海寻找所谓“伍豪事件”的材料。他们还大搞所谓“批林批孔批周公”“评《水浒》，批投降派”，等等，矛头都指向了伯伯。

1975年，伯伯病情加重，9月20日准备进行手术治疗。可伯伯却迟迟不肯进手术室，他唯恐“四人帮”还会在这个问题上兴风作浪。他要来了讲话录音记录稿，用他颤抖的手，签上了自己的名字和报告日期，并写上了当时签字的时间和环境是“1975年9月20日，于进入手术室之前”。这说明伯伯对此事十分关注。在进入手术室时，他又大声说：“我是忠于党，忠于人民的，我不是投降派！”我想，他是担心自己万一下不来手术床，一定要在生命的最后时刻向人们发出自己内心的呐喊，捍卫自己历史的圣洁！但直到他与世长辞时，这件事竟成了他生前未了的遗愿！

“文革”结束后，一些党史工作者对“伍豪事件”进行了深入细致的调查研究，获得了大量确凿的证据，才使这一事件的真相彻底大白于天下。

二、伯伯送照片向我道别

伯伯和七妈平时吃的都很简单，有机会时我就想帮他们也改改口味。1974年我调回北京后，学会了腌咸鸭蛋，腌得蛋黄油很多很亮，腌的很成功，就拿去给伯伯和七妈品尝，他们吃了都很高兴。那时我的工作单位在北京首饰进出口公司，一次下乡组织出口货源时买了二斤国内不好买到的栗子（那时要用来出口换外汇）。到西花厅后，我一进门就把包放在了门厅，七妈看见后说：“你这包里带了什么东西，这么沉？我看看。”她打开一看是栗子，很高兴。由于她平时也吃不到，就抓了两把去厨房，留着做菜时候用。

5月31日上午，我接到七妈打来电话，说伯伯约我中午去西花厅与伯伯七妈一起吃午餐。

到了西花厅后，我看到永远衣冠整齐、随时准备办公、外出或开会办事的伯伯，今天穿着睡衣来到客厅，心情很放松。以为他总算有点自己的休息时间了。不过，伯伯消瘦的面庞上又添了几许老年斑，眼神也显得疲惫。

见到七妈，我赶紧问发生了什么事？七妈笑笑说：“是你伯伯让我打电话，还亲自叮嘱烧饭师傅，今天秉德来，加个菜！”

△ 1973年4月23日，伯伯在大寨

饭桌上，伯伯显得特别放松，没像往常那样快节奏。他微笑地递给我一个两头弯弯的面包：“秉德，你先尝一尝这个面包。”

我咬了一个角，又香又酥，到嘴即化！

“怎么样。好吃吗？”

“真好吃！”我又咬了一大口，连连称赞说，“几日不见，大师傅的手艺又上一层楼！”

“哈哈，这可不是大师傅做的！”伯伯乐了，“这是地道的法式羊角面包，是小平同志刚刚从法国带来送我的。他还记得我们在法国留学时，都喜欢吃这种皮酥心软的面包。”

伯伯吃得很少，放下碗筷，他没有离席，好几次为我夹菜！余光中，我发现伯伯一直在看我，那眼神显得格外温柔、亲切。这在过去是很少有的，往日他吃饭总是很快，无暇聊天，无论是家庭聚会，还是与西花厅的工作人员会餐，他也总是第一个离开。一是为让大家不拘束、多吃点；另外他也的确太忙，他总是快步走进办公室，忙他的去了。

吃完饭后，伯伯告诉我：“我现在有点病，明天要住院一些时间，以后见面机会少了，送你两张我和你七妈去年在大寨的照片。”

“谢谢伯伯！”我高兴地接过照片收了起来。在我记忆中，伯伯除了送我手表、自行车（一半由我自费）、七妈拍摄庐山风景照片、毛主席像章、《毛主席语录》、精装《毛选》四卷等外，这是伯伯又一次亲自送给我照片。那手表是50年代，伯伯看到上海能在国内首先制造出手表，为国产品牌高兴。也为了支持民族工业发展，自己花了120元购买了一块上海牌男表。后来上海手表厂造出了坤表，他又花60元买了一块上海牌坤表送给我。

送了照片，伯伯又嘱咐我说：“你以后除了认真工作，还要好好教育沈清、沈桐两个孩子。对孩子不要交爷爷奶奶带，老人带孩子容易娇惯。你们要自己带，不要娇惯，要认真教育，但也千万不要打骂，打骂的结果只能适得其反。”

以后回想这次的见面，其实，伯伯是在向我道别！送的照片，是给我留下的永久纪念！但当时，我完全没有意识到！还以为伯伯到医院调养些时日，就可以又像以前那样精力充沛的工作了！我还很认真地对伯伯说：“伯伯，这回您可是想通了，您忙了一辈子了，也没有

△ 1973年4月23日，七妈在大寨

机会好好去休养一下。这次去住院，您就好好养养身体吧！您的身体底子好，就是缺少休息。到医院白天体检，晚上好好睡个完整的觉，如果能坚持半个月，不，最好能休息一个月，您又能像过去一样精神焕发了！”

伯伯答道：“我争取吧！”

多少年来，我一直庆幸伯伯有个健康的身体！他有过人的精力，敏捷的动作，走起路来步伐又快又有力。冬天他衣服也穿得十分单薄，去机场迎接外国来宾，就是严冬，他也不戴帽子。常常伯伯在西花厅前厅站起身向外走，身后年轻卫士赶紧跟上递大衣，伯伯边走边穿，常常左手一伸，右手一套，穿大衣的工夫，人已经走出七八米迈步出门。卫士如果不小跑两步就赶不上给他开车门。

记得成元功说过：1965年3月23日伯伯率中国党政代表团抵达罗马尼亚，24日参加乔治乌·德治主席的葬礼。清晨，他向总理报告，今天很冷，外面气温已达零下18度，您的中山装里一定穿上毛裤和厚毛衣。伯伯平时在国内，最冷的天也从没穿过毛裤。伯伯反问道：有这么冷吗？正巧，他的俄文秘书马列一身雪花从外面跑进来。伯伯就问：马列，外头冷不冷？还是体壮如牛的毛头小伙子马列回答说：不冷！于是伯伯就不肯穿毛裤，成元功坚持了半天，他只在衬衣外多穿了一件毛背心。

在步行送葬的数公里路上，大雪纷飞，寒风刺骨，队伍行进十分缓慢，再加下葬仪式，在户外呆了将近5小时！东欧许多国家首脑穿着圆圆滚滚，厚厚的皮大衣，毛茸茸的皮帽、皮手套，还一个个冻得鼻青脸肿直跺脚。而呢子大衣里只穿一身中山装和一件毛背心，在整个队伍中独一份的单薄精干的中国总理，脸色红润，表情从容，身体笔挺，步履稳健，那份英俊和洒脱，令许多外国首脑惊讶和羡慕，私下里还有人向翻译打听：周恩来吃了什么药，会有如此神奇的抗寒能力？

知道实情的成元功急坏了，马列也吓坏了，大家都料定回国后总理一定会大病一场！可也真神了，伯伯回来后啥病没有，照样黑天当着白日，连轴转地开会、见外宾、批文件。成元功和马列这才松了口气，大伙都打心眼里佩服伯伯的身子骨真棒！

但自“文革”以来，他既要维护党的稳定与威望，又要不断地保护和“解放”老干部，更要顾及全国八九亿人口的衣食住行等国计民生。他太劳累了，也太伤神了，对身体健康的损伤太大。我听七妈说过，伯伯最近常发心脏病，所以听到伯伯要住院，我只想到他有时间睡觉了，只要睡觉好，他的心脏就能恢复往日强劲的“力量”，压根没往坏处想，更没想到这竟是我倒数第二次与伯伯见面。

如果那时我知道伯伯已经得了膀胱癌，知道第二天伯伯就要上手术台，我恐怕就不会那么轻松了！可是，我真的一点也不知道！

“秉德，你妈妈身体好吗？算起来，我们也已经有七八年不见面了！”伯伯的语调很有些感叹。

“妈妈身体还行，就是总念叨爸爸。”我原本小心地避开这个可能让伯伯心烦的话题，硬压着自己内心对爸爸问题的担忧，现在伯伯提起，我就忍不住放开讲了。因为我知道伯伯的心特细也特善，爸爸被捕后，他从来没有在我爸爸和妈妈之间画等号。

记得1968年爸爸被抓后，在伯伯和七妈的教育下，我们六姐弟都明确表了态：如果周同宇真是特务，我们就与他断绝一切关系；如果经过审查不是特务，他还是我们的爸爸！唯独妈妈想不通，她常向我们叨叨：要说你爸爸这人糊涂，这就算了，可他怎么会跑到“特”字上去了呢？怎么陷进去的？去聚餐时他知道他们是特务吗？你们想想，他已退休，60多岁，年纪不小了，拿着人民的退休金，好好养老多好，为什么还干那些事？我们从最坏处打算，一条一条向妈妈讲明专案组提供的爸爸的“罪状”，妈妈总是你说你的，她有一定之规：你爸爸这个人就是是非不分，就是瞎热情，对不知底的人也热情！他要是真的干特务，就不想想他哥哥和儿女们？你们的爸爸，你们也不是不知道，他平时讲话和思想认识也很革命呀，怎么可能是这样的？

我回京生孩子，去西花厅看伯伯和七妈时，他们问到家里情况，我便把妈的“活思想”和盘托出。在讲妈的情况时，伯伯一直静静地听，没有任何表示。但当我讲到小妹看不起妈，说她不是党员，太落后，至今与爸爸划不清界限时，伯伯一下提高了声音：“怎么能连自己妈妈都看不起！你当姐姐的，一定要教育她们，妈妈不是党员怎么了？她是你爸爸的妻子，对问题认识不足，这不奇怪，可以帮助她嘛。但无论什么时候都要记住，是妈妈把你们送到了这个世界上！”

伯伯接着说：“秉德，我知道你妈妈对我不理解。哥哥当总理，却不为亲弟弟说话。其实，平心而论，你爸爸被隔离审查已经6年多了，难道我这当哥哥的是铁石心肠毫不关心？当然，如果是国民党，可能不用开口，也有人看面子赶紧放人了；可我们是共产党，是有组织原则的！只能依靠组织，耐心等待。你是老大，要和秉钧把兄弟姐妹团结好，也要多多劝慰、关心妈妈。我想，你爸爸的问题总会搞清楚的。”

坦白地说，这是伯伯最后一次单独与我谈心，而且是以对同志的态度而非长辈教育晚辈的口吻。当时我心灵受到了极大的震动，郑重地点头承诺。是的，只有在旧中国，在封建王朝和国民党里才会官官相护，“一人得道，鸡犬升天。”我们是共产党，当然不应该做违反党性原则的事情！

直到粉碎“四人帮”后，我才知道伯伯当时的险境。

在刘少奇被打倒后，伯伯就成了“四人帮”的眼中钉，而“伍豪启事”就是“四人帮”黑白颠倒，企图把伯伯置于死地的一把毒剑。他们利用手中篡夺的权力，把一个明明是早有结论的事，既有当年江西中华苏维埃政府发布的公告（“伍豪启事”是敌人造谣，周恩来早已到达苏区），也有当年《申报》上律师发表的辟谣声明在，更有当年留在上海的党内同志在，但“四人帮”依然翻出来制造事端，煽动不明真相的群众，不断地在社会上散布“周恩来是叛徒”的舆论，妄图达到“谎话说一千遍就能成为真理”的目的，从而把伯伯打倒！

从张颖阿姨的回忆中，我更了解了伯伯的苦衷。

“文革”期间，原来的体委主任荣高棠也在被隔离审查，他的儿子小乐天心脏病发作，生命危在旦夕，在半昏迷状态中，嘴里一直在喊着爸爸。守在一边的妈妈以泪洗面，心都要碎了，万般无奈，只有给总理写一封信。她知道张颖曾经给总理当过秘书，便恳请张颖把信送到西花厅，希望总理批准荣高棠去医院一趟，让父子见上最后一面。第一封信送去，毫无音讯；第二封信送去，石沉

△ 抗日期间在重庆的中共中央南方局机关是一个革命的大家庭。1941年，七妈将她怀抱荣高棠之子“小乐天”的照片贴在墙报上，伯伯欣然在上面题诗，称七妈为“大乐天”，自称“赛乐天”，表现了高度的革命乐观主义精神

大海。张颖不忍心看着小乐天不停地呼唤，又第三次走进西花厅，那天，正巧总理在家。

“我已经批了两次了，怎么还没让荣高棠去医院？”伯伯吃惊地反问，立即提笔在信上批了同意的字样，按铃让秘书取走时叮嘱，“事不宜迟，不能按常规办了，你拿着这封信，直接去荣高棠关押处，说我已经批准了，立即让荣高棠到医院去！”秘书走了，好长一段时间里，伯伯一直没有开口，他眉头紧皱，双臂抱在胸前，在办公室踱步，以此平静自己激动的心情。好一会，他才深深叹了一口气，说：“张颖，为了小乐天，让你接连给我送了三次信，你知不知道，对这些被审查的老干部的事，要政治局7个人签字才能生效啊！”

张颖阿姨非常熟悉我伯伯的组织纪律性，遇事他总是自己承担责任，作为他的下级，她从没听我伯伯谈论过领导层的事，这真是唯一的例外！

至此，我更明白了，在外人看来，尤其是林彪垮台后，伯伯地位显赫，已经是“一人之下，万人之上”，仿佛应该说怎样就能怎样！所以，有些“文革”中被关押数年的老干部也不免埋怨说：“我是什么人，你周恩来能不了解？关我一年、两年，说你出于无奈，可你为什么关我七年、8年？”殊不知，一向不会搞阴谋诡计，更不会拉帮结派的伯伯，充其量只是政治局7票中的一票，他并没有决定权。他总是在等候时机，利用时机，抓住时机，争取毛主席的同意，分期分批地解放干部！说实话，荣高棠最终与儿子见上了最后一面，与其说是伯伯的权力所致，倒不如说是他在解放军中的威信和声望所致！

那天，伯伯仿佛很愿意继续谈下去，倒是我担心伯伯身体不好，应该休息了，就主动告辞了。离开西花厅，我心情轻松极了，嘴里情不自禁哼唱起《洪湖水浪打浪》的老歌，仿佛回到十几年前，我按七妈的“布置”，在大门口迎到伯伯，陪他一块散步回家——心情放松的伯伯，总爱用受过伤的右手打拍子，字正腔圆地唱起《洪湖赤卫队》的插曲，我挽着伯伯胳膊，和着伯伯的节拍边走边唱……

是呀，我从小就认为伯伯能休息下来就能身体好，所以1974年我才会认为伯伯肯住院就好了！因为伯伯最大的问题是没有时间休息，没有时间治疗，只要能住院，能休息下来，就没有治不好的病！我从来没有把伯伯与可怕的癌症联系起来，总认为癌症是痛苦、忧郁的人才会得，而我的伯伯永远那样精神抖擞，神采奕奕，充满乐观、信心和力量！他与癌症应该无缘！

第二天，伯伯住进了305医院，到逝世前的19个月零8天中，只回西花厅家中两次：1975年5月20日，我接到七妈电话，赶往家中与伯伯见面交谈，看到伯伯虽然瘦弱，但两眼仍炯炯有神，绝无老态龙钟之感。心中很宽慰，盼望他能早日痊愈出院。过了不到一个月，6月15日，伯伯又回家一次，只有秉华与伯伯见了面，这成了其他兄弟姐妹的极大遗憾！

那两张伯伯和七妈在大寨虎头山上的照片，是在我与伯伯倒数第二次见面时，伯伯住院前夕亲自送给我的纪念，我常恨自己太傻太憨，竟然一点儿不知道死神已经逼近伯伯，他心里非常清楚地在与我作别！

三、我与伯伯最后一次通电话

1972年5月12日，医生在伯伯的尿液中发现了4个红血球，5月18日被专家确诊为“膀胱移引上皮细胞癌”。1973年1月13日，医生发现他“血尿”，经过化疗、电疗后，同年10月再次出现血尿。但因当时的政治形势不同寻常，患重病的他非但未得到进一步治疗，反而受到批判。“四人帮”抓住这一次机会开会，狠狠地整了伯伯十多天。伯伯却一边受批判，一边还要为人民不停地操劳，哪里有时间治疗呢?

如果1972年5月发现了膀胱癌就立即住院治疗；如果1973年1月发现血尿就及时停止工作，认真治疗；如果1973年10月再次发现血尿后，工作虽然劳累，但心情能舒畅些；如果……伯伯的病会这么迅速地恶化吗？他的生命历程会是仅仅78年吗？他原来的身体是多么棒啊！

我于1965年随军调离北京，1974年初又随军调回北京，这期间也曾出差来过几次北京，每来一次就看到伯伯的老年斑又多出几块，面庞又消瘦一圈，白发又多了一些，但却永远不给人“老态龙钟”的感觉。而我当时，却不知道他已得了不治之症。

1974年1月我回到北京后，伯伯见到我很高兴，问我在外地的工作情况、单位情况、孩子的教育等。由于伯伯的病情是绝密的，七妈并没有告诉我伯伯得了绝症，只是说，伯伯现在身体不大好，有时小便排不出来，非常痛苦。我没有医疗常识，根本想不出这事情的严重性，只是希望伯伯能有机会好好休息一下，积极治疗，总会好起来的。

△“文革”中，伯伯苍老了很多

而实际上，到1974年5月上旬，病理报告单上写着“发现脱落的膀胱乳头状癌组织块”，说明肿瘤长大较快，癌组织坏死脱落，或许是恶性肿瘤发生转移的信号。医生向当时的中央领导紧急汇报病情，请求中央下决心批准伯伯及早住院治疗，但他仍然要接见完几批外宾，处理好一件件难题，才能考虑住院的事。

伯伯住院后，我常常去西花厅看望七妈，并提出要去医院看望伯伯。七妈却说：“不行呀，中央有规定，为了保证他的治疗，除中央政治局委员（按：其实这时大部分成员已是中央文革小组成员）外，只有我可以去看他，我会把你的关心和问候带给他的。”我奇怪，我去看望一下，会影响对他的治疗吗？

1975年5月12日下午，我接到了原来曾担任伯伯保健护士的王力的电话，说有急事找我。我一下就赶到她在北京医院宿舍的家。她说：“昨天总理到北京医院来看病人，事先通知我们几个曾在他身边工作过的医生、护士在他路过的走廊里见面。我们几个都很高兴，因为离开他多年了，他还想着我们，我们当然特别想见到他，都提前早早地等着他。他来了，我们大家都高兴地与他交谈，请他保重，养好身体。他走着走着突然转身问护士郑淑芸：‘小郑，你说我还能不能活一年？’他转身的动作非常快、有力，不像是身患重病，但他的性格是不会轻易说出这种话来的。当时几个女护士都哭了。我们一夜未睡，想来想去只能找你了，你得去见他，他有病，要积极治疗，但是这种情绪会影响治疗效果，对身体非常不利。”

我一听也急得直哭，这对我来说太突然了。当即就去了西花厅找到七妈，请她联系一定让我去见伯伯，要去“批评他说的错话”。七妈见我这么着急，又要遵守原有的规定，只得叫通了电话，让我在电话里与伯伯好好谈。

伯伯在电话里的声音还比较有力，知道是我就亲切地问：“孩子们好吗？跟你们住吗？”他希望我们自己带孩子，不要太依赖爷爷奶奶，所以上来就问这个。

伯伯接着问道：“你妈妈好吗？她忙不忙？”

我心里憋着话，回答了他的几个问题后，就立即主动说：“我今天打电话是为了纠正伯伯的一句错话和错误想法的。”

伯伯一直是我最敬仰、最崇拜的人，对他的话，我从来都认为是绝对正确和极富智慧的，从没有过任何怀疑。今天我忽然要来“纠正他的错话”，他也着实没有想到，忙问：“怎么了？”我理直气壮又非常心疼地说：“伯伯去北京医院见到几位医生、护士说了一句什么话？”

伯伯当然立即就想到了昨天的情境，却故作轻松道："开个玩笑嘛，有什么？"

我急不可耐地告诉他："哎呀！伯伯你不知道这句'玩笑'的后果！"

他却问我："你从哪儿听到这句话的？谁讲的？"他这话本身就说明确有其事了。

我顾不得正面回答他，而只是告诉他："我知道了这话，而且知道小王、小郑、小焦几个人都哭了，一夜未睡，今天告诉了我。我一听也急得哭了！"

"这有什么好哭的，我是开个玩笑。就是真的这个样子也是应该想象得到的。共产党员应该是辩证唯物论者，人总有那么一天，活了77岁了，还不够吗？天有不测风云嘛！"伯伯在开导我，也在给我打预防针，让我有这种思想准备。

"不够，不够！这是党和国家的需要，伯伯还应为革命多做贡献！"

"我是在努力了，但不能对我要求过急。我自从去年6月1日住进医院，已快一年了，一直不见风雨。现在我成了温室里的花了，生命力就不强，只有在大草原，在广阔天地里的花朵，才长得壮，活得好。"

"那伯伯就不要住在医院里了，回家里来住吧！"

"这你可要问七妈，这事由不得我呀！再说家里的温度也不一定适合我。"

"那伯伯就走得远一些，到南方去疗养一段时间不好吗？现在整天接触的都是医生、护士，总是想着病的事，心情怎么能好呢？"我实在是太天真了，其实他那时怎么能离得开医院、医生和护士呢？

伯伯又耐心地告诉我："疗养不一定对我合适，医生、护士也没有总用病的事来缠我。但你说的周围都是医生、护士，这倒说对了，现在就是医生、护士太多了，我反而要做他们的工作了，要想着如何去对付他们！"

“我希望伯伯从两方面做出努力，好吗？一个是希望伯伯能在晚上睡觉，白天活动活动，见见阳光。”伯伯的习惯是夜晚办公，白天睡几个小时觉。

“我这里的房子你也不了解，有个走廊，房里冬天还能见到太阳，现在慢慢地也见不到太阳了。我还不能一下子就到露天去见太阳，一年没到室外了，还得慢慢适应才行。这房子就是不透气，密闭，因此换空气的事麻烦一点儿。”

“我的第二点，是希望伯伯能适当地做点体操锻炼，七妈坚持做体操，身体就很有好转。”

“体操适合她的身体、她的病。”

“那您也可以根据病情，做些相应的运动呀！”我还是这么不开窍地瞎出主意。

伯伯也只能无可奈何地应付我说：“这可以努力。”然后他又开导我，“你看，我的一句玩笑话，我想他们几个都向我问过好，我去北京医院看病人，有机会就见见他们，见了以后随便脱口而出。我想着以后不知什么时候见面。就随便问了小郑一句，其实小郑又不了解我的病，我问她干什么？就是开个玩笑，这有什么？随便一句话，就引起了一阵小风波！”

我急忙辩解说：“是大风波，不是小风波！”

“不就是你们几个人嘛？”

“人数是不多，但在我们每个人的心里都是大风波！”

伯伯严肃地说：“不能这么说，只有对伟大领袖才能有这样的心情。别人谁没有了，都可以有人代替，要相信我们的干部。”

“可我是出于家人的心情呀！”

“对家人、对亲人也不要这样，要想开点嘛！人都总要有那么一天，怕什么？”

我仍然认为伯伯有这样的思想负担，就会影响他的身体和治疗，再次恳求道：“伯伯，您一定要自己注意身体，做好治疗，那句话也千万别随便说了，这种玩笑，别人经受不住，这心情对您健康也不利，好吗？现在您累了。休息吧，人骅问您好！”

“好，你问他好！他工作忙吗？”

“他还好，就是工作忙。”

伯伯又问道：“两个孩子好吗？不要把他们养娇了，你要注意这个问题。你现在在哪儿工作了？”从我随军调回京，到伯伯住进医院时，我的工作还未落实，所以虽然此时我已工作近一年了，他还不清楚我在哪个单位。

“我被分配到北京首饰进出口公司工作，属北京外贸局。”

“那你要研究哪些东西出口，成本又低，换取外汇又高？要利用农村的东西多出口，又增加农民收入，又给国家创造外汇。你要在工作中好好学习呀！”

我实在担心伯伯太累了，就忙说：“伯伯休息吧，我谈的时间太久，您累了。”

“我马上要见外宾，不公开的。”

“七妈马上要去看您的。”

“我等她，让她快来。好，再见。”

这次电话谈了大约半个小时，我说了我想说的话，心情轻松些，但同时也增加了思想负担。看来伯伯的病情肯定不一般，不然他住院不会这么久！特别是他的那句话，他不会轻易这样说的。

四、因为一时疏忽，我没能与伯伯见最后一面

在与伯伯通电话后，我仍对七妈要求去看他。功夫不负有心人。过了一个星期，5月20日，我在办公室午休，忽然听到电话响。一听是七妈打来的，她说告诉我一件高兴的事：“伯伯今天有事离开医院一段时间，下午可回西花厅家里坐一坐，你不是想看他嘛！你也来吧！”

我立即请了假，骑车赶到西花厅。看见伯伯回来了：他的脸庞更加消瘦，头发更加灰白，走路慢了，眼神的光芒也稍显暗淡了，但衣

△ 1970年5月20日，伯伯、七妈与工作人员在西花厅合影

服依然平整，身板儿依然笔挺，神态也显得轻松，给人以信心！我想他很快会好起来的，急忙奔过去紧握住他的手："伯伯您好！您什么时候可以真的回家呀？"

"这可由不得我，要听医生的呀!"

我一看，医生、护士都跟着回来了，随身卫士们也回来了，并在他就座的沙发前摆了一个有斜坡度的小木墩，好让伯伯放脚。以前从未见如此，看来又是为了他的病。但伯伯还是显得很轻松地与我们聊天，平时不大见到他的那几位秘书们，也都早就过来等他、看他、与他谈话。大家都关心伯伯的身体，问他的饮食怎么样？睡觉好不好？是否可以改变原来的作息时间，晚上睡觉，白天适当安排一些活动……

"你没把孩子带来吗？"伯伯问我。

"我们担心影响您的身体。"

"我好久没见到他们了。"伯伯的口气中不无惋惜，他扳着指头算道，"沈清是1965年出生的，今年该上三年级了；沈桐是1968年出生的，今年也该上学了吧？"

我眼睛一下子湿润了，心里直埋怨自己太拘谨，也直后悔没把两个儿子带来，让伯伯享享当爷爷的乐趣！

过了最多一个小时，伯伯说该回医院了，我俯在他耳边小声请求道：“伯伯，我跟您照张相，行吗？”

伯伯握着我的手，轻声回答：“你瞧，家里有那么多老同志和医生护士，咱们下次再照吧！”

我听话地点点头。回想起来，我只在1964年结婚以前与伯伯合过影。60年代，包括我和人骅结婚后，我们带孩子去中南海看他，“文革”期间我也多次进中南海，与伯伯多次交谈过，但都没再拍一张照片。按当时的规矩，像伯伯这样的党和国家领导人，都是由新华社记者为他们拍照，底片统一归新华社存档。我从来是守规矩的人，因此我从未将伯伯送给爸爸的“卓尔基”相机拿到西花厅去与他拍照，而新华社摄影记者又并非随时都在。所以，这么多年中，虽与伯伯照过相，但却是与家人一起的，我很想再拍一张单独与伯伯在一起的，特别是站在他身后的照片。

不出一个月，6月15日，星期天上午，七妈给我家打电话，说今天上午伯伯又可回家来了，让我去，并通知在京的妹妹秉宜和弟弟秉华都可去看他。而我当时正在离城很远的家中接待丈夫一位多年未见面的老同学，给他们做饭，心想不到一个月，伯伯又可以回家，说明身体已有好转，下一次可能就出院了，出了院，我看伯伯就容易多了，那么我这次就不去了。结果，这天只有秉华去了。

七妈有严格的组织纪律性，可也十分看重亲情。伯伯住院时，她坚持按照中央的规定，不让亲属去探视，也从来没有向我透露一点伯伯病情的严重程度（如果我知道伯伯的体重只剩61斤了，还要经受手术之苦，那天我无论如何都会去西花厅的）。可一有伯伯回西花厅的机会，她立刻通知伯伯在北京从小看大的侄女，想让伯伯得到一点亲情的安慰，也能满足我们想见伯伯的迫切心情。她那个身份，那个经历，能做到这样，实在是无可挑剔的！

可是，我却与这样一个难得的机会轻易失之交臂。我在想，看着我们两个在西花厅长大的孩子都没去看自己，伯伯的心里一定会隐痛的。如果我们去，伯伯可能会与我们拍一张最后的照片——因为上一次见他时，我提出要与伯伯合影，伯伯贴在我耳边轻轻说：今天人太多，下一次吧！这次他清楚自己的病情，也许是最后一次回西花厅了，也许会安排我们合个影。当然，这种近似永别的团聚，伯伯更可能要给我们说点什么，可能说到对爸爸问题的看法，也可能对远在边疆的秉和、秉建提出一点什么希望……即使什么也不说，我们的到来，对伯伯也是一种亲情的慰藉，一种天伦之乐的团圆。

但我绝没有想到，这次没有见到伯伯，造成了我终生的遗憾！从此再也见不到我敬爱的伯伯，再也没有机会拍一张站在他身后的照片了！一直到他去世后，我才得以站在他身旁，泣不成声地与他拍了最后一张照片。

五、抱病坚持工作的伯伯忍辱负重，力挽狂澜

随着时间的不断流逝，越来越多在伯伯领导下工作过的人都已双鬓斑白，也大多步入古稀之年，住进了干休所，迈入了离休干部的行列。可是，强烈的责任感和使命感仍使他们无法忘记过去的日子。他们口头讲，挥笔写，使伯伯许多鲜为人知的事情公布于世，让我一步又一步进入到伯伯的内心世界，使我受到了一次次强烈的震撼！也更使我掂量出伯伯苦涩辉煌的分量。

1971年9月13日林彪乘飞机外逃，伯伯立即停止在人民大会堂正在开的会议，紧急处理这一事件，并规定所有人员不得离开。有人立即提出用导弹打掉。毛泽东主席摇摇头：天要下雨，娘要嫁人，随他去吧。而伯伯抱着最大的诚意，希望挽回局面，他拿着话筒向林彪乘坐的三叉戟喊话："林副主席，无论在国内哪个机场降落，我周恩来都去机场迎接。"接着，为了处理这一突发事件，伯伯吃住在人民大会堂，几乎整整三天三夜没合眼。有一个情节鲜为人知：中国驻蒙古

大使馆派人带回的照片，证实了林彪的确折戟沉沙，自取灭亡。原本弥漫着高度紧张气氛的东大厅里终于恢复了往日的平静。其他人都已经如释重负地离开了，屋里只剩下周恩来、副总理纪登奎。突然，一阵号啕之声如江水崩堤猛然暴发，这是一种长久的压抑到了极限，终于无法再压抑而暴发的哭声，一种痛楚无比、撕肝裂肺的痛哭。纪登奎一下呆住了：不是亲眼目睹，他压根儿不会相信，发出这种哭声不是别人，正是面对墙壁双肩颤抖的周恩来！就是刚才还和大家一样露出久违的笑容，庆幸这不幸中的万幸的周恩来！像今天这样的失控，纪登奎是第一次看见，真感到太意外了，太震动了，以至于平时反应敏捷极善言辞的他，此刻也乱了方寸，话说得结结巴巴："总理，总理，林彪一伙摔死了，这是不幸中的万幸，应该说是最好的结局了，您该高兴才对呀！"讲完他自己才意识到，自己分明在重复着总理刚才讲的话。周恩来回过身来，双肩依然在颤动，脸上老泪纵横，他摇着头，声音嘶哑地反复说："你不懂，你不懂！"这段内容是中央文献研究室的力平同志后来采访纪登奎时，他所回忆的。

林彪坠机后，伯伯除了处理内政外交，还趁机为恢复老干部们的工作做了许多工作，但他自己的处境却并没有变得多好。

1973年11月，因为和基辛格的一次谈话，政治局扩大会议，对伯伯进行了20多天的无情批判，批他"搞外交部独立王国，犯投降主义错误，要当儿皇帝……""等不及了，急于抢班夺权。"江青大叫"这是第十一次路线斗争"。

每一次和美国人会谈，伯伯总是先到毛泽东主席那儿去请示汇报，会谈方案都是伯伯拿去，经过毛主席点头同意。只有一次，因为一切都已经谈完了，基辛格准备早晨7点钟上飞机，5点钟左右他给西花厅来了一个电话，还要和周恩来见面，有些问题还需要讨论。伯伯立即给"游泳池"打电话，但回复说：主席已经睡了。伯伯考虑不见不好，反正按这次谈判的中央精神办事嘛，他便与基辛格再次见面。会谈的全部内容都记录下来，报到主席那里。

第二天早晨五点，正好是张树迎值班。哨兵来电话说：王海容、唐闻生两位要见总理。张树迎赶紧报告。正在批文件的伯伯没抬头只应道："让她们来吧，先在中间会客厅里等一下，我批完文件就出来。"她们坐下不一会，伯伯就出来了。她们拿着前天会谈的记录稿，不同的是，在有些段落下面已经画出了红杠杠。

王海容、唐闻生将有杠杠之处念出来，一一询问伯伯："您是这样讲的吗？"

伯伯一一回答："对，这是记录稿嘛，我就是这个意思。"

谈了个把小时，她俩告辞出门。

11月17日，"游泳池"传来话：政治局会议多加几把椅子，外事口多出几个人，一块儿讨论讨论。但这次会议已经发生了带根本性的变化：过去凡是研究外事口事的政治局会议都是伯伯主持，这次明确指定王洪文主持会议。很明显，伯伯已经被置在了受审席上！

会议在人民大会堂东大厅召开，轮流在外等候的张树迎、高振普明显感到了问题的严重性。原来开政治局会，都是伯伯第一个到会议厅，看看会场布置情况，最后一个离开会场，与会场里的服务员聊会儿家常。这次则不同：是其他人都在会场坐好了，才让伯伯进去。会议结束，第一个让伯伯出来，可会议还继续进行，是研究下一次怎么继续批判。再则，会场外其他等候首长的卫士、医生，原本与张树迎、高振普熟悉且十分客气，这时都仿佛不认识，"唯恐避之不及"。连续20多天，警卫人员不准进会议室，只有服务员能进去倒水。有一回，服务员大刘从会议室里出来，正碰上张树迎在水房里打水，大刘再忍不住强压的痛苦，泪如泉涌地反复念叨："他们怎么能这样对总理！他们怎么能这样对总理！"

有一次，会议开得很长。伯伯该吃治疗心脏病的药了，张树迎管不了什么规定了，他拿着药推门走进会场。会场里的紧张气氛一下把他的心揪紧了：真难以置信和忍受，总理单独坐在大厅的一个角上，前面搁个茶几，一人孤零零地坐在一张单人沙发中。其他人围成一个圈，完全是一个批斗的架势。虽只听了只言片语发言，张树迎便血向上涌，心"怦怦"乱跳，他几乎不敢相信自己的耳朵，却又不能不相信自己的眼睛：似乎众口一词，声色俱厉，都在批伯伯和叶剑英"丧权辱国，投降主义"，"迫不及待抢班夺权！"江青、姚文元还嚷嚷

“这是第十一次路线斗争”。

伯伯每次走出会议厅，总是面色灰白，紧抿双唇，眼神悲凉，步履踉跄，有好多次都是张树迎和高振普迎过去，赶紧用双手插进他的腋下，几乎用尽全力架着他挪步上电梯。成天守在伯伯身边的张树迎和高振普真是心如刀绞：为着国家日夜操劳，功劳都是毛主席、党中央的，错误总是自己揽着的人还被批为迫不及待要“抢班夺权”，还有什么天理！如此黑白颠倒，还有什么真理可言！他们两人私下里已经做好了精神准备：跟着总理一起去蹲大狱！

“文革”初期，在老干部纷纷被抓被斗的时候，伯伯在门厅里挂着一个包，里面放着简单的洗漱用具。他肯定是有过这样的思想准备：真被抓走再无法回来时，就提上这只小包。到了1973年11月，已经身患绝症的伯伯更有心理准备：有人想利用“伍豪事件”，像对刘少奇一样把他打成叛徒。因为一切工作上的错误，哪怕是路线错误，也还是认识问题、是人民内部矛盾，而只有被打成叛徒，才可能定为势不两立的敌我矛盾！所以，一向不爱争名争利的他，在1975年9月20日那次进手术室前，吃完术前药，又在病房里给中央写信，并在进手术室的前一刻，用颤抖的手在所有有关“伍豪事件”的史料上签上自己的名字“周恩来”及当天的日期！

后来我还听一位与会者说过，当时已经身患癌症的总理身体虚弱，右手发颤。他曾向几位与会者提出：我手颤记不下来，你能不能帮我记一下？那位平时谦和笑容可掬的小姐，此刻杏眼圆睁，板着脸怒斥：“那怎么行？你自己的错误，你就得自己记！怎么，你想秋后算账？是批你还是批我？自己记！”而且她们的发言也是慷慨激昂、无限上纲，唯恐批得不彻底。多少年后的今天，我一闭眼睛，仿佛还能看到伯伯那一刻痛楚的眼神，还能体味伯伯以病体承受的千钧压力！

有人告诉我，江青一伙因抓到了批判伯伯的机会，回到钓鱼台就大喝红酒，欢庆胜利！每天碰头策划再拿什么事情做批判内容，如何批得火力再猛些……

据《周恩来年谱》记载：在批判周恩来20多天后，12月9日，毛泽东先后同周恩来、王洪文谈话，提出这次会开得很好，就是有人讲错了两句话，一个是讲“十一次路线斗争”，不应该那么讲，实际上也不是；一个是讲总理“迫不及待”，总理不是“迫不及待”，江青自己才是迫不及待。对江青所提增补常委的意见，毛泽东表示“增补常委，不要”。这样才算未让江青一伙进一步得逞。

粉碎“四人帮”之后，张树迎最少接受记者采访，尤其不愿谈及“文革”。我很能理解他的心情，他跟随我伯伯将近28年，近在咫尺地守护在我伯伯身边。他跟着我伯伯一起辛苦，一起快乐；“文革”中又跟着我伯伯一起苦撑，一起痛苦。1976年1月15日，是他代表西花厅党支部捧着“人民的好总理”的骨灰盒走进人民大会堂；当夜，又在高空严寒的飞机上，滚着热泪一捧捧把人民的好总理的骨灰撒向祖国大地。他过去胸闷揪心，总认为是太累，送走我的伯伯周恩来后，他才知道自己已经得了心脏病。

伯伯被确诊膀胱癌的准确日期是1972年5月18日。

保健医生张佐良大夫了解和熟悉我伯伯的坚强，为着伯伯能注意休息和配合药物治疗，他坚持把真实的病情向我伯伯和盘托出：已患膀胱癌。当然，在中央工作几年的张大夫也有经验，他只字不曾向伯伯提及毛主席的三条批示。

“九·一三”事件后，得了病的伯伯依然全身心地投入领导批林、解放干部、外事迎来送往、谈判签字等，直至当年8月4日尿血，他曾到北京西郊玉泉山边工作边休息了5天。繁重的工作日复一日，伯伯每天几次血尿，痛得在床上打滚，医生真焦心，血压随时可能掉到零！然而接待外宾的任务一直不停，最多时一天还安排两三次。张佐良大夫急了，他找到张春桥冲口而出：“总理有个三长两短，你负得了责吗？”张春桥把嘴一撇，恶狠狠地说：“周恩来不出来接待外宾，造成的恶果你能负责吗！”其实，张大夫很清楚他们平时处理问题时对总理的意见的态度——即便不当面顶撞，也是阳奉阴违！现在这样强调总理的作用，分明以此拖延伯伯的治疗，让病魔充当他们的打手，以达到扫除他们政治障碍的目的！张大夫唯一能做到的事，是

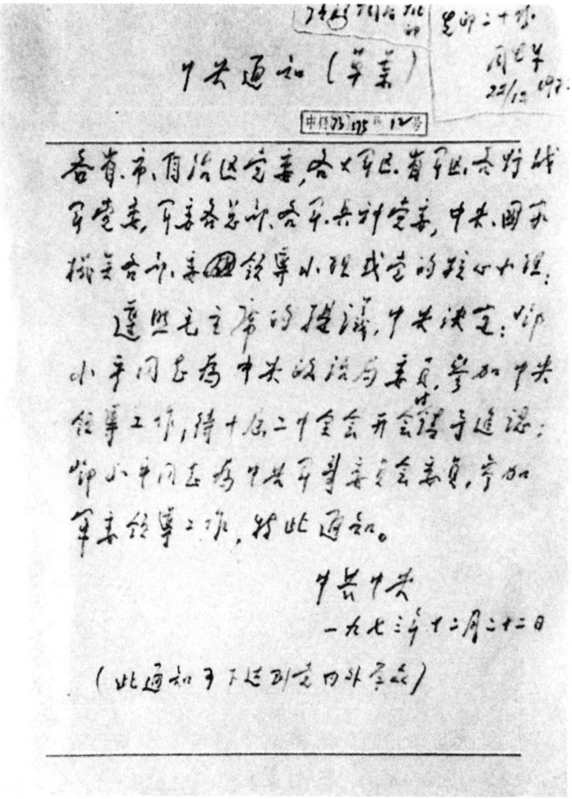

中共通知（草稿）

各省、市、自治区党委，各大军区、省军区、野战军党委，军委各总部、各军兵种党委，中央、国家机关各部委领导小组或党的核心小组：

遵照毛主席的提议，中共决定：邓小平同志为中央政治局委员，参加中央领导工作，待十届二中全会开会时予以追认；邓小平同志为中共军委委员，参加军委领导工作。特此通知。

中共中央

一九七三年十二月二十二日

（此通知可下达到党内外群众）

◁

在伯伯积极推动下，经毛泽东主席提议，邓小平于1973年3月恢复副总理职务，12月进入中共中央政治局。这是伯伯亲自起草的“中共中央关于邓小平参加中共中央和中央军委领导工作的通知”

如实向伯伯汇报。

伯伯听完张大夫的话，脸上丝毫看不出慌乱和愤怒。他平静地让张大夫详细讲述了膀胱癌的发展和治疗方法，就像他平时了解其他领导人患病情况那样，问得十分细。谈完，他又请张大夫把所谈内容写下来，“我需要真正弄懂再想办法”。

1973年3月2日，伯伯约来叶剑英、张春桥、汪东兴，谈了自己病情的发展及检查治疗的问题。三天后，叶帅陪同毛主席接见外宾。送走客人后，叶帅对毛主席讲了我伯伯病情的严重，并拿出了装着伯伯血尿的瓶子让他看。毛主席当即批准先检查、后治疗。3月6日，伯伯去“游泳池”开会，会前，又将自己的病情及检查治疗安排等向毛主席作了简要报告。终于，伯伯以他特有的方式争取到3月10日检查治疗的机会。

△ 1974年5月29日，毛泽东主席与伯伯最后一次握手的瞬间

翻开《周恩来年谱》第582页，伯伯去玉泉山检查病的前一天，即3月9日，做了两件大事：

第一，致信毛泽东主席，汇报中共中央政治局几次讨论关于恢复邓小平党的组织生活和国务院副总理职务的情况，提出：政治局认为需要中央作出一个决定，一直发到县、团级党委，以便各级党委向党内外群众解释。并告：现在小平同志已回北京。毛泽东当日批示"同意"后，周恩来即批告汪东兴，将中央关于邓小平复职的文件及其附件送邓小平本人阅，并对有关内容提出意见。10日，中共中央发出《关于恢复邓小平同志的党的组织生活和国务院副总理的职务的决定》。

第二，主持中共中央政治局会议，根据毛泽东的意见，向政治局简要说明自年初以来病情发展情况。为防止病情恶化，提出检查治疗的具体的步骤。为此，正式向政治局请假两周。

提议：在自己离开的两周内，政治局会议和报告由叶剑英主持和签署；组织、宣传工作由江青、张春桥批办或上报；中央军委事务由叶剑英处理或上报；国务院事务由李先念和国务院业务组处理或上报。关于落实干部政策及干部处理问题由纪登奎、李德生、汪东兴等提出先易后难的方案，送交政治局会议讨论后报毛泽东批准。次日，将政治局会议研究各事报告毛泽东，毛阅批“同意”。

1973年3月10日，是伯伯自从1972年5月18日被确诊为膀胱癌整整十个月后第一次进行对症检查治疗。从这次开始，伯伯先后进行过13次手术治疗，每一次都是他亲自给毛主席打报告，每一次被批准手术后，他总要把中央的工作先安排交代一番，每次都准备永远不能回来，不能延误中央的工作。

我永远感激吴阶平、卞志强和张佐良三位大夫，为了我伯伯，为了人民的好总理，他们将个人的安危置之度外。进手术室时他们已经定下了“攻守同盟”：只要电镜检查时有用激光烧掉癌症原发病灶的可能，不再请示，立即烧。因为治疗癌症，最重要的是抢时间，越早发现、早治疗，效果越好！伯伯确诊膀胱癌已经10个月了，原本发现是最早期，拖到如今，已经是耽误太久，再耽误不起了！为了总理的生命，他们再不能随便放弃这“第一次”。

无影灯下，吴阶平教授从电镜中看清了：总理膀胱内癌症原发病灶只有绿豆大，烧灼方便也有绝对把握。三人无言地交换了一下眼神，吴教授果断拿起激光枪，在电子显微镜下，迅速消灭了伯伯膀胱内癌症病灶！

我经常设想，如果不是他们三位医生的无私和对我伯伯的真挚感情，恐怕伯伯的生命是无法再支撑近三年的！

伯伯十分相信科学，尤其对专家里手的意见，总是十分尊重。就像上了飞机，伯伯就一切听机长指挥，对治病，他都是仔细听取专家的意见。伯伯在发现身患癌症的3年4个月零10天中，前后进行过大小13次的手术治疗，都是根据医生的意见。医生从来不向伯伯隐瞒病情，所以伯伯给毛主席的报告，总是写得十分准确和具体，那种冷静镇定的口吻，仿佛不是在说自己的病情而是说的别人。

当然也有例外。

1974年底，医务人员发现伯伯便中有潜血，需要立即进行检查治疗，那时四届人大在即，为着不被“四人帮”夺权，他必须立即飞往长沙向毛主席汇报。当时他无法对医生说明内情，只感慨道：既然把我推上历史舞台，我就得完成历史任务。

1975年12月康生病逝。从没对伯伯隐瞒病情的医生和张树迎、高振普相约，第一次也是最后一次向他隐瞒了真相：他们为伯伯专门印制了《人民日报》的第一版，替代了当天第一版上康生病逝的消息。因为伯伯每天都要看《人民日报》，病情严重时，他总要让值班的张树迎、高振普或张佐良大夫给他念报纸。而伯伯与康生患的同是膀胱癌，伯伯对康生病情的每一步发展可谓了如指掌，大家担心伯伯看了这条消息产生联想而受到刺激。其实，那天伯伯一直在昏睡，并没有要求读报……

伯伯去世后，七妈也亲口对我说过：“你伯伯是很坚强的，大无畏的。他对自己的病情一直了解得很清楚。对他的病情分析、医疗报告、治疗方案，向主席报告的病情，他都要亲自过目、修改，才送主席。哪里不确切，他要修改。到（1975年）9月20日手术，发现癌症全面转移了，为了避免他受太大的刺激，才不给他看报告了。”

1975年12月底，伯伯生命最后的活动，中央文献研究室编写的《周恩来年谱》有着详尽的记录，也成了我永远的纪念：

> 得知给自己理发多年的北京饭店职工朱殿华几次捎信请求来给理发后，嘱托身边工作人员：来师傅给我理发二十几年了，看我现在病成这个样子，他会难受的。还是不要让他来了，谢谢他了！
>
> 在同叶剑英谈话中嘱咐：要注意斗争方法，无论如何不能把权落到“他们”（指“四人帮”）手里。
>
> 在病痛中，同守候在身边的邓颖超低声吟唱《国际歌》，

“团结起来到明天，英特纳雄耐尔就一定要实现。”

在病重期间，曾专门交代医务人员：现在对癌症的治疗还没有好办法。我一旦死去，你们要彻底解剖检查一下，好好研究研究。能为国家的医学发展做出一点贡献，我是很高兴的。

根据50年代与邓颖超共同商定、相互保证，死后将两人骨灰全部撒到祖国的江河和土地上。关于丧事，对邓说：葬仪要从简，规格不要超过中央任何人，一定不要特殊化。在此之前，周恩来还向邓颖超表示，他心里还有很多话没有说出来。

在与病痛作顽强的、最后的斗争之际，多次询问毛泽东的身体情况，询问中央其他领导人的健康，并对一些回忆得起来的党内领导干部、民主党派人士、高级知识分子、文艺界人士和过去身边工作人员的处境、下落等表示关切。

自1974年6月1日住院到1976年1月8日逝世，共做大小手术十三次，约四十天左右要动一次手术。只要身体尚能支持，仍继续坚持工作。除了批阅、处理一些文件外，同中央负责人谈话一百六十一次，与中央部门及有关方面负责人谈话五十五次，接见外宾六十三批，在接见外宾前后与陪见人谈话十七次，在医院召开会议二十次，出医院开会二十次，外出看望人或找人谈话七次。

对一位患了绝症的重病人来说，有谁能以如此惊人的毅力，如此忘我的精神，为了国家民族的稳定，为了人民的幸福，而坚持承受了这么多一般人难以承受的病中工作呢！1975年的八、九月间，一位多年前给伯伯当过卫士的同志乔金旺，又来到他身边工作。伯伯见到他的第一句话就说：“老乔啊，‘文化大革命’把我累垮了！”

整个“文革”的十年，是伯伯最后的十年，是他一生中最艰难、最无奈、最痛苦，但也是最辉煌的十年！是最发挥他的超人意志力的十年，是他在极其错综复杂的形势中处理好各种矛盾、各种关系，保障了大局的稳定，使国家没有陷入崩溃深渊的十年！

第九章　送别伯伯

一、向伯伯遗体告别，不可影响正常工作

1976年1月9日一早6:30，我出差正在上海和平饭店的睡梦中，忽听到广播电台里传出了哀乐声。我猛然爬起来，听到了伯伯的名字！我悲痛欲绝，好像有块大石头不断锤击我的心胸。我强忍悲痛，找到同事，购买机票，立即回京！

回到北京，我随即赶到西花厅去看望七妈。我想七妈此时肯定是躺在床上，悲痛万分！未想到七妈正站在客厅里向秘书交代事情，我扑到七妈身边，抱头痛哭！七妈却异常冷静，坚强而又庄重地说："不要哭，不要哭！要化悲痛为力量！化悲痛为力量！"……她还特别向我强调："伯伯是共产党员，他首先是党的人，他的后事由他所在的党支部操办。你们这些孩子们都有自己的工作岗位，重要活动你们参加，但尽量不要影响你们的正常工作……我还要告诉你们：我和

△ 1975年9月7日，伯伯在医院会见访华的罗马尼亚党政代表团团长维尔德茨，这是他最后一次会见外宾

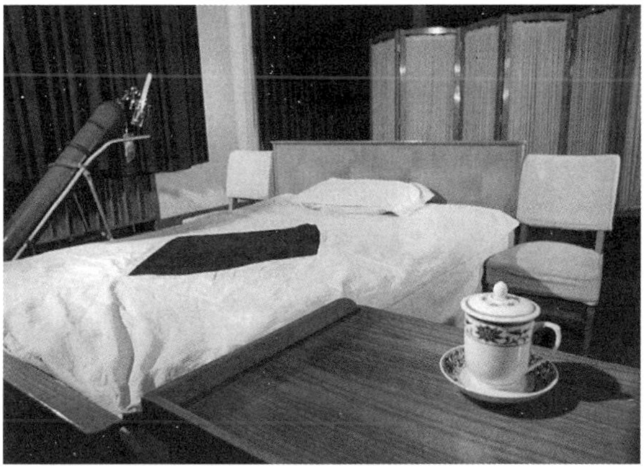
△这是伯伯在二零五医院所住过的简朴、整洁的病房

你伯伯多年前有约定，我们死后的骨灰是不保留的，你伯伯担心我能不能做到，十几天前又对我嘱咐了这事。我是一定要做到的。你可要有思想准备！”我听了实在想不通，舍不得，不忍心！但七妈要求我不但要想通、要理解、要支持这样做，还要我做好我父母和弟弟妹妹的思想工作！这时我没有看到七妈一滴眼泪！看到的只是她坚毅、果断的眼神！我也只能强忍悲痛，去父母家中，向父母和弟弟妹妹们转达七妈的心情、现状和嘱托。

当我回到自己家中，将一眼望到的所有物品，只要有红、绿、黄、粉等鲜艳色彩，一律清除，换成素色！似乎不如此不足以表达内心深处无比悲痛的心情！

1月10日、11日两天，是向伯伯遗体告别的时间。而10日是周六，七妈要求孩子们仍要坚守自己的工作岗位，通知我们11日早晨7:30到西花厅门外的中南海西北门集合。在集体乘车出发前，七妈嘱咐她的秘书赵炜对大家通报了情况。当晚我将赵炜的通报做了追记：

今天我先向你们报告七妈的健康状况，这也是你们都关心的问题。七妈现在吃饭、睡觉都基本正常，她很能克制自己，她很坚强。当着我们的面，没有掉过一滴眼泪，反而鼓励我们。我们现在四个人陪她，你们尽管放心。

12月31日我陪你们七妈去看你们伯伯，他情况很好。《元旦社论》和毛主席两首诗词发表后，我们又去时，他还让我给

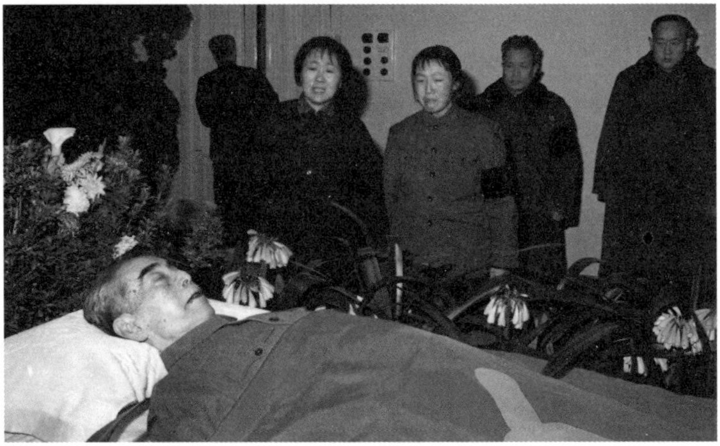

△ 1976年1月11日下午，我和秉建守望着伯伯的遗容，悲痛欲绝

△ 1976年1月8日，我最崇敬的伯伯周恩来辞别人间。七妈按照他们一贯的原则：“我们是党的人！”决定伯伯丧事的具体执行，都是由他生前所在党支部的同志来完成。图中走在手捧伯伯骨灰盒的七妈前面的是伯伯的卫士张树迎（左）和高振普（右），他们抬着七妈献给伯伯的花圈悲痛前行

他念了三遍，让卫士又给他念，他自己还要看。

7日晚上我陪你们七妈去看时，还看不出有明显的变化。8日准备晚点去，早晨我正在给七妈读文件，电话来了，伯伯突然心力衰竭！我们立即以最快速度到了医院，当时他仅有一点微弱的呼吸（我问：当时他知道七妈已来到他的身边了吗？知道吗？！），他已认不出你七妈来了……9点57分心脏停止了跳动。

你们伯伯在临终前非常坚强。这种病极为痛苦，但他从来没有喊过、叫过，尤其你七妈去看他时，他再痛也连吭都不吭一声！医生们知道他很痛苦，告诉他：喊一喊会减轻一点儿痛苦，你想怎么喊就怎么喊吧！他也没有喊过一声！

由此可见，伯伯的意志力是何等坚强啊！

二、七妈扑到伯伯的棺椁上："我再也见不到你了！"

十里长街送总理的感人情景，我是坐在汽车里看到的。当时灵车车队的排列第一辆是开道车，第二辆是灵车，第三辆是七妈坐的车，第四辆是中央领导坐的车，我们亲属坐在第五辆面包车里。

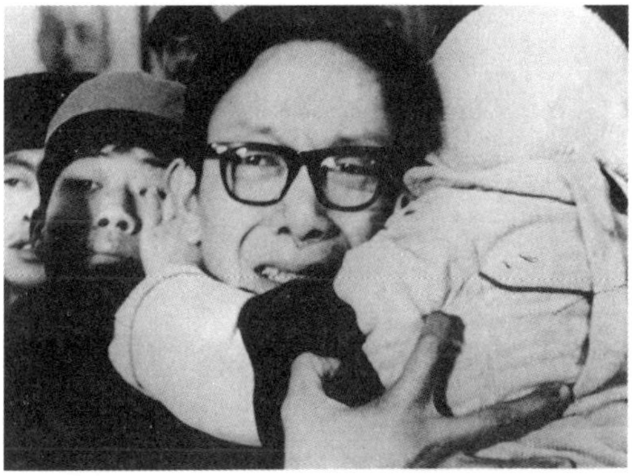

△ 当载着伯伯遗体的灵车开往八宝山火化时，人们望着远去的灵车，悲痛地向他作最后的诀别

当天非常冷，寒风凛冽。但是，一上长安街，人却特别多，路两侧的人群挤得水泄不通，从东单到八宝山，一直没有中断

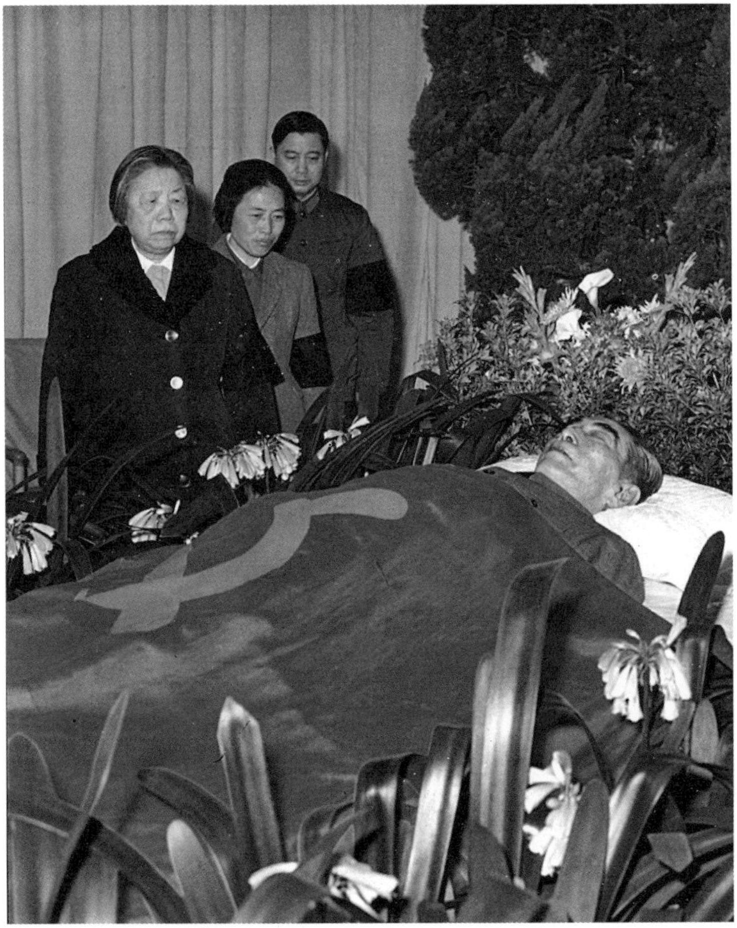

△ 七妈向伯伯遗体告别

过。人虽然多，但是很安静，只有哭声，气氛很压抑。

在长安街上，由东往西方向，除了车队外，没有车辆通行；但是由西往东方向并未进行交通管制，车辆照行不误。不过，有一个感人的细节，对面所有的车辆，不论是公交车还是机关的车，遇到车队都会自发停下来，摇下车窗，等周总理的灵车通行，向人民的总理作最后告别。

就在这时，秉钧突然看见前面车上的赵炜隔着后窗向大家摆手，秉钧不明其意，以为她在给他打招呼，也摆了摆手。下车后，她才告诉秉钧，七妈让她通知我们：不要哭！

下午6：05到了八宝山，秩序完全乱了。因为人实在太多了，都要再看总理最后一面。赵炜一下车，就拉住了七妈，然后告诉我们：一个人抱着一个人的腰，不然非冲乱不可。于是，七妈拉着我的手，秉钧抱着我的腰，后面结成一串，但还是给冲散了。

在最后告别时，我们看到伯伯的样子，脸特别特别瘦。据说，他死时体重还不到61斤。在整个丧事过程中，七妈非常坚强，一直没掉过一滴眼泪。直到这时，她才一下子扑到棺木的玻璃罩上，抚棺大恸道："恩来，我们永别了，让我最后再看你一眼吧，以后我再也见不到你了！让我痛痛快快哭一场吧！"说着，就泣不成声了。

七妈走出告别室时，回顾左右叫着："孩子们呢？"看到我，她一把抓住我的手说："你们要记住，你们的伯伯走了，毛主席还健在。要化悲痛为力量。"

告别仪式、吊唁和追悼大会，我们亲属都在，参加了全过程。我们排成专门的一列，但不站在显眼的地方。七妈有交代：对亲属不拍照、不报道。这也是伯伯一贯的要求，他不愿让我们出头露面。当然，在"四人帮"肆虐的时候，七妈的这种安排也出于对我们的一种保护。

伯伯去世后，我就向七妈提出要一件伯伯的旧衣服作纪念；只要

△ 联合国为伯伯逝世降半旗

△ 联合国安全理事会为伯伯逝世起立默哀

是伯伯的遗物，越旧的越好，越破的越好！因为伯伯一生俭朴，衣服越旧，就是跟随他的年代越久，我就越感到亲切，越感到离伯伯更近些。细心周到的七妈让工作人员整理出十份伯伯的遗物，给了我的父母及六姐弟和几位堂兄一人一份，我分到的有伯伯生前常穿的几身中山装和那件几十个补丁的毛巾睡袍。第一天，我睡觉前手捧着伯伯的睡袍，眼睛潮润，仿佛又像过去那样生活在伯伯身边。转念一想，千万别弄坏这份珍贵的纪念物品，我又细心包扎叠放整齐，珍藏在箱子里。当心里难过时，便取出来看一看，摸一摸，说说自己的痛苦和思念。1977年，革命博物馆办伯伯的展览，七妈动员我将这件毛巾睡袍捐出来，同时七妈又补给我一件补丁稍微少一点的睡袍。1997年底，我又将这件睡袍捐给了天津市正在筹建的周恩来邓颖超纪念馆，以使广大人民群众更真切地了解他、怀念他。

从此，西花厅里只剩下了它的女主人。我在伯伯去世后经常去看望七妈，我知道她身体不好，如今，失去了伯伯的悲痛，孑然一身的孤独，她的日子会很难过的。但是七妈非常坚强，她一直不屈不挠地和疾病，也和寂寞作斗争，她对我说过：“我在苦斗，苦熬。”

三、“外面有任何传言都不要相信”

1976年1月18日，我和大弟秉钧如约前往西花厅。一进门，七妈就说我们：“怎么还戴着黑纱？纪念没必要通过这种方式，你看我们这里的同志都不戴了。”我们也只好把黑纱取下。

七妈先是讲了伯父的病情，说从发现癌细胞到去世，大大小小做了十几次手术。1975年9月20日，在膀胱底部又发现了一种新的、更毒的癌细胞，这种癌细胞在2000例病人中才会出现一例。因此，就没有再动手术，病确实是治不好了。因此，“外面有任何传言都不要相信！”（当年，在其他领导人去世时，确实有一些传言，比如陈毅去世时，就有传言说是因为林彪授意医生手术不做干净等。）七妈这样特意解释，是怕医务人员承担压力。

此外，七妈又解释说，追悼会那天，我让你们站在工作人员后边，是不想让你们出现在镜头上，太过张扬。后来，我们自己也琢磨，当时，“四人帮”正是嚣张的时候，七妈此举也是想保护我们。

然后，七妈又说：“你们还有什么问题，可以问我。”

秉钧是军人，不敢随便乱问。我比较胆大一些，就问道：“伯伯病重时，主席究竟有没有去探望？”

七妈说：“你们都知道主席和伯伯是多年的战友，对伯伯是多么器重。但是，你们不知道伯伯病重时的样子，而且，主席身体也不好，见了面刺激太大，对两人的心情和身体都没有好处。”

我又问道：“告别时，江青为何不脱帽？朱老总那么大岁数了，都还敬了个军礼。”

七妈解释说：“江青同志有病，不方便脱帽吧。”

后来秉钧知道我和六妹秉建在和伯伯遗体告别后，争取机会在伯伯遗体前照了一个相。他回到部队后，在给七妈写信中提出，希望得到一张七妈陪着伯伯遗体的照片“以便增强我的斗志。”七妈委托赵炜同志给他回了信，信中引用七妈的话说：“难道没有这张照片就没有斗志了吗？”说归说，七妈还是理解侄子的心情，不久真的给他寄了一张珍贵的照片。

四、七妈在伯伯追悼会后的重要讲话

1976年1月15日伯伯的追悼会后，七妈在人民大会堂台湾厅对我们亲属和身边工作人员、医疗组成员，做了一次非常重要的讲话；后来以《继承遗志，永远向前》为题收入了《邓颖超文集》。内容如下：

刚才，你们都参加了周恩来同志的追悼会，我在这里同你们见见面，有些话谈一谈。

△ 邓小平在伯伯的追悼会上致悼词

恩来去世了，你们都很悲痛，我也很悲痛。但是，悲伤和眼泪都不能使死去的人复活了。

毛主席在《为人民服务》这篇文章中，讲得非常好。他说，人总是要死的，但死的意义有不同。一个人，为人民的利益而死，就是死得其所。恩来同志正是这样的人。他是一位人民的勤务员。他一生的追求，一生的奋斗，都是为人民的利益，为了实现共产主义远大理想这样一个崇高目标的。你们在座的，有的是共产党员，有的是共青团员，有的虽然不是党员团员，但都是革命同志，都要响应党中央的号召，化悲痛为力量，继承恩来的遗志，努力做好我们各自的工作，为把我国建设成为社会主义现代化的强国而奋斗。

今天在座的，有为恩来治病的医务人员、护理人员。这些同志，他们政治上是可靠的，医疗技术是我们国家第一流的。他们受到了党中央的最大信任和委托，对恩来的病作了精心的多方面的治疗和护理，不分昼夜，废寝忘食，尽了最大的职责。他们的革命精神和工作态度是十分感人的。恩来生前曾经多次对他们表示由衷的感谢。在这里，我也要代表大家向这些医生，向参加护理工作的人员，表示深切的感谢。

癌症终于夺去了恩来的生命。我自己是共产党员，我用无产阶级的坚韧性，高度地克制我内心的痛苦，在他病中还要用愉快的精神和恩来一起同疾病作斗争。当他知道自己的病不能挽救时，一再叮嘱我，死后不要保留他的骨灰。这是我和恩来在十几年前共同约定下来的。我们国家在对人死后的葬仪方面，从古代到中华人民共和国成立，都一直是土葬的。50年代，在党中央和毛主席的倡议下，许多高级干部签名，决定死后实行火葬，这是对我国几千年的旧风俗的重要改革。1958年，恩来首先把他死去的父亲，我把自己死去的母亲以及重庆办事处的一些死去的同志的坟墓平掉，进行深埋。恩来还把他在淮安几代亲人的坟墓，也托人平掉，改为深埋，把土地交公使用。在中央做出人死后实行火葬这个决定不久，我们二人共同商定，相互保证，把我们的骨灰撒到祖国的大好河山去，撒到水里、土里去。从土葬到火葬，从保留骨灰到不保留骨灰，这是思想观念上的重大变化，是移风易俗的重要改革。他自己就曾经讲过：人死后为什么要保留骨灰？把它撒在地里可以做肥料，撒在水里可以喂鱼。他还主张人死了以后应该做尸体解剖。在他病重住院期间，他曾专门交代医务人员：现在对癌症的治疗还没有好办法，我一旦死去，你们要彻底解剖检查一下，好好研究研究，能为国家的医学发展作出一点贡献，我是很高兴的。恩来对于自己个人离开人世没有丝毫挂虑，对祖国的科学发展和未来却充满了热情和期望。从感情上讲，你们很难过。恩来虽然去世了，但他给我们还留下了精神财富，在他弥留之际，想到的是死后还要如何为人民服务。你们要支持恩来的这一行动。他的这一遗愿实现了。他的心愿，我已经了却了。

恩来对他的后事，曾经对我说过，葬仪要从简，规格不要超过中央的任何人。这件事，我已经向党中央做了报告。中央给了他很高的荣誉。他还向我说过，一定不要特殊化。我个人是坚决执行的。对于丧事，我是严格按照三大纪律八项注意的第一条，一切行动听指挥，没有提出一项个人的要求，一切都由治丧委员会决定。恩来的遗体是由西花厅党支部保护下火化的，并将他的骨灰盒放在吊唁的地方，因为他是西花厅党支部的党员，在具体执行吊唁他的仪式时，有些事情应该放到支部里去做，由支部的同志来承担。我想这是符合他生前愿望的。

恩来生前是党和国家的一位领导人，但他总是按照一个普通的共产党员严格要求自己。他把自己看作是党的人，是一个人民的勤务员。在几十年的革命生涯中，恩来始终如一地遵守着这条共产党人的最重要的准则。他永远保持和群众的最密切联系，从不搞特殊化。他一生为党和人民虽然建立了许多功勋，但他从不居功自傲，而是经常检讨自己。他功劳越大，越是虚怀若谷；地位越高，越是感到肩上的责任重大，兢兢业业，戒慎恐惧。特别是我们党处在执政党的地位以后，他更是时时刻刻注意这个问题，严于律己，把搞好我们的党风放在一个十分重要的战略地位。作为他的亲属，又有什么理由把自己放在一个特殊的地位呢？我们千万记住，不要以为自己在革命的征途上有什么特殊，不要夸耀，不要吹嘘，一定要谦虚谨慎，要多向革命的老前辈学习。

恩来同志和我们永别了。你们要坚强，不要过分的悲伤。我们要继承他的遗志，为了党和人民的事业，在新的革命路上永远向前进！

在这次接见中，七妈还满怀感情地对我们兄弟姐妹们讲了一段语重心长的话，使我们深受教育：

在参加了你们伯伯的追悼会以后，我在这里和大家见面。我们要响应党中央的号召，化悲痛为力量。痛苦、悲伤、眼泪都不能把死者让他复活。我们要用马列主义、毛泽东思想对待一个人的死，要正确地对待，这也是自然的规律，毛主席在《为人民服务》的那篇文章中讲“人总是要死的”，这是自然规律。你们在座的有的是共产党员，有共青团员，即使不是共产党员、共青团员，也一定要学习马列主义、毛泽东思想，对待具体事务。

你们的伯伯他是党的人，他是人民的勤务员。你们不要仅仅把伯伯的关系看成是一个个人的亲戚关系，这就把感情降低了，而要提高到阶级的感情，革命的感情。《讣告》里所说的，今天《悼词》里的内容你们都应该好好学习。

伯伯在住院期间是非常遵守纪律的，毛主席、党中央对他非常爱护。在他入院时，为了保护他能治好病，休息好，规定只有最负责的领导同志的范围才可以去看他，别人一概不能去看他。他能出来活动的时候，曾在向阳厅（按：西花厅在“文革”中曾改名为向阳厅）约见过你们在座的。你们的伯伯是非常遵守纪律的，当小六回来的时候，小六想见他，伯伯向我挑战说：“小六回来了，你就是不带她来！”我说：“我要遵守纪律，不能陷于被动。”因为小六最早去农村，坚持在插队的地方，非常坚定，我和伯伯对这个孩子无疑的已超过亲属的感情，是革命的感情，非常喜爱他。但为了遵守纪律，伯伯采取了另外的办法，给小六通了电话。

伯伯在病中，主席、中央对他经常关怀。调去给伯伯治疗和服务的医务护理同志也来了，现在在座。他们得到党中央的最大信任，他们在政治上是可靠的，技术和医疗实践是第一流的，他们为你们的伯伯进行了精心的多方面的治疗，夜以继日，废寝忘食。伯伯在病中一再表示对他们的感谢。你们下一代在这方面没有任何提意见的权力。伯伯说：“这不要责怪任何人。”这是我向你们传达的伯伯讲的话。

我自己是共产党员，我用无产阶级的坚韧性，高度地克制了我内心的痛苦，还要镇定、沉着，用愉快的精神，在你们伯伯的病苦中跟伯伯共同斗争。你们伯伯在他知道他不能挽救时，一再叮嘱我，这是我和伯伯在十几年前共同约定的：死后骨灰不保留。中国在对死人的葬礼方面，从古代到中华人民共和国成立都是土葬。五十年代，党中央在毛主席的倡议下，每人签名，决定实行火葬。从土葬到火葬，这是革命，是对中国几千年旧习俗的革命，现在中华人民共和国已成立了二十六年。在做出这个决定后不久，我们两人共同商定，相互保证，把我们的骨灰撒到水土，大好的山河、水土里去。这也是一场革命，由火葬保留骨灰，到火葬不保留骨灰，这也是一场革命，这符合于彻底唯物主义思想。从感情上你们难过，用唯物主义的观点来看，伯伯虽然肉体不存在了，他的骨灰要在祖国大地河流里作为肥料仍为人民服务，物质不灭，生生不已。你们要支持伯伯的这个行动。伯伯的遗言，我向中央政治局报告，得到毛主席的批准。这使我得到最大的安慰，最大的鼓舞。1958年“大跃进”时，你们的伯伯把死去的父亲，就是你们的祖父；我把我的母亲，还有几位死在重庆的同志，由土葬改为深埋在深山石洞里，原来埋葬的土地交公使用。还有在淮安几代人的坟墓，也让尔萃、桂云去改为深埋，把原土地交公使用。总而言之，死的已经死了，我们活着的人，要很好地活下去，要继续革命。你们回去在各方面要以阶级斗争为纲，抓紧思想改造、世界观的改造，以优异的成绩，无愧于做在毛主席领导下的社会主义祖国的一个革命者。尤其是你们青年一代，要坚持继续革命。

我还要讲一点，虽然你们都来了，我理解你们的心情。但为了打破旧习俗，我事先打电报通知了不在北京工作的人不要来北京，在北京的当然已经在北京了。这个通知发出去后，有几个表现很好，尔萃、荣庆（伯伯胞弟恩溥之子——作者注）、保常都尊重了我的意见，向我表示了慰问，没有来，很好。华章来了没有？华章的弟弟没有得到我的通知，昨天赶来了（赵炜：前天来的），不但大人来了，还带了几个孩子。我真不理解，他们对待旧的习俗是什么观点，什么态度？！你们大概都感到我和伯伯对你们要求是严格的。为了照顾他们的心意，昨天我允许了他们去参加了吊唁，今天我不能不把他们除外，因为今天人数限制很严。

伯伯对他的后事，对我说，第一“对于我不要超过任何人”。我也向中央报告了，但中央做的决定，你们都应感觉得到，中央给了你伯伯很高的荣誉，你们都看到了。伯伯还说：“不要特殊化”，还交代了这件事。你们作为伯伯的亲属，千万记住，不要以为在你们革命的旅途上有什么特殊。你们参加今天的追悼会，是个向革命老前辈学习的机会，回去以后不要夸耀，不要吹嘘。我个人坚决执行。

还有，你们还有一个责任，你们不但对亲属，对凡是遇到的人的过分悲哀的，要劝导。你们要坚强，伯伯是坚强的！你

△ 人们到劳动人民文化宫吊唁伯伯

们也应该坚强，要比伯伯更坚强，因为你们是年轻一代，是下一代。

伯伯的死去是对你们一个很大的考验，我希望你们大家用不断改造思想，不断继续革命，来纪念你们死去的伯伯。

当晚，七妈就含泪送别了载着伯伯骨灰的飞机远行。伯伯的骨灰全撒了。这件事对我的震撼真的极大，但我深知，纵有千万个舍不得也是无济于事的，我只能接受。因为这是两位老人家早就约定了的移风易俗的革命。在接受事实的同时，我心中也更增强了对伯伯的敬仰！

不久，我的公公沈谦身患绝症，在病痛中他留下遗嘱："我一直敬佩周总理，更要学习周总理。我死后的骨灰，你们千万不要送进八宝山，你们帮我撒到江湖或树下。"对此，我婆婆张绚也深表赞同。

1977年3月23日，我公公病故，我们晚辈都怀着悲痛和敬佩的心情，将他的骨灰撒入了天津塘沽海河入海口。

如今，每当回首这些往事，我就会想起前人的那两句诗："落红不是无情物，化作春泥更护花。"这不正是对伯伯身后的写照吗？

第十章　七妈的历次谈话

一、粉碎“四人帮”后七妈与我的谈话

伯伯过世后，我常去看望陪伴七妈。

自从1949年6月，12岁的我被伯伯接进中南海，在西花厅这个院落出出进进已经20多个春秋，对西花厅自然是十分熟悉。若说院内的景色，如今仍然是绿草青青，绿树成荫，鲜花盛开。只是失去了伯伯，这里的一切仿佛都失去了往日的魅力。我不愿多看，更不敢多想，因为那海棠树、芍药花和园中小径，到处都有伯伯的身影，都回荡着伯伯朗朗的笑声。想到这些永远地失去了，我就伤心，就要落泪。可是从理智上说，我现在不应该显露出悲伤，我是来看望和宽慰七妈的，不能再增添老人的痛苦。

这天，我又到西花厅看七妈。在谈到粉碎“四人帮”，全国人民都欢欣鼓舞时，七妈说：“有人对我说，在这时我应更加高兴。我告诉他：粉碎‘四人帮’，我和全国人民一样高兴，我的高兴不比你们差一些，但也不比你们多高兴什么。在这样一个伟大的革命变革中，不能把个人的恩怨摆进去，要看到这是党的胜利，人民的胜利。个人在整个革命事业中是非常渺小的。你伯伯虽然是副主席，是总理，但他个人的作用是很小的，个人的作用在党的事业中是沧海之一粟，是汪洋大海里的一个小泡沫（说时她用拇指捏着小指尖头比划着）。这个小泡沫在就起它的作用，当它消失了，大海还依然存在。”

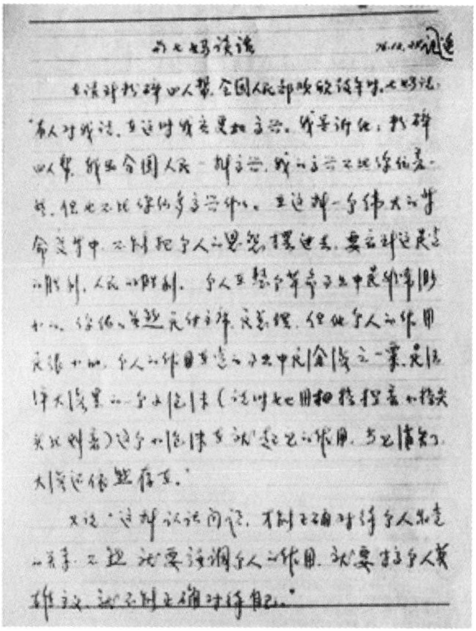
与七妈谈话

在谈到粉碎四人帮，全国人民都欢欣鼓舞时，七妈说：

“有人对我说，在这时你应更加高兴。我告诉他：粉碎四人帮，我和全国人民一样高兴，我的高兴不比你们差些，但也不比你们多高兴什么。在这样一个伟大的革命变革中，不能把个人的恩怨摆进去，要看到这是党的胜利，人民的胜利。个人在整个革命事业中是非常渺小的。你伯伯虽然是副主席，是总理，但他个人的作用是很小的，个人的作用在党的事业中是沧海之一粟，是汪洋大海里的一个小泡沫（说时七妈用拇指捏着小指尖头比划着）这个小泡沫在就起它的作用，当它消失了，大海还依然存在。”

又说：“这样认识问题，才能正确对待个人和党的关系，不然，就要强调个人的作用，就要考虑个人荣辱，就不能正确对待自己。”

△ 与七妈谈话追记

七妈又说：“这样认识问题，才能正确对待个人和党的关系，不然就要强调个人的作用，就是搞个人英雄主义，就不能正确对待自己。”

后来，有人说邓妈妈向中直机关和八三四一部队控诉“四人帮”对总理的迫害，讲了3个小时（还有说五、六、八小时的），台上台下哭成一片，很感人，问我要讲稿。我当即认为不会有此事，根据就是七妈上述那番话。她的心胸是多么广阔，她的革命情操是多么高尚，怎么会在这时哭哭啼啼在群众面前去控诉呢？

1976年12月13日，我去看七妈，向她讲了以上的想法。七妈很满意地说：“在这个问题上，你是了解我的。”

二、七妈讲身世

1977年4月10日，在谈论家常时，七妈亲切地对我详细谈了自己的身世。

当晚回家，我就做了追记：

我的父亲在清朝是广西的一个武官，原有一位妻子，生有三个儿子。妻子死后，他娶我母亲做续弦，只生了我一个。

我父亲在广西工作不顺利，想调动工作，另外找事做。但清朝时你想调动工作是很困难的，他就向上司请假，回河南老家修坟，上司同意他走了。但他并未回河南，而是到昆明去找妹妹、妹夫。妹夫做个小官，也给他找了个小官做。后来被上司发现了，说他犯欺君

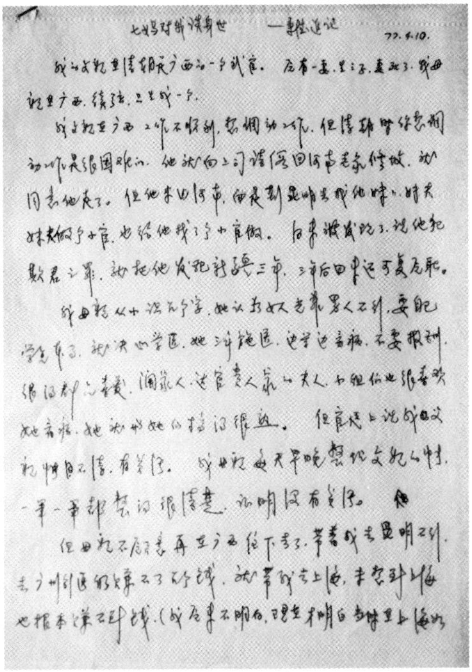
七妈对我讲身世　—事后追记　77.4.10.

△ 七妈对我讲身世，我作的记录稿

△ 1922年，七妈天津达仁女校开学典礼

之罪，定罪流放三年，发配新疆，说三年后回来还可官复原职。

我母亲从小识几个字。她认为女人光靠男人不行，要自己学点本事，就决心学医。她三年学医，边学边看病，不要报酬，很得周边人爱戴。阔家人、达官贵人家的夫人小姐们也很喜欢找她看病，她与她们搞得很熟，我们的生活也能维持。

但朝廷上又说我父亲账目不清，有贪污。我母亲每天早晚整理父亲的账目，一笔一笔都整理得很清楚，向朝廷证明没有贪污。

但母亲不愿再在广西住下去了，带着我去昆明不行，去广州行医也赚不了几个钱，就带我去上海，未想到在上海也根本赚不到钱。我那时不明白，后来才知道，当时在上海不认识几个流氓、阿飞、“青红帮”，根本就做不成生意。那时我三哥在天津，以为我妈手里一定有笔钱，就写信让我们去天津，说可以给母亲找个事做。母亲带着我到了天津。

到了天津一看，三哥生活很潦倒，只住一间小屋，没有事做，更

△ 1922年，七妈和天津达仁女校的同仁们

不能给我母亲找事做。而他看到我母亲并没有钱，两个人都很失望。幸亏有个老乡是从新疆回来的，帮妈妈在一个学校找了个校医的工作，但一个月只有几块钱收入。

这时听说，我父亲在新疆很肯干，有不少收入，还找了两个新疆老婆（那时新疆女人多，男人少）。到三年时，已经准备回来了，我们已经得到通知，说他要回来了。但又突然听说他死了！有人说可能是那两个老婆怕他把财产都带到内地而图财害命了！

我们收入太低，经朋友介绍我母亲到北京的江西会馆做事。这个江西会馆在南城的南横街，这是我到北京的最初印象。1949年进城后，我还去看了，是几进的大院。母亲在一个学校兼职，我就在这个学校读书。

原来我二哥就已死了，这时我三哥肺结核也死了，母亲通知了大哥来办三哥的丧事。大哥走后，母亲只准我的鞋头上缝块白布，因为是住在学校里，不是自己的家，母亲十分注意影响。后来听说大哥也得肺结核死了。

我上学一直跳班，功课紧，晚上很晚都认真读书，后来13岁时吐血了，母亲不让我太用功了，还说邓家的孩子大概都得得肺结核死。她就自己给我开药方，治好了。后来长征途中，条件太差，才又犯了这个病。

辛亥革命后，国民党以外，还有个好像是社会革命党的。母亲的单位，就是这个党办的。大人们常常谈论些革命的道理，我也从小受了这些影响。

母亲做学监，是后来跟着我和你们伯伯的时候。她不愿依靠我们，给我们增加负担，要出去做事，在广州执信中学做学监。

所以我和你伯伯完全相反，你们周家人多，来找的人也多；我这边是伶仃一人，没有人来找我。

三、七妈对我回忆伯伯与张若名的故事

1977年6月8日下午，我又到西花厅看望七妈，和她谈起了日本人写的《周恩来》一书：“我读这书里还讲到您和伯伯谈恋爱的事，在北海、白塔下等。我想这么细，可能是臆造。”

七妈说：“哪有这回事？全是臆造的。“五四”后被捕入狱的不是我，是我的同学张若名，以后去法国的也是她。我因要赡养母亲，没有去法国勤工俭学。

“谈恋爱的事，原来根本未有这个想法。你伯伯原来一直大谈独身主义的，在狱中写了三篇文章是《独身主义》《念娘文》和《警厅拘留记》，前两篇已丢失，后一篇现在在展览馆展出了。你伯伯大谈独身主义，我当然未考虑到这，想着应该帮助他实现自己的想法，少去找他吧。而且我自己也觉得女人，一结婚就完了，什么也不能做了，也不打算结婚的。

“和你伯伯一块去法国的，也有张若名。原来他们接触就比较

多，又一起去法国，所以我脑子里认为，如伯伯不坚持独身主义的话，也就是和她了，别人也这么认为。但伯伯到法国后不久，1922年就常给我来信，我还奇怪，怎么会给我写信？写了三年信，最后才在信里明确表态，说他经过观察，和张若名不能志同道合，不可能有发展，就转到我这儿来了。

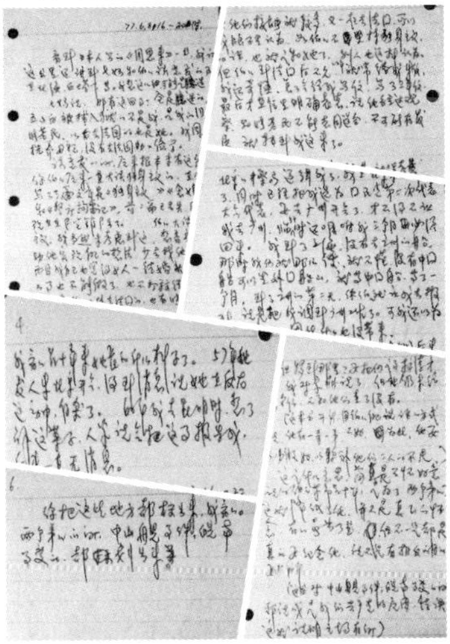

△ 我为七妈这次谈话作的记录稿

“你伯伯1924年回国，没经费，就‘烤黄鱼’。在船舱边上，不给人家发现，回到广州。当时广州工作需要他，就留在广州了，搞黄埔军校。那时我还在北京和平门外师大一附小教书，搞运动。北京的党组织，当时有人不愿让我早见到你伯伯，另有人就想促成我们。开始一直不让我去南方、广州。直到天津、北京的警察局通缉我了，我在北京待不下去了，同时已经把我选为国民党第二次代表大会代表，要去广州开会了，才不得不让我去广州，临行时还嘱咐我3个月必须回来。我到了上海，没有去广州的船，那时我们就那么傻，就不懂没有中国船可以坐外国船的，就等中国船，等了一个月。到了广州的第二天，你伯伯就让我去报到，说是把我调到广州工作了。可我还以为要回北京呢，因此什么也没带去。

“1925年我们在广州结婚了（8月8日）。后来才把妈妈接到广州的。

“后来张若名退了团，与一位旅法姓杨（杨堃）的人结婚了，以后回国在北京，又去美国，又在北京教书；全国解放前，跑到昆明去了，在西南联大教书。1955年，伯伯去万隆开会，路过昆明时，还把她接去看了看；回来告诉我，我说怎么没照个照片让我看看几十年来她长的什么样子了。1957年她爱人来北京开会，得到消息说她在反右运动中自杀了。1960年我去昆明时，想了解这案子，人家说会把这事报告我，后来一直无消息。”

听七妈讲了张若名的事后，我接着说起日本人写的《周恩来》："这本书开头用伯伯自己说话的方式说，他有一哥一弟，不好，为此，他要尽力做好，以弥补他们二人的不足。"

七妈气愤地说道："这是什么意思？简直是不怀好意！说的伯伯革命几十年，是为了两个弟弟了。这就降低了他，并不是真正的怀念。有的虽出了书，但不一定都是真的要纪念他，说不定有相反的目的，要分辨。"

我接着说："这本书对'中山舰事件''皖南事变'等，都说成是我们共产党的原因，错误，这就说明立场有问题。"

七妈表示："你把这些地方都标出来，我看看。两个弟弟的事，'中山舰事件''皖南事变'的，都划出来。"

四、伯伯他乡痛失亲子，七妈产后几度脱险

我从小来到伯伯周恩来和七妈邓颖超身边，就知道两位老人没有儿女，只有一位干女儿——孙维世。我和弟弟妹妹们来到中南海西花厅他们的家中，两位老人家对我们都是谆谆教诲，严格要求，同时又关怀备至，疼爱有加，就像是亲生父母。

一个周末，我又照例回到西花厅，只见庭院里几株海棠树，盛开着一簇簇白色、粉色的花朵，使这古朴的院落增添了热烈、欢快、繁荣的气氛，一片生机盎然。

七妈见到我，很高兴地听我谈了些工作、生活及我的父、母、弟、妹的近况外，又不无伤感地对我谈起了一些我从未听说、而又非常遗憾的往事：

"秉德，你一直以为我和你伯伯从来没有自己的亲生孩子，是吧？其实1927年3月下旬我在广州时，生过一个男孩。因为这孩子体重太大，有10磅（注：相当于9.09斤），超出正常标准，我在医院难产，三天三夜生不下来。虽然是德国的教会医院，条件算是好的，但当时的技术还没法进行剖腹产手术，只能用产钳帮助，因用力过大，孩子

头部受到严重损伤，没能成活！不然到现在也有35岁了，比你整整大10岁呀！”

听了这话我实在非常惋惜，不然我这位大哥，在伯伯、七妈的培育下，如今一定会是位刚毅、果敢、英俊、热情、足智多谋的好大哥，他会在艰苦的工作岗位上勤奋地工作……想着想着，我就不由得大叫：“太可惜了，太遗憾了！那当时伯伯见到自己这大胖儿子了吗！”

七妈从容地说道：“那是大革命的年代，你伯伯已在1926年12月由广州调到上海的党中央去工作了。我在医院的生产过程由我的母亲陪同。”接着，七妈又严肃地回忆起这之后的往事。

孩子没保住，七妈的身体虚弱，但却无法安心调养。当时正赶上“四·一二”蒋介石叛变革命，突然大批逮捕、屠杀共产党人，各大城市一片白色恐怖。伯伯在上海已经转入地下，七妈在报纸上看不到他的任何消息，广州也已吃紧。

这时，一位打扮入时的贵妇人，带着耳环，涂着口红，走进七妈的病房。七妈以为她走错了房间，再定睛一看，原来是陈铁军。她和七妈都是在我们党的广东省委妇女部

△ 七妈在花丛中

工作的，她平时着装简朴，现在形势紧急，为了避免暴露身份，才有意这样装扮。她是专门来通知七妈的："现在上海、广州都发生反革命事变，党组织让我来通知你，赶快设法离开广州！"随即七妈的母亲在外面刚好收到我伯伯从上海发来的电报，让她设法到上海，以岳母的名义在报纸上发寻人启事找他。

分娩时，孩子没能存活，医生和护士不仅惋惜而且内疚。七妈虽然很难过，但对医生、护士没有一句责备的话，反而安慰她们说：我知道你们尽了最大的努力，这也是没有办法的事。医生护士们很受感动，对她就很同情，很尊重，关系处得非常好。这时她只好把这紧急险恶的形势告诉了医生王德馨，这位医生马上帮助想办法：医院定期派护士乘坐德国领事的船只去香港采购药品和医疗器械，到时可以把她们打扮成护士与工友，乘坐德国使馆的小电船去香港。但当时还没到日期，当前怎么办？随时可能有军警来搜捕，这位医生又把她们安排在后院的一间小屋中，反锁着门，一天三餐都是护士送进来。果然，那天七妈刚离开病房不久，就有一名军官带了几十名士兵，冲进医院，追问邓颖超在哪间病房？王德馨医生回答他们：是有位姓邓的产妇，但孩子死了，人已出院了！军官就指挥士兵搜查。这时德国院长听到吵嚷声，走过来厉声喝道：这里是德国教会办的医院，决不允许中国军队搜查！一见洋人出来，那个国民党军官带着士兵灰溜溜地走了。

几天后，七妈和母亲在巡逻军警眼皮底下，顺利离开广州，去了香港。又买船票转去上海。海上风浪大，船颠簸得厉害，七妈又身体虚弱，真的把黄水都吐出来了。

回忆到这儿，七妈站起来在房间里踱着步，边走边说："我们是5月1日到的上海，马路上到处都是巡捕在巡逻，气氛很紧张。我们找到一个旅馆住下，母亲就按照事先约定的办法去上海最大的《申报》登了寻人启事：伍豪（注：伯伯的这个代号、笔名，当时国民党还不知道）鉴：你久已不要你的妻子。现在，我带她到上海找你。你见报后速到某某旅馆来，岳母振德。"

伯伯住在工人家的小阁楼上，仍在紧张地工作，那天他看到这则寻人启事，很高兴，认为她们总算脱险了，大大地松了一口气。但仔细一看旅馆名字，却又大吃一惊。正是前一天，就在那个旅馆里，国民党军警刚刚抓走几个外地到上海来找党中央的干部。伯伯马上派人赶到那个旅馆，把她们转移到一家日本人开的福民医院养病。经过检查，医生告诉七妈说她产后未得到休养，又过于劳累，精神紧张，现在子宫未能恢复，今后也难再怀孕了！过了两个星期，伯伯找到一处隐蔽、安全的房子，他们这才见了面。

这段几度脱险的经历，已过去整整35年了。七妈讲起来已经很坦然，但我听了之后却久久不能平静，至今都无法不为伯伯、七妈痛失爱子而惋惜，也为七妈几次脱险而深感慰藉。

如果不是为了革命，伯伯会在七妈身怀六甲时调离广州吗？如果伯伯在七妈临产前守在身旁，完全可以提醒医生，使用产钳时，动作轻柔些。那么，我的这位大哥该给伯伯、七妈带来多大的快慰与幸福啊！退一步说，大哥未能成活，至少伯伯可以亲眼看到自己的这白白胖胖的大儿子一眼呀！

七妈在这过程中的几次遇险，如果不是她对人友善，可亲，几位医生、护士会冒着风险，为她做掩护吗？如果没有陈铁军烈士当时冒险送信，没有医生、护士的掩护，七妈在白色恐怖下能脱离险境吗？而陈铁军却在几个月后被捕入狱，备受酷刑，英勇就义。在上海，如果不是伯伯及时发现那一旅馆的危险性，立即设法将七妈转移，她可能也同前一天的同志一样被抓捕而牺牲了。

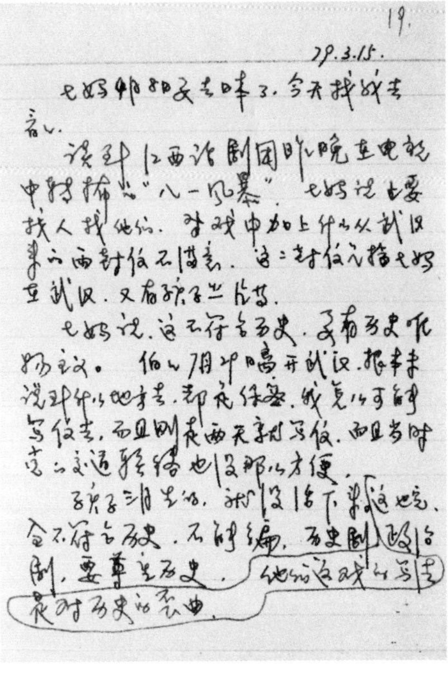
19.
79.3.15.
七妈快80岁生日了。今天我就去看看。
谈到江西话剧团昨晚在电视中转播的"八一风暴"。七妈说要找人找他们。对戏中加上什么从武汉来的两封信不满意。这两封信是指七妈在武汉，又看到孩子出生。
七妈说，这不符合历史。要有历史唯物主义。伯伯7月中旬离开武汉，根本没到什么地方去，都在保密，我怎么可能写信去，而且刚在两天就写信，而且当时交通联络也没那么方便。
孩子3月出生的，就没法写下来这些，完全不符合历史。不能编。历史剧是政治剧，要尊重历史。他们这戏的写法是对历史的歪曲。

△ 我为七妈谈话作的记录稿

这件事固然显示了伯伯高超、丰富的敌后斗争经验，可同时也反映出了伯伯对七妈极其深厚感人的

△ 1952年4月西花厅后院海棠花开时（侯波摄）

夫妻之情。

几十年过去了，伯父伯母也相继离开了我们。但老一代革命者为大家舍小家，为民族解放牺牲个人幸福的事例，常令我沉浸在对亲爱的伯父伯母的怀念中。这也使我更加深刻地体会了伯伯、七妈经常对我们说的一些话：

> 我们参加革命，是随时准备牺牲的，必要时，是不能考虑个人安危的。我们这几十年的革命，牺牲了多少优秀的同志，是那些千千万万革命先烈，用他们英雄的壮举，用他们宝贵的鲜血和生命，才换来了我们今天的幸福和安宁。他们的光辉形象在人民革命的历史中熠熠生辉，永不磨灭！我们能活到今天，只是革命队伍中的幸存者，我们要时刻想到他们。这样我们还有什么权利考虑个人的得失呢？有什么权利不全身心地投入工作，全身心地为人民服务呢？

五、七妈指出：历史剧、政治剧，要尊重历史

1979年3月15日，听说七妈4月8日要去日本了，我又去西花厅看望她。

谈到江西话剧团在电视中转播的《八一风暴》，七妈说正要找人找他们，对戏中加上从武汉来的两封信不满意。这两封信是指七妈在武汉、又有孩子照片等。

七妈说：这不符合历史，要有历史唯物主义。伯伯7月29日离开武汉，根本木说到什么地方去，都是保密，我怎么可能写信去？而且刚走两天就写信，加之当时党的交通联络也没那么方便。孩子三月生的，就没活下来。他们这戏的写法是对当时历史的歪曲，这也完全不符合历史，不能编。历史剧、政治剧，要尊重历史。

六、16年后的一次叔嫂相聚，七妈道委屈

1982年4月的西花厅后院，伯伯生前喜欢的几株海棠花正在盛开，花团锦簇，清香扑面，春色满园。午后的阳光给伫立在门边的七妈披上一身温馨的色彩。

“同宇，你好！”七妈大声招呼道。

“姐姐！”爸爸两手紧紧握住七妈的手，泪水夺眶，声音也有些发颤，“我听说姐姐生病，做了手术，不放心，早想看看姐姐。”

“他们告诉我，你要来看我。”七妈拉着爸爸一同缓缓地走向客厅，边走边说，“但那时我正在医院，这五块石头（胆结石）和我和平共处15年，现在拿出来了。”

客厅里，人一边落座，谈话已经在进行了。

“姐姐，于树德原来住在202病房，您住201。他去世前十天，我们看了他。”爸爸说，“他是糖尿病，到后期全身都包着，只留两只眼睛，很痛苦。头脑很清醒，他准备死后献身。”

七妈点了点头道："喔，他要献身。你们说到这里，现在很多人的思想比我们更先进，不但不保留骨灰，而且献身医学事业。我也是这样，已经交代了，我的哪个器官可对医学有用，都可以贡献。而且我讲了，到我病危时，不要抢救。恩来最后两个月，我看那简直是让病人活受罪，健康人也受罪。今天我们见了面。我与孩子们常见，有来往，对同宇、士琴十五六年未见。我也想让你们来，上次同宇来电话时，我正在病中。"

七妈又对着我们说："今天你们来，是因为你们的伯伯病危时握着我的手说：'一切都拜托你啦！'我要把这些事办好，那时同宇的事情尚未处理。他拜托我的事，我处理得都比他想象的要好，有的出乎他的意料。打倒'四人帮'后，我仍不能见同宇，我要等六中全会后有这个机会。但我又病了，做了5个月的室内人。

"六中全会对我党建国以来32年的历史作了全面总结，对'文化大革命'作了结论，现在叫'十年动乱'，好多人受冲击、迫害，有的伤残，有的死去，有的人搞错了，受了冤枉。在这个问题上，我想应该讲一讲，同宇是什么样的问题。这时期士琴背着这么重的包袱，一直坚持工作、教书。"

妈妈说："大姐，同宇1975年出来后偏瘫了，我才退休的。"

七妈感慨万千道："是很不容易的。同宇就不必讲了，关了这么多年，你们这些孩子，承受着党的政策的阳光，没受到你们爸爸的牵连，也没受到你们伯伯的牵连。你们当时哪里知道，你们伯伯是众矢之的，林彪、'四人帮'他们有总理的专案，是林彪、'四人帮'要打倒的对象。不过未打倒就是了。那时很多人因同你们伯伯有关系而挨整。所以。'文化大革命'中我就宣布'三不'。有些人来，我就不见，这是为了保护他们。可见你们伯伯的处境。秉华1967年初从四川来，我不见。后来秉华复员回来对我有意见，见到我第一句话就讲：你主观主义。我说：你就不是主观主义吗？他当时完全不能理解我。第二，我与谁也不通信。第三，要我写什么材料，也不写。实行'三不'。"七妈拿起一份文件，接着说道："在六中全会决议上，讲到你们伯伯一段。来，秉德，你把这段念一念。"

△ 1984年4月18日，七妈与我父母

“行。”我接过七妈递过来的《决议》，她已经在那段话下面画了红杠，“一九七六年一月周恩来同志逝世。周恩来同志对党和人民无限忠诚，鞠躬尽瘁。他在‘文化大革命’中处于非常困难的地位。他顾全大局，任劳任怨，为继续进行党和国家的正常工作，为尽量减少‘文化大革命’所造成的损失，为保护大批的党内外干部，作了坚持不懈的努力，费尽了心血。他同林彪、江青反革命集团的破坏进行了各种形式的斗争。他的逝世引起了全党和全国各族人民的无限悲痛。同年四月间，在全国范围内掀起了以天安门事件为代表的悼念周总理、反对‘四人帮’的强大抗议运动。……”

七妈接着说：“是呀，在‘文化大革命’中，恩来是在极端困难的情况下进行工作的，林彪、‘四人帮’想方设法整他，就要抓他的辫子。第一就抓了个‘伍豪启事’，闹得多厉害，要把你们的伯伯当叛徒打倒。上次已有材料，但他在批陈整风时讲的这个问题还不够清楚。现在党中央又收集了更全面的材料。这是关系到党的历史、你们伯伯的历史，也关系到你们下一代的问题。毛主席对这件事是清楚的，但当时林彪、‘四人帮’拿这个材料当宝贝。林彪还对清华、北大的学生说，总理的弟弟在坐班房。同宇怎么会坐班房？当时是世界知识出版社送来了一大沓材料，说有一个五个人的聚餐会。”

爸爸叹口气说：“姐姐，其实我没有搞什么聚餐会，只是几个人有时见见面，吃吃饭。”

七妈问道：“你是这几个人的召集人？”

爸爸解释道：“召集人是王光琦。他发通知约会，总把我的名字也加上，用两个人的名义发。”

“戚本禹拿来一大堆材料，找到恩来这里，话中有话地说：‘牵扯这案子的五个人，其中两个人自杀了，一个跑了，一个是王光美的哥哥，另一个是周同宇，是你弟弟，请你办。’送来叫恩来处理。恩来亲自下命令把同宇逮捕。当时秉钧正好在北京，我们叫他不要回家住了，住在我们这里。我现在才知道，为什么当天晚上恩来让卫戍区立即把同宇逮捕。现在才明白，他不处理，群众组织会处理，那更不得了，那是非常惨的，要逼供。又怕同宇软弱，走了下策。（妈妈插话说：那就死无对证了。）死无对证，自己死了，更得不到什么证明。搞不清是非了，其实，在那种非常时期，凡抓到卫戍区的人，生命能受到保护的。”

爸爸感慨地说：“确实，卫戍区的人的态度都好，就是专案组的人凶。”

七妈说：“管你的专案组就是专审刘少奇同志的‘一办’。今天是让大家把是非搞清楚，两代人都搞清楚。为什么你伯伯要这样做。要是交群众组织去搞清，那可是……”

爸爸摇着头脱口而出：“那可是不堪设想，不堪设想！”

七妈点点头：“对，同宇自己说不堪设想。在那种非常时期，你伯伯只能采取这样的措施来保护广大干部。”

如今回想起来，在那种无法无天的特殊年代，伯伯不仅是对自己的亲弟弟采取这样的非常手段，对许多被造反派审查的省、部级高级干部，伯伯都亲笔批准卫戍区采用了逮捕的办法。目的只有一个，先把人保护下来，免遭毒手。这都是没有办法的办法，无可奈何才出的下策，却被事实证明是十分有效的下策！

曾担任卫生部部长的钱信忠亲口说过自己的一段经历：

1967年上海“一月夺权”后，造反派更是无法无天，有恃无恐。我被百般批斗折磨之后扔进了地下室。一个星期过去了，恐怕是忙于夺权斗争，造反派几乎忘了我这只“死老虎”。数九寒天，又冻又饿，我已经是奄奄一息。于是，我求了一个看管我的好心人给西花厅送了个信。周总理立即赶到卫生部造反派的司令部，铁青着脸对造反派说：我看了你们报上来的揭发钱信忠材料，如果都是事实，那真是罪大恶极！把钱信忠给我押过来！

我很快被造反派架去了。只见周总理迎上来，紧皱浓眉，怒火冲天，劈头盖脸地对我训斥道：钱信忠，你执行修正主义卫生路线，真是罪大恶极，来人，立即押送卫戍区关押审查！

我是在造反派的掌声和欢呼的口号声中被卫戍区的两名战士架出造反派的司令部的。汽车七拐八拐，呼啸着开进了中南海。这时，跟着我一块儿上车的同志扶我下车，轻轻在我耳边说：总理让您在中南海先休息几天再说。当然，当年的中南海也不是世外桃源，我吃了睡，睡了吃，一周后，我身体基本恢复，确实被送进了卫戍区。可是，如果不是总理下令关押，只怕我早像煤炭部部长张霖之那样冤死在造反派的地下室……

原铁道部部长吕正操将军也曾说过：我看过专案组的档案，康生在上面的批示是：十恶不赦！江青的批示是：立即枪毙！到周总理的批示是：交卫戍区收监审查。于是，我坐了七八年牢，却留住了生命。得以看到粉碎“四人帮”的伟大胜利。如果不是总理，就是有十个吕正操也都枪毙了！

七妈说：“所以六中全会决议未出来时，我又不能找你们讲。现在能把这些事讲清楚，应是个很振奋人的事情。今后怎么生活下去？孩子们不错，你们家几个，还有荣庆、尔辉、尔萃都不错，没有走上邪路，有的还入了党，现在你们三房是儿女满堂。我劝同宇你身体不好，政协开会别去了。恩来去世那几年，说什么的没有？我说什么了？我没讲过一句话。我去党校讲话谈纪检，有人递条子，我才说了一句，周恩来从未把自己当作官，就是人民的公仆。在《建国以来若干历史问题的决议》中，关于恩来的一段，我也未讲一句话，由中央去决定。

“所以要说因果关系，辩证地看，同宇有这个弱点。你们伯伯亲自下令逮捕，恩来没有把柄，人家整不倒；不然让群众抓去，那就不得了，连彭老总都被搞得那么惨。

“当然，同宇问题不大，1975年被释放出来。

“你们孩子们不错。你们要注意，你们做了伯伯的亲属，要为党为国家增光，为伯伯增光，以后要老老实实、实事求是地工作、生活。党员要有党性。

“你们千万别打着你们伯伯的关系，让人家照顾。现在有人用这关系照顾你们，说这是对周总理的感情问题。”

七妈在讲话中批评了我爸爸，爸爸没有做解释。因为他明白，七妈仍然在按照伯伯的意愿，带领全家向无产阶级投降：因为是周恩来的亲属，所以就只能默默无闻，不可以张扬自己和周恩来的关系，乃至不可以讲自己真实的历史和经历。

不过，我真没有想到，七妈的心里也压着许多委屈！

“今天我倒要说说我的委屈。你们做了名伯父的侄儿、侄女，名兄的弟弟、弟媳妇，没有沾光，反而处处受限制，是不是感到有点委屈？可你们知道吗？我做了名夫之妻，你们伯伯是一直压我的。他死后我才知道，人家要提我做副委员长，他坚决反对。后来小平同志告诉我说，就是你那位老兄反对。

“解放初期，政务委员会，人家要我上，他不让，说他在政务院做总理，我就不能在政务院工作。我也君子协议，我不与他在同一个部门工作。我就向主席报告去妇联工作。组织上安排我在妇联做副主席，他和人家吵架，不同意我上。定工资时，蔡大姐（按：蔡畅当时是妇联主席，邓颖超是副主席）是三级，我知道他的作风，我按部长级待遇不定四级而定到五级，报到他那审批时，又给压到六级。国庆十周年上主席台的外宾多，他看到名单有我，又划掉了。因我是名人之妻，他一直在压我。我的工作是党分配的，不是因为他的关系，你们不要以为我现在又是副委员长，又是政治局委员、纪委书记，都是因为你伯伯的关系。这是党组织选的，是我自己的工作决定的。我们党内开会，都是会上反映的意见，人家认为应提我选我。如果你伯伯在，他一定不会让我担任就是了。”

可能出自对哥哥的维护，也可能是想缓解七妈激动的心情，当时爸爸没有说起1975年自己就已经放出来了，只因为没得到最后结论，1976年1月便失去与亲哥哥最后诀别的权利，只能在自家设立的灵堂前，面对着哥哥的遗像肝肠寸断，痛哭失声：哥哥我对不起你，我对不起你！爸爸又开始讲起了自己被抓后的事情：“姐姐，1968年抓我时，我想就是我有错误，我把所有的问题全写出来了。”

于是，话题又扯回爸爸身上，七妈的情绪也平静了些：“你倒是写材料没有乱写，你写的材料他们都拿来给我们看了。

“我希望你们仍然要谨慎谦虚。

“今天我见你们，是恩来握着我的手说，一切都拜托我的事情之一。

“我们大家要相互帮助，你们别认为七妈句句话都是对的，哪不对，我欢迎不同意见。今天讲的，你们有意见可以提出来。我想今天聚会是一个很令人振奋的会议。”

七妈的讲话总是很亲切的。

七、七妈“不但空前也是绝后”的牢骚

1988年8月19日下午，七妈又把我找回西花厅后客厅。当着赵炜和高振普的面，让我看了她在1984年改写的遗嘱，然后，语气缓慢但十分庄重地对我们三个人说：“在遗嘱中我委托了五个人（遗嘱中是六个人）料理我的后事，今天你们就占了三个人，我要求你们支持我，帮助我实现我的遗嘱的内容。希望在我死后，你们再帮我这一次忙，能帮我实现遗嘱，我就感激不尽了。

“现在我向秉德说说我的身体情况：

“1980年摔了膀子去住院。

“1981年底胆囊开刀住院。

△ 1954年，伯父、伯母在北戴河浴场

“1982年得了肺炎，发高烧多日不退，又加上植物神经失调。这种病如常人得了就得了，而我这样的人得了这病，还要保密，不能向外讲，不过当时赵炜已对秉德略谈了此事。这个病就像蛇一样缠着我，我摆脱不了它，只有忍受，可就没有办法，它常常要发作起来。发作时我就常想到过去为革命而死难的同志，及受到敌人严刑拷打、各种刑罚的同志，还有那些‘四人帮’时期受迫害的同志，想到他们，我还有什么受不了的吗？想到这，就可减轻我的痛苦。

“但这种病就增加了我老年性的痛苦，解脱不了，我要办什么事就紧张，下午要到大会堂开会，我头天晚上就睡不好觉，早晨、上午都紧张，中午也休息不了，心里装不下事。睡觉不好，常常夜里起夜三次，要吃三次安眠药，仍睡不好。有时两条腿冰凉像冰棍。

“1982年又牙痛，痛得没办法。元旦开始，一个月不能吃饭。韩大夫查出来是牙骨的多年劳损，有破损，控制不了牙齿。韩大夫给我做了牙套才好些，还常常咬了舌头、腮或嘴唇等。现在我上下牙靠不上，嘴都变形了，歪了。这个月2日下午4点咬嘴唇，到8点还不好，第二天又发现了牙神经糜烂，又要治疗。我的牙套一天要拿下来戴上去五次。

“眼睛眼压高，一天要点药四种，点九次，现在是三种药点六次。三顿饭后西药吃六七次，中药两次。一天到晚忙治病忙不过来，眼睛不好就没法看报。秉德，我与报纸隔绝已经有一年了，我只能看他们谁有空时，给我念报。

△ 七妈在伯伯卧室的窗前

“有病、疼痛我都可忍受，但就是痛苦在不知什么时候，这植物神经（自主神经）的毛病在我身上什么时候作怪。

“我的泌尿系统也不好，小便常常失禁，常像小孩子一样用尿布。（我问：这是老年性肌肉松弛，扩约肌（括约肌）弹性差了吧？）可能是，但也是因为那个植物神经失调！

“有时我遇到了一些不愉快的事情，就要强压着，有时自己都感到两手或全身发抖。

“遇到事情就会紧张。

“最近17天，小纪大夫统计我接待医生19次。

“近来秉德对我不常让你来看我有意见，我要向你说明白。我不是不想你们，不是不让你们来，是我实在没有精力见你们。在所有亲戚中，你算来得最多的。我和你伯伯的习惯是生病住院就不要互相看望，又费精力，影响体力恢复，又互相传染。”

我忍不住说道：“七妈，看望病人，特别是住院的病人是人之常情，是一种真正的关心。”

“我看这不是个好习惯。我生病就愿意自己安心休养，不愿让人看我。”七妈依然坚持自己的意见。

“在经济问题上，我手中从没拿过一元钱，我和你伯伯的钱都是秘书、卫士们管，三人小组管理，他们有账。伯伯死时，留下不到5000元，都交了党费。别人死都有六个月的抚恤金，我这儿一分钱也没要。过去我和你伯伯在经济上对你们的帮助，不是因为亲属关系，而是以一个共产党员对国家、对社会应尽的一份责任来管的。管了你们一家外，还管了国盛的妈妈、荣庆的妈妈、孙桂云等，都一直管到了死。尔辉来信说有2000元债，我用妇联出版了我一本文章、诗的稿费，补了他1000元。我不能全部管他，只能帮他一部分。那次秉建结婚时欠了账，我帮她300元。

“你伯伯在钱上更是不管，偶尔地在散步时问问何谦、成元功他们：我现在有多少钱？他连‘我们’这句话都不说，只说‘我’。他脑子里没有我，大男子主义！可是一个人的世界观改造是一辈子的事，这是1960年前后的事，此后我向他们交代将我和你伯伯的钱、账分头记，有时到月底他只剩下两毛六分钱！一次他和陈毅自费请《霓红灯下的哨兵》剧组吃饭，只好用我的钱。一入场他就宣布：‘今天请客的是小超！不是我，我已经没钱了！’这样分头记账记了一年。我这个人是不管钱的，今天我也算发发牢骚！我这样发牢骚，不但空前，也要绝后了。

“最近我冠心病又常发作，今天就说到这儿吧。”

我当时说：“这太难得了！七妈在我面前发牢骚。我看该发就发，不要闷在心里。我不怕听牢骚！”

话说得轻松，我心里却在流泪。七妈没有至亲，可她老人家为了伯伯和我们周家这一大家人真是没少操心啊！她的牢骚并不是为了生活的清廉，而是伯伯的“大男子主义”！当然，这牢骚其实也是“爱之深，责之切”吧。

第十一章　陪伴七妈

一、礼轻情意重——我和七妈互送礼物

1978年1月24日晚上，我到西花厅看望七妈，回家后又做了追记：

七妈21日刚从柬埔寨访问回来，22日又会见了法国总理巴尔。看来她的身体、精神都好，我当然想去看看她老人家。昨天打电话去，赵炜说七妈要送我些东西，要我去取。

今天下班后，我先去朋友家取了套她送我的《中国工艺品》大画册，虽然只有一本，但是这太好看了。我拿去给七妈，请七妈在工作余暇时欣赏欣赏这种工艺品。又送她四套年历卡，她很高兴。

见到七妈的第一面，她就指着我笑着说："你可是特殊待遇，我什么人都不见，还是对老大特殊了。给小咪的东西，给小五的婚礼都由你转了。"

我一看，呵，七妈穿的是中式的棉衣，我从未见过。她说这是这次生病后总感到冷，才穿上的。这件丝绵袄是在伯伯去世时，天津一个区属小厂72名青年工人每人一针一线缝起来的。七妈收到后给他们寄去了30元钱。这些年轻人把这30元钱买了鲁迅著作大家学。粉碎"四人帮"以后，他们又买了喜糖，大家吃了，还给七妈寄了来，并请七妈回信、签名。

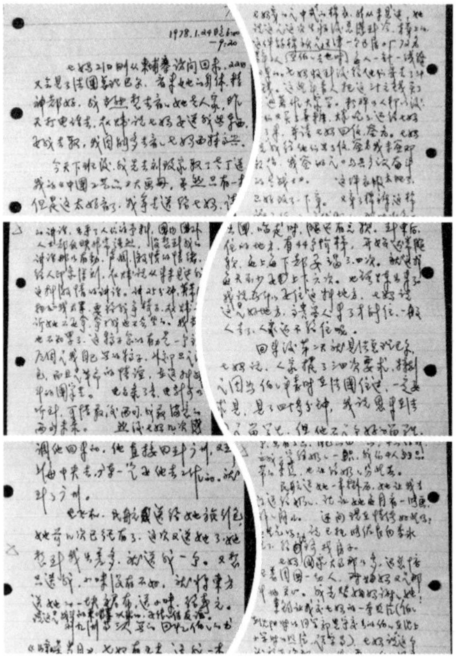

△ 我与七妈这次谈话的记录稿

七妈说："我给他们写了信，签名我未签邓颖超，我签的是'为共产主义奋斗的老战士'。"

那件衣服太肥了，七妈只好改了一下穿，又穿了棉裤。这棉裤是伯伯五十年代做的，那时准备下乡蹲点穿的，但一直未穿。伯伯还一直考虑着深入到基层的事。

七妈说在柬埔寨的欢迎宴会上，她的讲话出乎了人们的预料，国内国外人士都反应非常强烈：“没想到我的讲话那么有劲，有力、激愤的情绪，给人印象深刻。赵炜说从来未见过我这样激情的讲话。讲了25分钟，柬埔寨领导人担心我太累，要给我拿椅子。赵炜告诉她不要拿，拿了我也不会坐的。我当时也不知道累了，这稿子念的有力一个主要原因是我自己写的稿子，外交部只是润润色，而且是革命的情谊。电台录了音，电影可以听到，可惜最后两句，我最满意的两句没录上。”

然后，七十四岁的七妈几次感慨地说：我现在还可以做个宣传鼓动员，如果打起仗来，我就到部队去做宣传鼓动员。

谈到身体，她刚病好就出国，临走时，腿还有点软。到柬埔寨后，住的地方有44个阶梯，开始还常腿软，每上每下都要歇三、四次。就这样每天至少要上下六次，也锻炼出来了。我说，为什么要住这种地方？七妈说这是好地方，高贵客人来了才能住，一般人去了，人家还不给住呢。

回来后第二天就会见法国总理巴尔。七妈说，人家提了三四次要求，特别是因为伯伯年轻时在法国住过，一定要求见。见了四十多分钟。七妈对他说：“恩来在法国是留学生，但他不是个好的留学生，没有好好学习，净搞革命了。”

七妈又对我说道：“你知道你伯伯是怎么从法国回来的吗？是坐的四等舱，坐在底舱，当咸鱼，由法国的海员、工人掩护回来的，当时没有钱买船票呀！回国是中央调他回来的，他直接回到广州，又到上海中央去。广东一定要他去工作的，就到了广州。”

七妈乘飞机，民航送给她旅行包，她想到我出差多，就送我一个。又送给秉宜一块裙布，给春元（秉宜的女儿），说这是柬埔寨工人织的，要代代传友谊。

刘九洲等三人写的回忆伯伯的书《峥嵘岁月》，七妈有五本，送我一本；又想别人没有，便说：“好，这是送给人骅的，姓周的一个没送！”

柬埔寨有种水果叫奶油果，过去未吃过。七妈这次一吃很好吃，也带回来几个，只有五只，她自己只留一只，四只给我，让我一定给奶奶（即我的婆婆）一只，我们四人分三只。带的香蕉，也让给奶奶分些去。

民航送她一本挂历，她让我专门送给奶奶，说让她每月看一张画，解解闷儿。还问现在情况好些吗？

七妈国家大事那么多，还总惦记着周围一切人，对我婆母又是那样地关心。我先替婆母谢谢她！

记得七妈曾对我婆母说过：“我们同病相怜，都是刚刚没了老伴。”听了真是让人心酸不已！所以，七妈有什么好吃的，都会嘱咐送一份给“沈奶奶”（即我婆母，沈清和沈桐的奶奶）。而每逢新年，我也总会送挂历给七妈。

当时，秉钧还让我交给七妈一套照片，是伯伯在沈阳时的同学郭思宁交出的伯伯在沈阳上小学时的照片、题字等，七妈说：“这个就放在你那吧，我不要了，反正将来都是你们的！”这套照片中就有著名的“愿相会于中华腾飞世界时”的伯伯手迹，字体恢弘、雄伟，这可是伯伯在百年以前的中国梦啊！

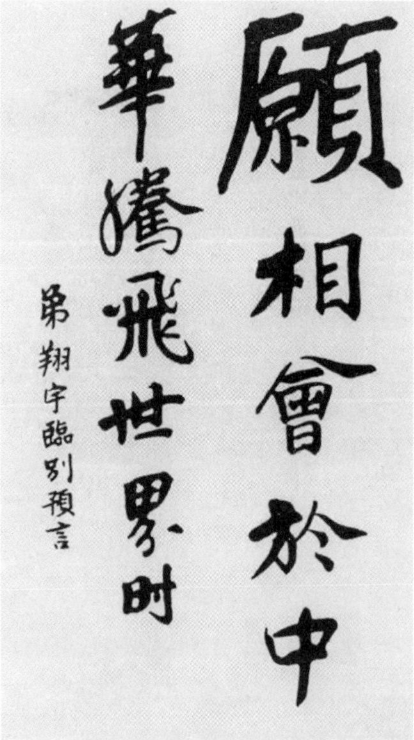

△ 伯伯给郭思宁的题词

他给郭思宁的题词是“愿相会于中华腾飞世界时”，对这句话我挺有感慨的。因为这句话是在他当初离开南开到日本之前路过东北，看到郭思宁，给他写的这句话。这可是他19岁时写的啊！今年（2017年）是他119周年诞辰，也就是说在百年以前说的这句话。

百年以前啊，那个时候中国是非常贫穷落后的，外受帝国主义的侵略，内部则是军阀混战，民不聊生。敢于想到中华要腾飞于世界，这是了不起的雄心壮志！所以这实际上就是百年以前的中国梦。年轻人都要有梦想，那个时候的梦想，到现在我们还要继续努力地去奋斗。我觉得那时候没有什么人敢想到中华能腾飞于世界，谁能敢想得到？在那么个贫穷落后的时候，敢于想这句话的人是了不起的。而且，伯伯在落款上写的是“临别预言”，而不是“临别赠言”，这说明他对自己的中国梦充满信心！

二、与七妈共赏西花厅的海棠花

△ 七妈与我和人骅

◁

七妈和我全家在海棠花前

◁

1977年5月，七妈与我们六姐弟

1979年4月15日，又是一年中的海棠花开时节。七妈心情愉悦，约了我全家和她的世交友人、北京医院牙科主任韩宗琦副院长夫妇前来观赏，叙谈。晚辈们的到来又给七妈增添了一点天伦之乐！

三、“你看，找找我在哪里？”

20世纪70年代末80年代初，七妈邓颖超身体尚健，曾以全国人大常委会副委员长及全国政协主席身份，多次出访，受到各国议长，特别是总统、元首的欢迎。许多国家对她的欢迎规格之高，远远超过对全国人大常委会副委员长的程度，显然是表示出对已故周总理的尊敬与怀念。

这是七妈1978年1月19日在柬埔寨吴哥石窟前的留影，回京后给我看照片时还让我猜：“你看，找找我在哪里？”她显然已有融于画中之感。我觉得这些照片的确很美，七妈站的位置和她的倒影，都极为优美壮观！

1979年4月16日，七妈邓颖超赴日本京都岚山，为廖承志手书周恩来早年在日留学时所写诗“雨中岚山”的石碑揭幕剪彩。回京后送了一些在日本的照片给我。

△ 1979年4月16日，七妈在日本京都岚山参加周恩来诗碑揭碑仪式

△ 七妈在岚山周恩来诗碑前

四、追踪伯伯的足迹

1980年6月，七妈应邀去法国访问时，专门到伯伯20世纪20年代曾经住过的小屋里参观，回来后将几张照片送给了我。1993年10月，我出差法国时，也急切请人把我带到这个地方。意外的是，原来的楼房

△ 七妈在巴黎参观伯伯住过的房间

△ 七妈在巴黎伯伯曾住过的房间留影

△ 七妈在塞纳河的游艇上

△ 七妈在《国际歌》词作者欧仁·鲍狄埃墓前凭吊

△ 这两张照片是我1993年在法国周恩来纪念铜牌前的留影。

已不见踪影，而只有镶嵌着周恩来纪念铜牌的那一段墙壁被完整地保存了下来，并融合进了后来营造的新建筑之中，可见法国人民对周恩来的情谊和怀念。

五、七妈给摄影作品《沉思中的周恩来》作者的吻

摄影作品《沉思中的周恩来》是意大利摄影家、《时代》周刊记者焦尔乔·洛迪先生1973年随意大利外长梅迪奇访华期间，在1月9日于人民大会堂内用小型莱卡相机为我伯伯拍摄的。照片上的伯伯微侧身躯，面容刚毅，双眉微蹙，眉峰间凝聚着无穷的魄力、意志和信心——这成为一幅记录伯伯晚年形象的风靡世界的经典作品，一直深受人们的喜爱。

不过，伯伯生前其实是没有看过这张照片的，但在他去世之后，流传得特别广。据悉，早在20世纪80年代这张照片印量就已超过9000万张。

七妈生前也非常喜爱这张照片。1980年洛迪再次来到中国，到了西花厅见到她时，她紧紧握住洛迪的双手，对他说："你拍了一张很好的照片。这是周总理生前拍的姿势和神情最好的照片之一。"洛迪先生感动不已，一时激动得说不出话来，过了一会才喃喃说道："不，这要感谢周总理。"

当时，洛迪将四张《沉思中的周恩来》原版照片送给了七妈。七妈又将其中一张送给了我，我立即在背面写下了标记，保存到现在。

我还听说了一个故事：洛迪跟七妈相谈甚欢，临别之时，他对七妈说："我可不可以向你提一个请求？"七妈说："请讲。"洛迪说："我希望你能给我一个吻。"七妈同意了，就在他额头上亲吻了一下。这让洛迪特别惊喜，说："我真没想到，一位亚洲的老妇人能用我们欧洲的习惯给我这样一个吻。我特别的惊奇！这比我的作品被翻印上亿份都要有价值得多！"

意大利摄影记者乔尔乔·洛迪本人的原版照片。
来北京西花厅送给七妈四张，此其一。
一九八〇年

△《沉思中的周恩来》意大利原版照片及背面我的标注

洛迪先生非常赞赏我七妈的这个吻，这也是七妈对在对外交往中的一段佳话，让我至今记忆犹新。

六、七妈的第二份遗嘱

1982年7月11日上午9时，我应约与秉钧同去看望七妈。七妈临时搬到中南海游泳池去住了，因西花厅的房子属于古建筑，要保护，而且电缆太陈旧了，如不维修一下，就容易出危险。不得已，七妈才同意临时搬出去一下。七妈说，准备9月底能搬回去住，现在住的是高级招待所，这里房屋高大、讲究、安静、空气好，又有个大花园，但她说还是喜欢原来陈旧的西花厅。

七妈对我和秉钧说："现在老大、老二都来了，我得向你们俩交代几件事，现在得向你们说清楚。我已经写了遗嘱，已向组织上和赵炜交代了。

"一、我死了，不搞遗体告别，不开追悼会，也不发消息。就把我的遗嘱公布一下，说明我这个人已经不存在了，就行了。

"我的骨灰，不保留，去丢到海里，去肥田。遗体如果对医务部门有作用就先解剖。

"二、我死后，我原来的文件、书刊以及衣物的处理，也已写了交代。

"三、这一点，我总是说，赵炜最近才接受下来，但还说不敢做，我说我给你写下来，交给你。就是我得了重病，当临死时，千万不要抢救，到那时的抢救是没有意义的，只能延缓一两天的生命，但搞得病人及医生都痛苦，何必呢？你伯伯那时候，我就看他太痛苦，但是我没权利说，那时最后一次手术的抢救，只拖了他五天的生命，但他受很大的罪，有什么意义呢？我对我周围的医生们都说了这个意思，我说这才是人道主义的。我看报上说，美国有一种叫安乐医院的，只要老人感到自己年龄太老了，该办的事都办了，进了这种医院，就可

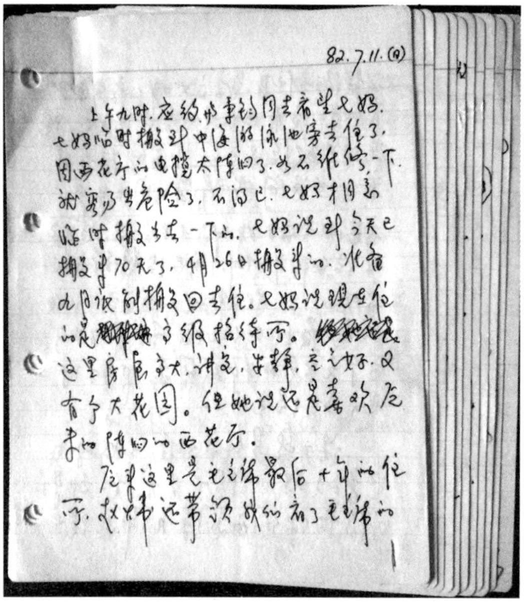
82.7.11.(日)

上午九时，应约和秉钧同去看望七妈。七妈临时搬到中海湖滨旧居住了。因西花厅的电线太陈旧了，如不维修一下，就容易出危险了，不得已，七妈才同意临时搬出去一下的。七妈说到今天已搬出来70天了，4月26日搬出来的。准备九月份再搬回去住。七妈说现在住的是高级招待所。这里房屋多大，讲究，安静，空气好，又有个大花园。但她说还是喜欢原来的陈旧的西花厅。

原来这里是毛主席最后十年的住所，叔叔还带领我们看了毛主席的

△ 我听七妈谈遗嘱的记录稿

以安静地没有痛苦地死去了。我看这也是人道主义的。”

七妈是看到伯伯最后时刻的痛苦有感而发的。这天她几次说到伯伯，都提到：你们伯伯那时候受的罪太大了，一共做了13次手术，最后一次手术抢救，只拖延了他5天的生命，实在没有意义，但是我没有权利说这个话。

就在这一年冬季，七妈又添上新的病症。她的保健医生张大夫和我商量，能否来西花厅陪陪七妈。“我当然没问题。”我说，“但七妈不会同意。她一贯的规矩，是不让我们正在工作的家人去服侍。她总是说你们都有工作，别管我，我这里有人。”不过从那时候起，她常常和我谈论一些生活上的问题了，比如在哪儿能买到小号的电褥子？有没有特别薄的毛袜、毛裤等。她过去从来不谈这些生活琐事，现在身体的不适让她不得不操心这些琐事了。

1986年七妈在大连过夏天，回京后我去看她。第一次感到82岁的七妈有点老态龙钟了，走路挪动小碎步，起身时要用手扶着椅把缓缓地站起来，但兴致挺好，手里转动着石头做的健身球，正在看日本电视连续剧《阿信》。

1992年7月11日七妈去世后，我翻看我过去的记事本，发现刚好在10年前的这一天，她老人家对我和秉钧所做的对她自己后事问题的口头交代。

七妈生前曾留下两份遗嘱，一个是在她逝世时公开发表的遗嘱，另一个是1982年11月5日，即在她第一份遗嘱隔四个月后，写下的未公开发表的遗嘱，这份遗嘱是七妈亲笔写在两页普通的信纸上的。遗嘱内容如下：

委托下列几位同志办的几项事

由杨德中、李琦、赵炜、张佐良、高振普、周秉德组成小组，请杨德中同志负责主持，赵炜同志协助。

关于我死后简化处理，已报请中央批准外，对以下几件事，由小组办理：

一、在我患病急救时，万勿采取抢救，避免延长病患的痛苦，以及有关党组织、医疗人员和有关同志的负担；

二、未用完的工资，全部交党费；

三、我和周恩来同志共住的房子，原由公家分配，应仍交公处理，周恩来同志和我历来反对搞我们的故居；

四、所有图书、出版物，除由中办给恩来的大字理论和历史书籍，仍退还原机关外，其他的交由共青团中央酌分给青少年集中阅读的单位用；

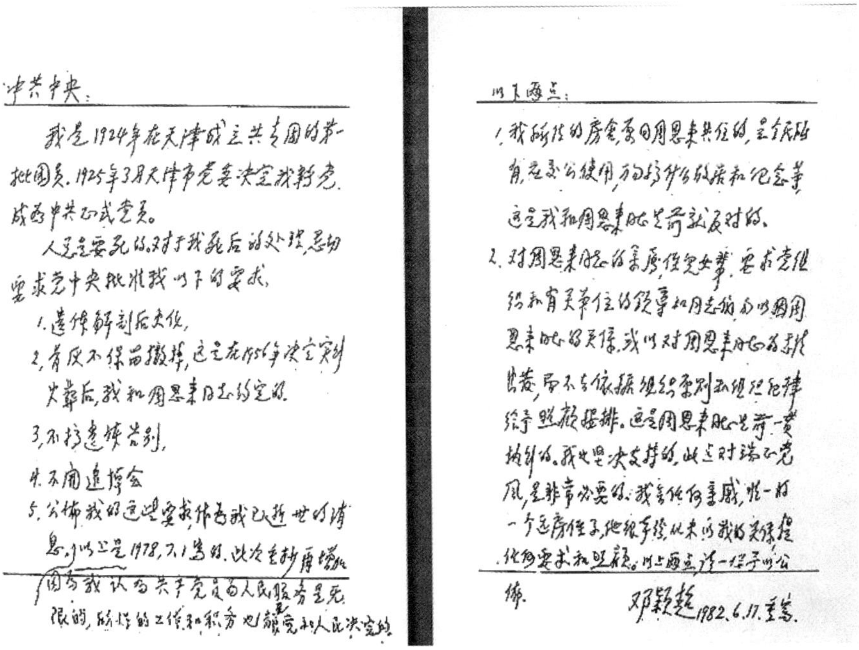

中共中央：

我是1924年在天津成立共青团的第一批团员。1925年3月天津市党委决定我转党，成为中共正式党员。

人总是要死的。对于我死后的处理，恳切要求党中央批准我以下的要求：

1. 遗体解剖后火化，
2. 骨灰不保留撒掉，这是在1956年决定实行火葬后，我和周恩来同志约定的。
3. 不搞遗体告别，
4. 不开追悼会
5. 公布我的这些要求，作为我已逝世的消息。以上是1978，7，1写的。此次重抄再增加（因为我认为共产党员为人民服务是无限的，所以我的工作和职务也是党和人民决定的）

以下两点：

1. 我所住的房舍，原同周恩来共住的，是全民所有，应交公使用，万勿搞什么故居和纪念等，这是我和周恩来同志生前就反对的。
2. 对周恩来同志的亲属，侄儿女辈，要求党组织和有关单位的领导和同志们，不要因周恩来同志的关系，或以对周恩来同志的感情，而不去依据组织原则和组织纪律给予照顾安排。这是周恩来同志生前一贯坚持的。我也坚决支持的。此点对端正党风，是非常必要的。我无任何亲戚，唯一的一个远房侄子，他很本分，从未以我的关系提任何要求和照顾。以上两点请一併予以公布。

邓颖超 1982、6.17. 重写.

△ 七妈的第一份遗嘱手迹

五、我的文件，来往通讯、文书之类的文件交中央文献办公室清理酌处，我和周恩来同志所有的照片也交中央文献办公室保存或酌处，关于我的讲话、谈话录音交中央文献办公室存处；

六、有些遗物均交公或交有关单位使用；

七、我个人的遗物、服装杂件，交分配合用的及身边工作同志、有来往的一部分亲属留念使用。

以上诸事，向委托办理的同志，先此表示谢意！在以上范围以外的其他物品统由小组同志酌处。

邓颖超

1982.11.5

从时间和内容看，这主要是对第一份遗嘱的补充或具体化。平心而论，作为伯伯和七妈最大的亲侄女，能成为七妈所指定的六个遗嘱执行人中唯一的亲属代表，我感到这是七妈对我的最大信任，也是我的一份沉甸甸的责任。

这以后，只要不是七妈住院或我出差，我都经常去西花厅，看望七妈，陪她老人家说说话。

七、国庆35周年前七妈第一次同意装修西花厅

1984年9月23日是个礼拜天，七妈约我全家去看看为迎接国庆35周年而新粉刷、油漆的西花厅。

伯伯自从1949年11月搬进西花厅居住、办公后，一直不准对房屋进行维修。因砖地潮湿，老人腿得了关节炎，经常疼痛，秘书何谦记在心中。

1960年的一段时间，伯伯七妈到外地多日，秘书何谦找工程队前来将旧砖地改为木板地面，木门窗做了油漆，白布窗帘改成白绸，木

△ 1984年9月23日，我和人骅带两个儿子到西花厅看望七妈

△ 在西花厅，我拿了一颗枣子擦了擦就要吃，七妈说：这可不干净

△ 1984年10月1日，七妈、我婆母张绚、我、人骅、沈清在西花厅

床也换了软麻的。伯伯从外地回家一看，家中焕然一新，大发雷霆，批评秘书为何不向他报告，这要花多少钱？得由我工资出。但计算结果，他工资远远不够。因他多年来，工资除自用外，许多都资助了我们家和许多亲友及老下属，且每存够5000元，都交了党费，他根本付不起这个装修费用。

国家还很困难，我家装修怎么能花国家这么多钱？于是，他不肯住在家里，到钓鱼台招待所暂住，让将床换回，将白布窗帘换回，秘书做了检讨才回来住。而自己在国务院会议上两次做检讨。有人告诉我“我这个总理没当好”，你们可别跟我学。

这次因为是粉碎“四人帮”、改革开放后的35周年国庆，要好好庆祝，有关单位与七妈商议，从为保护古建筑、古文物角度出发，多次相劝，她才同意装修、油饰一下。那天七妈的秘书高振普为我们拍了留影。

到了1984年10月1日是中华人民共和国35周年国庆日，七妈邀我和人骅携子沈清（次子沈桐参加学校集体活动）陪同婆母张绚到西花厅相见，这是我婆母第一次去西花厅。之后，七妈到天安门城楼参加检阅人民群众大游行。我们一家则去了人民大会堂的楼北厅，观看35国庆周年群众游行场面。

八、第一次也是最后一次为七妈过生日

在我的印象中，伯伯和七妈从来不过生日。

说来奇怪，1988年2月6日是个星期六，我们去看七妈时，她老人家说了一句令我吃惊的话："人说七十三、八十四，今年我也84岁了。"秉钧后来回忆说，当时他真没想到七妈说出这样的话来，心里还暗自发笑："难道七妈也落入俗套了？"认为这是七妈开个玩笑，便说："这是民间的说法，我认为，说多了，人到了这个年纪心里就形成一种压力，反而不好。"七妈说："你说得对。"

而在前天，我们刚为七妈过了生日。也不知为什么，这一年七妈身边的同志变得"胆子大了"，他们出主意为七妈办个生日聚会，通知我们几个孩子和媳、婿，2月6（周六）日去七妈那儿聚会。

那天天气特别冷，四弟秉华和妻子李玉树穿着厚厚的棉大衣，坐了几站公共汽车，手脚还冻得不行。他们比要求的时间早一刻钟到达，一进后院惊奇地发现，迎面和西侧房子的走廊都加装了玻璃窗，也就是说原来的外走廊变成了内走廊！还没等他们纳过闷来，七妈的秘书赵炜已从自己的办公室里走出来，招呼他们先到她的办公室休息。她大概看出了他们的惊奇，就开始解释："你七妈年纪大了，特别怕冷，为了保持室内温度就把走廊封上了。你们先在这屋里坐一会儿，等会儿人到齐了一起进去见七妈。"赵炜接着又说："今天给你七妈过生日，我们已经准备了寿面和蛋糕。凡是今天来的，每人交五块钱，就算是给你七妈买蛋糕了！"李玉树这才注意到，办公桌上有一个大盒子，里面有一些钱，几乎都是五元十元一张，看来有人已经先交了钱。这时，我和人骅、秉宜等人也都陆续进了屋，兄弟姐妹们争先恐后地把钱放到盒子里。

人到齐了，我们沿走廊走进客厅。远远就看到七妈在一位护士的搀扶下站在那里等我们了！我们一一上前，和七妈握手问候。七妈显然是怕冷了。以往这个季节来，七妈都是穿一件毛衣，而那天却穿了一件薄棉袄。看着七妈，我们明显感到七妈老了！说话的底气不如以前足了，走路的动作比以前慢了，只是精神没有明显变化，头脑思路还是那样清晰。再就是，七妈身边的工作人员也有了变化。除了原来的老同志，还有年轻的大夫护士。看得出来，他们都非常认真地履行着自己的职责，特别精心地照顾着七妈的健康！

七妈见到我们这一群人，显得很高兴。虽然有的人是多年不见，也还是迅速地叫着名字，还能准确地说出谁是几年没见了！看着我们的脸，七妈还不住地评论，这个胖了那个瘦了。握着人骅的手，七妈照例习惯地问沈妈妈的身体情况，还请人骅转答她的问候。见到拉苏荣上前，马上问他来北京的任务是什么？能在北京待多久？秉华笑着和七妈握手，七妈也笑着问道："小四啊，儿子上学好吧！"提起儿子，秉华笑得顾不上回答，玉树赶紧说："上学了，已经二年级了，他就在您任过教的实验一小上学！"七妈听了连声说好！老人家一手拉着玉树一手拉着秉华。看着秉华的笑脸，七妈也受到了感染，对大家说："你们看看，一提儿子小四笑的！"二弟秉钧的妻子刘军鹰当时在位于文津街的305医院工作，工作单位是离七妈家最近的。她那天刚好下夜班，交接班后才匆匆赶来，没想到还是迟到了！她不好意思地和七妈握手，似乎也想对七妈解释一下。七妈从她略带疲倦的脸上已经明白了她迟到的原因，还没等她开口，就拉着她伸过来的手，心疼地看着她，感慨地说："近在咫尺，比若天涯。"在场的人都笑了。大家都被七妈这深情的话语所感动！我们惦记着七妈，七妈也牵挂着我们哪！老人家工作忙难得和我们团聚，想见我们了又不忍心让我们请假耽误工作。时间就这样在各自的矛盾心情中悄悄流逝，无法割舍的亲情只能伴随着时光岁月深深藏在心里。

我们在七妈的秘书安排下，簇拥着七妈站好与七妈合影留念，和以前一样，集体合影后，七妈又与我们每对夫妇分别照相。

△ 1988年2月逢伯母84岁寿辰，在西花厅客厅，前排左起：李玉树、秉宜、七妈、拉苏荣、我、刘军鹰，后排左起：秉钧、秉华、沈人骅

然后，在护士的搀扶下，七妈慢慢走向客厅的沙发。这时有人发现，原本一圈同样的沙发中，摆放了一个异样的单人沙发。七妈就是慢慢地坐在了这个沙发上。从外表看，它的式样、高度、靠背都与众不同。沙发是全包的，可能与七妈怕冷有关；高度略矮大概是出于七妈腿部放松的需要；靠背稍低应该是与七妈颈部后仰相适应。就连沙发的靠垫也不尽相同，该是七妈腰部的需求吧。看来七妈真的老了，对环境的适应能力差了！七妈刚刚坐下，工作人员就去看室内的温度计，很快从卧室取来一件马甲给七妈套在棉袄外面。七妈自己把马甲抻平，慢慢系上扣子，又高兴地接受了拉苏荣献上的祝寿哈达！

看看我们都已坐好，看着放在餐桌上的蛋糕，七妈开始发言了。工作人员打开了事先准备好的录音机。很显然，七妈已经知道了今天聚会的主题。我想，作为一位八十多岁的老人，七妈非常理解身边同志们的良苦用心，作为一位长辈，她也为孩子们的到来感到异常欣慰。但是，伯伯和她几十年坚持不过生日的原则，七妈更是绝不含糊。看起来，七妈接受了身边同志们的安排，也邀请我们在这样

△ 大家围着七妈聊天

一个特殊的日子里来到她身边聚会，但是谈话中，七妈还是严肃地向我们再一次重申了党中央《关于不许给领导同志祝寿的规定》。七妈坚决地说："你们的伯伯在世时就从不过生日，这一点我和伯伯是一致的。今天是第一次，也是最后一次。"今天回忆起来，七妈那威严的目光，坚定的语调，不容置疑的口气，仍然在我耳边回响。七妈那天让工作人员把她的讲话录音，为的是保留下来，不仅让我们永远记住，也要让子孙后代铭记在心。七妈的讲话持续了20多分钟。看得出来，谈到原则问题，七妈有些激动。她讲讲停停，又停停讲讲，像是让我们边听边思考，边理解边接受。客厅里始终鸦雀无声。就过生日这件事，七妈在向我们讲述着更深刻的道理。她以一个老共产党员的身份宣传并实践着共产党人的公仆意识，告诫我们：全心全意为人民服务永远是共产党人的唯一宗旨。

看看时间差不多了，当我们和七妈齐心协力将蛋糕上的蜡烛吹灭时，七妈的脸上露出了微笑，接着亲手为我们切了蛋糕。

我们担心七妈累了，劝她回卧室休息。七妈笑着同意了。她嘱咐在场的工作人员，每人带一份蛋糕回家与家人分享，叮嘱我们配偶的父母在北京的一定要多带一份蛋糕，让全家的男女老幼都能吃到这第一次也是最后一次七妈的生日蛋糕。离开时，七妈还为不能多和我们坐一会儿表示遗憾！

△ 七妈同我说话

吃完蛋糕，我们来到厨房吃七妈的生日寿面。一进厨房门，我们就看见安师傅正忙着那！炉灶上煮面的大锅正冒着热气，显然锅里的水已经开了！灶台的西头放着安师傅刚刚做好的面卤。兴许是安师傅厨艺高超，普通的黄花木耳鸡蛋打卤，也让屋子里飘散着阵阵扑鼻的香味儿。在我们面前，没有真正的餐桌餐椅，安师傅平日的工作台上摆放着四盘小菜：一盘清炒荷兰豆，一盘炸花生米，一盘广东香肠，一盘酱牛肉。显然，操作台就是我们的餐桌了。操作台上还放着一个大托盘，托盘上安师傅用面盘了一座“小山”，“小山”的一面用山楂糕片摆了一个醒目的“寿”字，使人一看就联想到民间寿比南山的说法！白白的面条，红红的寿字，红白相间，格外漂亮。有人忍不住问：“安师傅，这都是您的手艺吧”？安师傅笑笑，谦虚地说：“面条是在中南海小卖部买的，我就摆了个寿字。”看看人都到齐了，安师傅利索地端起盛面的托盘，麻利地揭掉寿字，面条就下锅了。十几个人一起进到平时只有安师傅自己工作的厨房，明显有些拥挤。大家只能相互穿插着走动，有序谦让着夹菜。我们吃着安师傅做的小菜，赞美着安师傅的手艺，纷纷向安师傅致谢。安师傅一边搅拌着锅里的面条，一边乐呵呵地说："不谢，不谢。大姐过生日，难得呀，难得呀！"不用问，安师傅和我们一样，从未经历过这样的事情，确实如七妈所说"这是第一次，也是最后一次！"可惜那天留下的照片太少了。因为当时党中央还没有批准七妈的退休报告，我们不敢随便照相，就连七妈与我们一起吹蜡烛切蛋糕的镜头都没有留下，这成了我们很大的遗憾！

记得那天大家到后，赵炜嘱咐我们，对七妈只问好，别提生日的事，但中午吃面条，安师傅还是为七妈蒸了寿桃。七妈特别高兴，和大家照了很多相，拉苏荣还为七妈和大家唱歌助兴。其实七妈心里明白我们为什么都去了，但谁都心照不宣，直到为七妈端上一盘大寿桃时，气氛达到了高潮。

还有一个高潮就是午饭时，七妈因年事高，吃饭时说话就会吞咽障碍，容易噎着，就一人安静就餐。我们大家则都去了厨房，拿碗的拿碗，端卤的端卤，挑面的挑面。因面条特长，拿筷子的手举过头顶，面条还有一截在锅里，弄得大家哈哈大笑。说是来给安师傅帮忙，却把原来宽敞的厨房挤得水泄不通，反而弄得安师傅顾不过来了，看着大家也在一旁笑！

若干年后，兄弟姐妹们见面，回忆和伯伯七妈相聚的日子，成为一个永久的话题。这种难以忘记的回忆，常常令我们感到太多太多的遗憾。特别是伯伯的最后10年，不要说照相，就是见上一面都很难。以至于兄弟姐妹都少有成年以后与伯伯的合影。伯伯生病住院以后，当时的党中央对探视伯伯有非常严格的规定。七妈自己严格遵守的同时，也非常理解我们，探视中总是传递着我们和伯伯之间的相互思念。那时家中没有电话，联系只能在上班时间，一旦错过就很难找到我们。在伯伯仅有的两次回家时，七妈都想方设法及时通知在北京的兄弟姐妹，遗憾的是前一次只见到了我，后一次只见到了秉华，和我及六妹秉建各通过一次电话。半年以后，伯伯就永远离开了我们。伯

△ 1989年2月5日除夕之夜，我和人骅到西花厅看望七妈，头天又是七妈85岁生日，我们只是聊天，并不讲明

伯那次与秉华谈话，充满了无法割舍的亲情，又寄托着对孩子们的殷切希望。谈话的内容至今回忆起来都令我们热泪盈眶，刻骨铭心。伯伯谈话的声音常常在耳边回响，伯伯谈话的样子在脑海里常常重现。失去和伯伯这次见面的机会成为了兄弟姐妹一生中最大的遗憾！

普通的亲人见面，普通的家庭合影，普通的医院探视，这些在常人看来不能再普通的事情，为什么在周家就那么不容易呢？为什么就一次又一次成了兄弟姐妹们的终生遗憾呢！我想了好多，也想了许久，答案只有一个：因为我们是周恩来和邓颖超的侄儿侄女。

这一天在西花厅的热闹，当是新中国成立后西花厅绝无仅有、空前绝后的一次。重要的是，七妈当天特别开心！我们觉得她老人家是享受了一次难得的、普通老百姓都会过的、为家中最长者办的一次生日大聚会。真应为出此主意者记上一功、鞠上一躬。

九、妈妈带我们去看七妈

1990年5月13日，母亲王士琴带领在京的孩子们，又去看望了七妈。这时七妈身体已大不如前，体态消瘦，动作迟缓，但精神愉快，反应灵敏，与我母亲王士琴妯娌两人谈天说地的，说不完的话题，与大家谈得也很开心。下面一组照片就是当时的情景。

十、七妈最后的日子

进入90年代，86岁高龄的七妈基本在轮椅上度日，精神容易紧张。1991年3月30日我去看望她，七妈这时身体已很虚弱。我将她的办公桌及床铺拍下了照片。

在她办公桌上的部分情景：一张张学良与侄女张闾蘅的合影。儿份报纸，其中有一份《华声报》，这个华声报社是我当时所工作的单位。看来七妈也牵挂着我的《华声报》啊！似乎我已感到这是最后的留念了

1991年7月她因高烧肺炎住进北京医院，院方下了病危通知。我和妈妈王士琴、妹妹秉宜赶到医院看她。病床上的七妈极度衰弱，骨瘦如柴。医生说，现在最大的问题是她不能吞咽，无法进食，也无法用药。曾经给伯伯做过手术的吴蔚然大夫，提出为七妈实施一项特别的手术——造一个胃漏。这个手术成功了，于是延长了七妈一年的生命。

后来我去医院看七妈时，她告诉我，她曾经瘦到77斤，现在82斤，有进步了。“手术是在我不省人事时做的。如果我醒着，就不让医生做了。”七妈还挺幽默地对我说，“现在我不能吃，也不能喝，嘴都换了地方了。”

后来有一段时间，七妈恢复得不错。我去看她，用轮椅推着她到处转转，散散步，聊聊家常。想起往事，她的记忆力还很好，在病榻上她还关心着别人。我的婆婆有一段时间生病也住在北京医院，七妈惦念着，要我带话给她："你和奶奶说，我们是同病相怜，都没有丈夫了，是孤老太婆，要互相关心。"并请她的医疗组长去了解和关照我婆婆的病情。

1992年3月7日，我在七妈住院的病房内，拍下了几张照片，没想到竟成了最后的留念！

到了1992年夏天，她的病情开始恶化，又经常处于半昏迷状态。我去探望，秘书们说："大姐坐轮椅的时间少了，躺着的时候多。"她一清醒过来，就要听秘书们读邓小平南行的报道。她爱听，听了40分钟也不累。这是七妈一辈子的习惯，她毕竟是职业革命家，一位政治老人。即使在半昏迷中，她仍关心国内外大事，不失职业革命家的风范。

1992年6月23日早晨，七妈的秘书高振普给我打来电话，说22日晚上7点多，邓颖超突然呼喊："秉德，秉德！"高振普说："我打电话让她来吧！"邓颖超轻轻地回答："那就太麻烦她了。你告诉她，我

△ 1992年3月7日，我与轮椅上的七妈聊天

快要不行了。”

七妈有预感！我急忙来到北京医院，伏在七妈的耳边向她问好，并转达亲属们的问候。她说：“唔，秉德，你好，都好，都好吧！”她说话很吃力，我明白她的意思，她在问候我们这一大家子亲戚。从那天以后，每星期二我都去医院看望七妈，我知道她所剩的时间已经不多了。她经常处于昏睡状态中，我和她说说话，她睁开眼，过一会儿又闭上了。我摸摸她的手，她攥攥我的手，只能在这无言的交流中，传达我和七妈依依的亲情。

△ 我给七妈推轮椅

7月7日，我带了两箱软饮料和些纪念品到医院去，感谢秘书们和医护人员。我先去看七妈，她闭着眼睛，我叫她，她“嗯”了两声，还想睡，我就坐在屋角的沙发上和护士们聊天。我说：“你们工作这么辛苦，我和我们全家都感谢你们。你们替我们大家尽了孝心。我带了些饮料和纪念品，你们大家随便用吧。”未想到的是这时突然听到七妈说：“下次别……了！”我没听清楚，赶忙走到她身边问：“是不是让我下次别来了？”“来！别带东西了！”她说话声音挺大，显然鼓足了力气。我很心疼她这么用力，也很奇怪，她怎么知道呢？平时凑在她耳边大声嚷嚷也都听不清楚，我小声说话，她却听到了。我很不安，又让七妈操心了。

果然，七妈不仅当面嘱咐我，第二天又托季大夫打电话来：“大姐今天挺清醒，说秉德昨天带什么东西呀，你给她打电话，下次不要再带东西了！”唉！我的七妈呀！

7月10日上午，我刚到办公室，电话就响了。季大夫通知我：“今

◁
七妈办公桌上桌上放着《华声报》

◁
七妈生前用过的床

天情况不好，病危告急。”我赶到医院时医生们正在会诊。七妈心力衰竭，呼吸很慢，还有低烧。她一直在昏睡之中。我在那儿守候了一天。我出席了专家们的会诊，看着他们抢救，到晚饭前症状有所缓解。我准备走了，到七妈的床边，问她“疼不疼？”她说“不疼”。我请她睁开眼睛，她睁一睁，又合上了。这是我和七妈最后的一面！

7月11日凌晨6点多，我接到告急电话，赶快骑车6点50分赶到医院。一进走廊，就看到走廊上原先所设的隔断已经全部撤掉，大敞其门。我的眼泪不禁夺眶而出。人来人往，卫生部长、医院院长率医护人员还在抢救，江泽民、李鹏等中央领导同志接到通知也都赶来看望她最后一面，准备着向七妈告别。7点15分，抢救措施停止，七妈的心脏停止

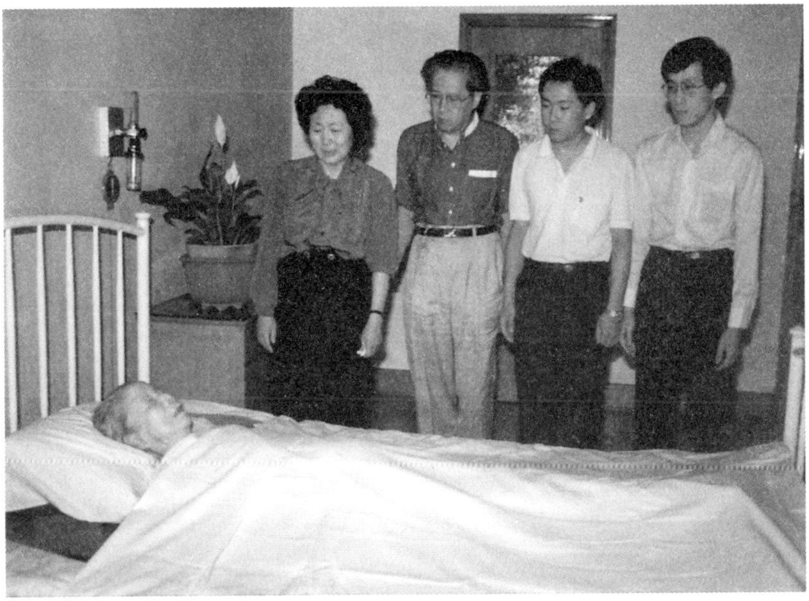

△ 与伯伯相隔16年6个月零3天，1992年7月11日，亲爱又敬爱的七妈，也追寻着伯伯，永远地离开了我们！我与全家四人在七妈安详的遗容前，悲痛难忍

了跳动。7点40分，开始在病房里告别，摆上了鲜花。我一面强忍悲痛，一面还要承担着向亲戚们报丧的责任……告别延长到上午10点钟。

10点钟，当七妈的遗体从病房推送到太平间时，一位老师傅和两个护士小心翼翼地移动着轮车。我赶上前来，和他们一起推车，抚摩着七妈体温尚存的遗体，心中默默地说："让我和七妈再走最后的这一段路程吧！"

冥冥之中自有天意。10年前的7月11日，七妈向我和秉均交代了她的后事。10年后的这一天，她却与世长辞了！……

十一、送别七妈

1992年7月18日，在天津海河送别了伯母骨灰之后，7月19日是周日，母亲带领我们全家又来到了西花厅，重温与伯母相处的岁月。

△ 在西花厅设置的伯母灵堂里，六姐弟与七妈最后一张合影

△ 在伯母卧室的床边，我与秉宜在悲痛地回忆往事

先后盛放过周恩来、邓颖超两位伟人骨灰的骨灰盒

七妈生前留下遗嘱，骨灰不保留，撒入她第二故乡天津的海河。7月18日在天津海河“新海门号”轮船上，举行了隆重肃穆的骨灰安葬仪式。当轮船行驶至海河口时，汽笛长鸣，河水滔滔。我含着眼泪把一捧捧的鲜花瓣，随着七妈的骨灰缓缓撒下。花瓣追逐着波浪，我永远地送走了可敬可爱的七妈。

1949—1976年我和伯伯相处26年。

1949—1992年我和七妈相处43年。

如今，伯伯已经离开我们40多年，七妈已经离开我们20多年。照片可以发黄，记忆却不曾淡去，时间愈久，二老的风骨音容愈加清晰。每当凝视这些老照片，忆及这些旧事，作为后人的我们，总能汲取前进的勇气和力量，并在纷繁的时代中给自己一份固守和坚持！

新海门号

十二、送别婆婆和丈夫骨灰入海

在七妈病逝后不到半年，1992年12月30日，我的婆婆张绚以97岁高龄病故。捧着婆婆的骨灰，我又一次来到了寒风凛冽的海河入海处……

这几次的骨灰播撒，对我来说，都是感情和理智的搏斗，但最终总是理智占了上风。同时我和丈夫沈人骅也互相约定：我们也要向先辈学习，走他们的路，向旧习俗挑战！

但万万没有想到，我的丈夫沈人骅会走得那么快……

我与丈夫沈人骅相濡以沫34年，彼此相亲相爱，心心相印，互相呵护、温存、体贴、理解、支持，从未红过脸，吵过嘴，有了矛盾总是先替对方着想，感情真挚而深切，很为周围亲友和晚辈们所羡慕。

1997年后，人骅身体明显衰弱，我想法设法寻医问药，到处陪他看病、住院。对他的病情、用药以及医院、医生、药物、偏方等都做详细记录，做出表来对照。我相信他一定会康复起来，我们又可以一道散步、旅游、嬉笑，享受生活的种种乐趣。谁知天不遂人愿，在他住院的后期，突然发现他患了绝症，又昏迷得不省人事，我吓晕了。医生说：太晚了，无救了，只能千方百计拖延、维持一段时间。我尽了最大努力去护理他，孩子们也都去护理他，照料他。但他还是在1999年1月5日撇下我和孩子们远行了。我痛不欲生，无法接受这残酷的事实：他才68岁呀！他还有许多事要做，还有几部书要编写，还有许多美好时光等待我们共享，怎么他就这么匆忙地走了呢？！

他走后，大量的人群、鲜花和泪水涌进了我家，为他悲痛，为他惋惜。我体会到了他的人生价值，也想到了在他生前，我们共同的心愿：向伯伯、七妈学习，死后将骨灰撒进大海，回归自然。

又该送我最亲爱的丈夫人骅走上这条路了！尽管这是我们事先约定的，但这次我要下更大的决心，才能这样做。终于我还是毅然带着孩子们，由一些亲友陪同，租了条快艇，第四次走上送别亲人骨灰的水路。这条路走得多么悲烈啊。直到此时，我才真切地体会到当年七妈心中那份沉痛。

在这之后的3天，我在梦中忽然听到了人骅那熟悉的声音：“哦，秉德是你吗？”梦中的我喜出望外，真以为他回来了，忙问：“你在哪儿？我去接你！”只听他微弱的声音：“我还能在哪儿呢？”我猛然惊醒，泪流满面。是呀，我到哪里才能找到他呢？！一时间只觉万箭穿心，我恨自己怎么没把他留在一个固定的地方，也好去看望他，怀念他，我这样做是不是太残酷了？

我苦苦地思索着，终于战胜了自己，明白过来：若干年后，我也会去追随他的，追随他的父亲、母亲，追随七妈、伯伯，我们那时会相聚的。我感到我的意志更坚强了。我也感觉到，我送他入海，这是我这个凡人的一次壮举，虽然条件简陋，但意义重大：中国乃至全世界，人口越来越多，而资源、土地却越来越少；城镇高楼越多，农村耕地越少。人类一代代繁衍，死者一代代增添，墓地、坟茔不断地建造，将来再过若干代，人类能有多少土地可供耕种的呢？我有时会想：既然我们已进入21世纪了，人类的科学知识已极大丰富，思想观念有了很大转变，生活习惯已有了深刻变化，那么殡葬习俗也同样应该有所进步，有所变化，目的只有一个，让人类的后代生活得更美好！

为了寄托哀思，我在家中设置了一个简单又庄重的祭台，挂着伯父、伯母、父亲、母亲、公公、婆婆和丈夫的照片，每当清明或他们的祭日我会烧香点蜡，祭奠他们，与他们天地沟通！

一、周同宇（恩寿）口述：周总理的家族和幼年、青少年时代

伟大的无产阶级革命家、杰出的共产主义战士、中国人民敬爱的周恩来总理，生于一八九八年（清光绪二十四年戊戌）三月五日（阴历二月十三日），卒于一九七六年一月八日九时五十七分，终年七十八岁。

周恩来同志出生于江苏省淮安县城内驸马巷，祖籍是浙江省绍兴县宝玉桥。周家聚族而居，祖宗祠堂名“百岁堂”，因十代前有一祖先活到一百岁故名。祖坟在绍兴乡间之凤凰山。周总理于抗战开始后之一九三九年途径绍兴时，曾到凤凰山祭扫祖墓，彼时该山尚有周家祖墓十余座。在绍兴周氏宗谱上，周总理和鲁迅（周树人）同宗，他比鲁迅小一辈。周总理在一九三九年，在绍兴周氏宗谱上，见到总理这一支在“恩”字辈上，列有周恩夔（周总理的大伯父的儿子，总理的大哥）、周恩来两个名字。在同一时代中，在浙江绍兴周家这一族里，竟奇迹般的（地）出现了周总理和鲁迅这样两位辉耀在世界历史上的伟大人物。

周恩来又名周翔宇，行七（这是曾祖父系统下的男孩，按同辈年纪大小排下来的）笔名和别号是伍豪，这是因为一九一九年他参加天津觉悟社时，社内同志的数目字号抓阄命名，他抓五号，故用谐音“伍豪”。在中国共产党内，他又常用“少山”这一名字作为化名与代号。

曾祖父周光勋，字樵水，是举人，卒后葬在绍兴凤凰山。

祖父周攀龙，字云门，行四（祖父辈兄弟五人）。官至江苏省淮安县知县。五十余岁殁于任上。祖父辈兄弟五人中，除老五外，四人都做过县知事。淮安城内驸马巷的房子，是二祖父与四祖父（及亲祖父）合买的，约有平房三十间，约分为十个院落及一个小花园，其中有大客厅、有书房、有走廊和月门。大门向东为“驸马巷”，后门向南为“曲巷”。这所大院从东往西转南。周恩来就出生在这里。

父亲名劭纲，号懋臣。生于一八七四年，卒于一九四二年，终年六十八岁。行七（以曾祖父系统叔伯兄弟一起排列）。父辈亲兄弟四人，为老四、老七、老八、老十一。父亲在亲兄弟中实际是老二，即周恩来有亲伯父一人（老四），亲叔父二人（老八、老十一）。

父亲年轻时做幕僚（师爷），但一生只是做职位较小的办事员、事务员一类的工作。他先曾住于北京交道口西边京兆府尹（北京）衙门的外收发（传达室）。约在一九二一年左右，到黑龙江省会齐齐哈尔市烟酒事务局（收烟酒税）做办事员。一直干了约十年，到一九三一年“九·一八”事变后，因政局和人事的变动而赋闲，失业闲居吉林市两年。一九三三年回到关内，先在河北省深县县政府当办事员，后又在安徽省的一些小县当办事员。年近六十，曾回淮安老家一趟。抗日战争爆发，一九三八年因周恩来到汉口，他到汉口往依恩来，时年六十四，此后就由周恩来赡养，一直到一九四二年病死于重庆。他为人老实忠厚和气，人缘很好。三十岁丧妻，恩来之母，后即未再娶。平生爱小酌而不酗酒，以读诗书自娱。

四伯父名贻赓，号曼青。贡生出生，有文名，文笔简练而善表达，为幕僚中之佼佼者。先亦在山东、天津等地当一般职员，后来一九一四年到沈阳，在奉天度支衙门作幕友时为该衙门长官刘尚清（此人后来曾在国民党政府内任内政部长）所赏识，升为主稿（即科长）。文名愈振，文稿流传为众所赞扬。一九二四年，东省特区（哈尔滨）行政长官王维宙向刘尚清商调了周贻赓到县长官公署任总务科长。

△ 1912年伯伯在沈阳

不久一九二五年，吉林财政厅长荣厚（旗人）亦闻周贻赓文笔佳好向王维宙制用周贻赓至该厅任专用科长，管财政开支，此职务比较重要，一九三二年日本侵略者进驻吉林，遂离任。此时，有一新民县人名魏键，在新民锦州一带抗战，因闻周贻赓在吉林理财有方，在东北三省中唯吉林财政有富余（吉林省自力修建了一条长一百八十公里的吉海〈海龙〉铁路），故魏键到天津任民政厅长时，即于一九三二年夏邀请周贻赓至天津民政厅任赈灾科长。贻赓在天津任上一年余病殁。

他是周恩来青少年时代实际的抚养人，恩来十二岁时即由伯父带到沈阳读小学。一九一三年小学毕业后，因伯父之续弦妻家住天津，恩来就到天津往依伯母，上南开中学住校，生活费主要靠伯父寄钱，不足时亦靠伯母做手工（编制铜板线袋）资助。

老八周焕臣是周恩来父亲的大弟弟，实际是恩来的叔父，因恩来自幼过继给了父亲的二弟老十一，故恩来称老八为伯父。老八是偏瘫残废人，小时就有一条腿不能动，只一条腿可动，用一小凳子移动走路，三十多岁亡故。有一子一女，女早死，子当小学教员，曾在抗日战争时期参加苏北解放区打游击，遇发大水，被淹死。他生有两个儿子，均参加了工作。

老十一是恩来的小叔，约一八七八年生，一八九九年病故，终年甫及二十岁，无子女。时恩来一岁，即过继给十一婶为子，是以恩来有生母和过继母这样两个母亲。

生母姓万，高挑身材，聪明伶俐。外祖父原籍江西在江苏淮阴县当了三十多年的知县，为人正派，有清名，善应对。他有大小两房妻子，生子十八人，女十四人。母亲为女孩中之行十二，称十二姑，幼即聪颖美慧，得父之偏爱。外祖父延师课读子女。每（宴）集宾客及出外拜会办事，独带十二姑在身边。生母自六七岁到十二三岁不离外祖父左右，广见世面、眼界开阔、耳濡目染熟谙世务。十二三岁后转而主管外祖父大家庭之收支家务，故至十几岁始缠足，至二十岁左右始出嫁。她为外祖父之老生女，时外祖父已约九十岁高龄，家事悉委十二姑。十二姑有贤名善排解纠纷，族中家内凡有纷争，事无大小，

△ 1916年在南开学校

无不争相请十二姑奶奶公断。嫁至周家后，祖父亦以家事相委，周家亦为大家族，生齿日繁，素无田产，祖父病故后，迅即败落，生母竭力支撑门面，心劳交悴，患肺痨加剧，年甫三十即不至病逝。时恩来九岁，恩来之幼弟三岁。

恩来有兄弟三人，恩来居长；二弟小恩来一岁，因乃兄过继出去，娇惯任性；三弟恩寿，又名同宇，小恩来六岁。

恩来之过继母亲姓陈，熟谙诗文。因早寡，以全副精力教养恩来。四岁即教其背诵诗词、写字作画，课读严格、丝毫不苟。恩来幼颖悟，幼年甚得两母严格教导之力，在德、智、体几方面都打下了坚实的基础。

九岁，生母与过继母相继病逝。恩来不胜哀痛，他在十九岁在天津因参加“五四”运动被警察厅拘留期中，写过一篇《念娘文》陈述两个母亲对自己的无微不至的抚养和严格的教导，寄托哀思。

两母接踵病逝后，因伯父及父亲均在外地任上，家中负债累累。作为长子，恩来以九岁的髫龄不得不肩负起料理两母后事，清理及偿还债务之重任。整整两年，变卖东西，清偿债务，安排家人生计，还在儿童时代的恩来表现了惊人的办事和组织才能。

一九一零年十二岁，伯伯回乡携带恩来遂往山东、天津至沈阳任上，送其至陆军小学就读。作文、书法均为全班第一，此是更多得利（益）于过继母亲，因她有文学素养，教恩来作文时竭力要求文字周密、字迹工整。

初进陆军小学时，有些大同学因恩来是南方口音，欺他人生地疏，骂为“南蛮子”并多次结伙打他。恩来看到当地别的小同学也有被打受欺辱的，于是他和很多受屈辱的小同学交朋友，在受欺辱被打时，互相声援集体抵抗，小同学人多，联合起来，使大同学以后再也不敢欺辱他们。恩来晚年回忆儿童时代说：“这是我交朋友，受欺辱

△ 1914年3月，伯伯与几位同学共同发起成立敬业乐群会。该会宗旨是“辨难析疑，轶出于课程之外，研究各种学识”，探求救国救民的途径。伯伯历任担任该会的智育部长、总干事、副会长、会长、《敬业》杂志总编辑。这是敬业乐群会职员的合影。二排左起第一人是伯伯

△ 1918年南开校董严修、校长张伯苓为改革教育赴美考察，途经日本时受到伯伯等南开留日校友的欢迎。前排左三为伯伯；二排左二是张伯苓，左三是严修

压迫者联合起来，团结和反抗的初次胜利！”

他保存着一张十三岁在沈阳上小学时的照片，鹅蛋似的脸面，眉清目秀，戴瓜皮帽，留辫子，穿着对襟高领棉袄。

在沈阳，就是他和伯父两人寓居，生活是清苦的。

一九一三年，十五岁。到天津，入南开中学。先住伯母家，后住校。生活要靠伯父寄钱，不足时靠伯母做手工编织铜板线袋资助。后因做了一篇文章，为一老师所赏识，经老师推荐，成为南开中学唯一一个公费生。在南开中学读了四年，这时他接受了孙中山的民主革命思想的洗礼，成为热情的爱国民主主义者。他积极参加该校的学生会组织“敬业乐群会”，成为该会的学生领袖。他并担任该会的文艺部长，用文艺化妆宣传形式宣传民主科学思想和解放破除迷信的思想。他发挥了爱好文艺和戏剧的特长，演出文明戏《一元钱》《华娥传》《一念差》等剧。他身材修长苗条，扮演了女主角，因时还没有男女同台演出的习惯。在南开中学时的照片，有一张站立全身照，一张半身坐照，均为留平头，穿夏布长衫。

一九一七年十九岁，以学业优异毕业于南开中学，经校长张伯苓支持，校董严范孙和同学李某资助，东渡日本留学。东渡时作诗云：“大江歌罢掉头东，邃密群科济世穷。面壁十年图破壁，难酬蹈海亦英雄。”表现了青年时代的凌云壮志和济世雄心。

他到日本东京，住在早稻田大学附近的牛金山吹街的吹馆电影院旁边一家金岛家具店二层的一个房间里，同一姓陈的留学生同住。他到日本后进了神田区高等预备学校补习日文，据日本的国木隆三所写的《周恩来》一文记载，说他平时是到现在的江产大能乐堂前行二号革命派机关报发行所去写传单，所以大学基本就没上。他在一九一八年夏在神田参加和领导了抗议日本政府压迫中国留学生的留学生归国运动。他到早稻田大学去旁听过河上肇的课，开始接触到马克思主义。他在日本忙于革命活动，未考取大学。一九一九年四月，周恩来结束了留日生活回到中国。

（按：这篇回忆是我父亲在1976年9月口述，由党史专家胡华记录的。）

△ 1918年伯伯在日本

△ 五四时期的伯伯

二、伯伯诞辰100周年、110周年纪念等

在伯伯诞辰100周年的纪念活动中，我时刻能感受到发自人民内心的思念仍然那么强烈。1998年的2月和3月近60天中，除了参加全国政协会议，我的记事本上的活动日程被排得满满的。从南到北，从东到西，几乎赶场在各个城市、各个单位隆重纪念伯伯的多种多样的活动中。

在几个月内，我收到或买到了十数座伯伯大大小小的镀金的立像、座像、头像；数十本回忆伯伯的厚薄不一的书刊杂志、数十枚大小不同的纪念封及色彩凝重典雅的纪念邮票；数十块金光闪闪的纪念币——其中一种制作精良、由上海金厂铸造、天津周恩来邓颖超纪念馆发行的用6克足金18克白银铸造的《周恩来诞辰100周年纪念珍藏像》。在我的书柜里显现出一片金光，这是我们姐弟六人每人掏了2680元钱，由大妹秉宜在寒风中排了三次长队才为每人买到一份的。

都说时间是医治心伤最好的医生，可对伯伯仿佛是个例外。

1998年，江苏文艺出版社根据大型艺术专题片《百年恩来》对近二百位国内外同志和朋友回忆周恩来的访谈编写成的《周恩来——百人访谈录》一书中，有一位中国人民的老朋友冈崎嘉平太的儿子冈崎彬先生的回忆，让我久久不能忘怀：

问：我们知道您的父亲与周总理有很深的交往。1988年他已经是90高龄，还不远万里赶到天津出席了周恩来国际研讨会，并在会上作了精彩的发言。我们有两位同志都亲耳聆听过，十分动情。能否请您谈一谈您本人和您父亲与周恩来的交往。

答：好。我第一次见周总理是60年代。1963年在人民大会堂。周总理接见我们的时候。因为我跟贸易访华团无关，所以我排在访华团的最后，总理与来访的每一个人一一握手后，站在我面前。第一句话用中文问我：

"会不会说普通话？"

我说："不会。"

他第二句用法语问我："会不会法语？"

我说："也不会。"

他又用英语问："会说英语吗？"

"英语会说一点儿。"我回答后又接着反问："您会日语吗？"

他两手一摊，笑着用日语说，"我的日语忘光了。"

我知道总理曾在日本住过一年，可是"我的日语忘光了"，清清楚楚的日语，使我吃惊。他说完哈哈笑了一声。这是我和周总理的第一次会面。当时，我父亲是站在周总理身后，他显得特别高兴，为什么呢？因为他最尊敬的、最喜欢的人正在和自己的儿子交谈。他那带点儿羞涩的天真的脸，说实话是我有生以来第一次看到。就在这一刹那，我明白了父亲之所以要我请假陪他到北京的用意。

周总理对我说："你父亲不会自己说，他为我们、为我做了什么样的工作。我们中国对他怎样评价的，所以我来替他说

△ 1993年3月5日，七妈去世后，伯伯的第一个冥寿日，我和人骅去西花厅后厅悼念伯伯和七妈

一说。我非常信赖你父亲，这种信任体现在牺牲自己利益为他人尽力的行为之中，你父亲为了日本和中国，牺牲自己尽心尽力，所以我们非常信任他。”当时我还是三十多不到四十岁，可算是青年人，因为生平见过很多地位高的人，在国外如总统，在美国也见过国务卿等人，可是周总理却是和那些人不一样。首先他不给人以威严，那炯炯有神的眼睛，放射着柔和的视线，他对我这样的年轻人，也像和朋友说话一样亲切。毕竟是10亿人口中的拔尖人物，与众不同。这虽然是短暂的时间，却是难忘的初次见面。晚上开了一个盛大的宴会，会上聆听了总理的讲话。那次讲话，对我来说是影响深远的讲话，成为了解中国的基础。周总理讲话的大意是：

日中邦交的历史，在史籍记载的就有两千多年，没有记载的恐怕更悠久，这期间，日中之间保持着良好的关系。一般说来，邻国之间的摩擦是正常的例子，但是日中关系一直保持了良好关系，只是在近代的70多年，从日清战争开始形势变得恶劣。这几十年比起良好关系的历史，只不过是一瞬间。因此我们的任务就是把关系恢复到良好的关系，走共同繁荣的道路。保持良好关系是天理，是天的意愿，我们所做的努力只是执行天的意志而已。

我从小就知道，日本的文化其源泉在于中国文化。那次听了总理的讲话后，使我认识到日中两国的友好关系也是天理，这是我看中国时的基础。和周总理的接触中，我父亲受到很大的影响。

我从父亲嘴里听说过很多和周总理之间的故事，其中常常提到的是："周总理圣人论。"父亲可能只对我说过。说："世界上有四大圣人：基督、释迦牟尼、孔子、穆罕默德，以上四人称之为世界四大圣人。周总理应列入圣人之中。"父亲这时候笑着这么说，如果圣人中有两个是中国人，可能别人会有意见的，只好委屈一下孔子，这个地位应该让给周总理。

我听父亲说：他和周总理的正式会谈就有18次，但非正式的会见，不计其数。有时候到周总理的办公室里会见过。正式会谈时中国总理穿着笔挺的中山服，在日常工作时，他穿着有补丁的衣服。

这件事对我父亲的冲击很大。从此我父亲再也不添置新衣服了。年纪大了以后衣服显得肥大。但他照旧穿着旧的直到去世。我想父亲这样做，是为了使自己更接近于周总理的缘故吧。我母亲看着父亲那肥大的衣服，几次劝他做新衣服，可他怎么说也不听。

从生活细节中我父亲看到了总理的为人。他还经常说，人一般来说，得到权势后，不管这个人如何严格要求，总不免在某些方面会流露出来，表现在态度上。不管是哪一个国家的人，地位高了就会流露出来的。可是在周总理身上半点儿都找不出来。

听到周总理去世的消息时，我父亲的悲痛难以形容，我从来没见过父亲如此悲痛的情景。说一句不该说的话，我甚至怀疑，恐怕我死了，我母亲死了，他也不会这样悲痛欲绝。去参加周总理追悼会，我们离开东京到北京机场时，看着窗外的景色，我父亲自言自语地说："一想到周总理已不在了。心里总是快活不起来。"

我父亲是1989年发病住院后八小时，安然去世的。他是拿着准备整理的材料从楼梯掉下来死的。当然父亲的突然去世，对我们是打击。整个葬礼结束后，包括母亲在内，我们几个弟兄围坐在一起交谈时，母亲就说："不要太悲伤。"我们都惊呆了。这是为什么？我母亲心平气和地说："活到了92岁，又能到周总理身边了。我倒是高兴他能够去周总理的身边。这怎能说是悲？是高兴！"我们兄弟也觉得这话有道理。看着父亲的遗容，看不出痛苦，似乎看到一丝笑容。当时我忘了是谁提醒的，反正不约而同地，将周总理相片放在父亲遗体的胸上，送去火葬场。骨肉之死当然是悲痛的，但想到父亲到了周总理的身边，无拘无束地交谈，他们在天上保佑着我们，这样，心情缓和了许多。当母亲谈到在天国，你父亲和周总理在交谈时，我一下子回想起1963年第一次见到总理时的情景，父亲那种带着羞涩地站在总理身后，看着我和总理交谈时的天真的情态。想到这一切，仿佛他们在天国看着我们这次的采访活动。

我从中国朋友那里听说的，在淮安，在周总理的故乡，有父亲留下的字迹。那里写的是："访问周总理的故乡泪流不止。"落款是"弟冈崎嘉平太"。那里常有很多中国友人去采访，常常问起，总理哪来日本的弟弟，我也尽力说明。

问：你父亲和总理的生日差不多吧？

答：不，我父亲大一点。今年（1997年）是我父亲诞辰百周年。总理是明年的三月。

问者感慨：实际上你父亲应该说是哥哥。

答：但是从人格来说只能是弟弟。我看，我父亲是把自己看成比总理小一半的弟弟与周总理交谈的。在周总理面前，只能认为自己是比他小很多的弟弟。一生中，能遇到这样的朋友，总算是没白活在世上，很可惜我是没碰上。

我家里没有周总理的笔迹。因为当时想反正随时可以要到，没料到，总理这样匆忙离开了人间，我父亲很后悔。每当谈起总理的事儿，我父亲几乎成了少年。不仅跟我是这样，跟办公室的人谈起周总理，脸色就变了，沉醉在美好的回忆之中……

是的，冈崎嘉平太先生因视伯伯为知己，把自己一生的轨迹确定在促进日中友好的事业上，而且影响了他的儿子，使中日人民之间的友谊代代相传。

我接触过许多国内外的同志和朋友，大家都难忘伯伯的细心、平易、可亲，都永远忘不了他是如何对待每一个人的，他总是给人以尊重和希望，给人以细致入微的关怀、周到至极的爱护——不管这个人多平凡、多普通，或者过去犯过多大的错。人们对伯伯也有过各种赞颂，但是，过去从来没听说把他与中秋的明月相连。

日本朋友小山五郎，他只是在1974年9月30日的国庆25周年宴会上见过我伯伯一面，那也是伯伯生前最后一次主持国庆招待宴会。宴会结束之后，当他走出人民大会堂的宴会厅时，立即就把高悬天空的那轮明月与伯伯的形象联系在一起，因为当天正好是中国的传统佳节中秋节。这一幕就在他心里面留下了深刻的印象。所以当《百年恩来》专题片的有关人员采访他时，他给摄制组一个题词，称周恩来是“人类的明月”。这满含真情的表述，让我不禁心头一亮：是啊，伯伯留在人间的爱，确实像中秋的明月。伯伯给所有见过他、爱着他的人们留下的印象，确实是一家团圆后的那种温馨、甜蜜、美好、幸福的感受。伯伯，好一轮中秋明月，好一轮永远为天底下百姓和友人喜爱的中秋明月！

记得1998年2月13日，在由浙江省委、省政府和绍兴市委、市政府在绍兴举办的“周恩来同志诞辰100周年纪念大会”上，我弟弟秉钧有一个发言，道出了我们姐弟的心声。他说：

在周总理诞辰100周年之际，家乡举办纪念活动，反映了广大人民群众和广大共产党员对周总理的敬重之情，怀念之心。

△ 1998年3月5日，人骅去世前，最后一次去西花厅参加对伯父伯母的悼念活动。左起：拉苏荣、李玉树、秉和、人骅、我、母亲王士琴、秉宜、周力（秉华之子）、秉建、秉华

无论走到哪里，凡听到谈周总理，无论干部、群众，无论中国人、外国人，包括港、澳、台同胞，无不表达出对他的敬重之意。

为什么会这样？我想，归根结底，是因为他是一位真正的人民公仆。他一生舍生忘死地为民族求解放，全心全意地为人民服务。他为人民办了那么多好事，为国家做了那么大的贡献，却从不居功，仍极自然地严格律己，体现了一种伟大的人格和纯洁的献身精神。

从我七岁第一次见到我们的这位伯父，几十年间的眼见耳闻，我的感觉集中到一点就是：他是一个纯粹的人，一位纯粹的共产党员，共产党员就应该是他这样的人！

最近在全国各地陆续播映的电视专题片《百年恩来》中，有一句解说词说："周恩来就是廉政的同义语"，这是一个非常贴切的比喻。

在他诞辰100周年，逝世22周年的今天，我们纪念他，倡导他的这种大公无私的精神，我想这正是这个纪念大会最重要的现实意义所在。

作为周恩来的亲属、晚辈，我们将同全国人民一起，穷一生之努力，学习、发扬周总理的这种精神，继承他的遗志，为我们国家的富强，为人民的富裕而努力奋斗。

龚自珍的诗中说："落红不是无情物，化作春泥更护花。"伯伯当年撒了骨灰，就是郑重宣告，他身后什么都不要，什么麻烦也不给人民留下，他愿意回归大自然，化为一捧泥土，深埋下去，回归平凡。同样，这也是16年后去世的七妈的心愿。

面对全国各地对伯伯隆重真诚的纪念，我的心情也很复杂，我作为人民的一员，总是内心激动，感慨"历史是人民写的"，"历史的确铁面公正"。伯伯以整个生命向党、祖国和人民表达的真诚，对新中国外交和世界和平的特殊贡献，被历史承认。然而，每当夜深人静，我单独面对自己与伯伯的合影，回到侄女的角色，书柜玻璃门内众多伯伯纪念塑像的金光一片，又让我心里有些忐忑：如果伯伯在天有灵，看到全国各地一座座耸立起的塑像，看到家乡土地上再造的"西花厅"，看到我书柜里这些金子化成的他的座像、头像，他一定不高兴；他若看见后人在回忆他的同时却又编造出许多不真实的细节来神化他，他一定不高兴……

还有，我永远忘不掉伯伯生前说过的一些未曾实现的心愿。

伯伯曾说过："巴金写了长篇小说《家》，等我退休后，我要写一篇小说《房》。"我想，以他从小的切身经历，以他的生动的文笔，以他性格的那份执著和毅力，如果他能正常退休，他一定给后世留下这本不敢说一定超过巴金的《家》，但一定会是精彩纷呈的长篇小说《房》。

伯伯还说过："以后我要退休了，我就去演戏，谁说总理退休不能演戏？我就要开创一个！""我演戏还行，学导演向你学习（对孙维世讲）。"这绝非杜撰，有信为证！

我妈妈喜欢收藏东西，20世纪90年代末期她老人家交给我一些几十年前我写的信件，其中有一封1957年2月21日我给在无锡疗养的爸爸写的信，白纸黑字，是真实往事的记载：

亲爱的爸爸：

……

伯伯的身体还很好，我已看到他，见他脸被晒得成了褐色了。他告诉我他长了两公斤呢。他还风趣地说，这两次到了十一个国家，走了十万八千里，孙悟空一个筋斗十万八千里。我也是孙悟空了！温度是零下40度到零上50度，上下九十度。这是一次多么伟大、艰苦的旅行啊！而他完成的使命是多么高贵、在国际上起的影响作用是多么伟大啊！星期天我和维世姐都来看他了。他谈到在重庆时，与老朋友去吃饭馆。到一家小饭馆，楼上只有三桌，正好闲一桌。他们占用了。别桌人们都去看他，他与那桌的人都握了手。他说：我和他们都握了手，都满足了，我又告诉他们请他们不要下去嚷，惹得很多人来。结果他们也都不嚷出去。我们说：你在北京就不行了，人这么多！他一听，立刻说：为什么不行？今天我就可以请你们到外边去吃午饭。我们有些不敢，他说，没什么关系。我们就商量了到个较小的僻静一些的小馆子去吃。我们坐车到了东单新开路的一家“康乐”，据维世姐和张元阿姨都说那里不坏。但那里满座，还有人站着等着呢。我们又出来，伯伯临时想起东华门的“萃华楼”。他说1946年三人小组谈判时，与马歇尔等到这里吃过一次，有了印象。去年吴努来，他说“请你去吃饭馆”，就请他到这儿来了。今天他又想到了这儿。说，我第三次在这儿吃是请你们！我们吃的是简单的菜饭，五个人五菜一汤，米饭、馒头一共是十元零二角。他说：这可比重庆贵，重庆六人，六菜一汤有酒。菜还较好。只有三块四角六分，物价是低。我们回来，小虎（注：伯伯在抗战时期的副官龙飞虎之子）站在门口。他有趣地问小虎：“你猜我们一人吃了多少钱？”这天可真不容易，他说：“今天陪你们玩了三个钟头！”是呀，他的时间很少如此。回来他马上又开会了。

在谈话中。他说他发奋读《家》。已读了三十六页了！大家都笑了。他发奋读只读了三十六页，他的时间太少呀！他准备先读巴金的原著，再读剧本。伯伯很爱好艺术，他对文艺界的很多人、剧目都认识、都懂得。他看了《家》电影。说：“演三少爷的就是过去演连长的。他没有生活。他说，我要去演觉新，也要比他演得好。”（这时七妈提出说：“让周同宇去演觉新才好呢，一定好。”）他又说：“以后我要退休了，我就去演戏，谁说总理退休不能演戏？我就要开创一个！”“我演戏还行，学导演向你学习（对孙维世讲）”他是很活泼的，他现在也仍注意运动，身体真算健康的！他的身体好是全国人民、全世界人民的幸福！我首先非常高兴，您也一定高兴吧？爸在那很闷，我平常也没故事讲给爸听，今天的故事，我想爸是愿知道这些内容的。

女儿秉德

1957年2月21日

可惜，用伯伯的话说：“‘文化大革命’让我少活10年！”直至去世，他也没能正常退休，没有一个休闲幸福的晚年，当然就没有写长篇小说《房》和演戏的机会。为了整个国家和民族，他实践了自己的人生准则“我不入虎穴谁入虎穴，我不入地狱准入地狱”、“党让我活多久我就活多久”，死在了总理的岗位上。只是我用常人的眼光看，他毕竟也有属于自己的一个个小小的心愿未了……

我不知道伯伯能不能听到我的这些话，更不知道自己是不是猜透了伯伯的心声。但是我凭我一个共产党员又是伯伯亲人的良心，真诚地希望在今后纪念伯伯诞辰之时，多寻找他的一生对整个民族的精神启示，少搞一些有形的纪念品。愿伯伯如中秋的明月，永远温馨着人间！

转眼又到10年后的2008年，在伯伯诞辰110周年之际，我再次重复了他诞辰百年时连轴转参加各种纪念活动的日子，深切感受到人们对他的热爱之深和历久弥新。让我记忆犹新的是，在一位热爱周总理的年轻企业家赞助下，我带领由周恩来邓颖超亲属、身边工作人员和老一辈革命家子女组成的一百多人的代表团前往伯伯的出生地淮安，同时还有许多热爱周总理的民间人士也自发前来，共同参加了纪念活

△ 2008年2月，我率团到淮安参加纪念伯伯诞辰110周年活动时的合影

动，那热烈的场景让人无不动容！

2008年3月28日晚，在人民大会堂举办了《你是这样的人——怀念敬爱的周总理大型情景音乐会》。热心的观众们冒雨前来观看，不少人甚至是不远千里从外地赶来的。演出当天我在家里就接待了一些外地来的爱周人士，所以至今印象深刻。这场纪念伯伯诞辰110周年的音乐会上演了很多精彩纷呈的节目，其中最感人的一幕，则是老艺术家郭兰英再次献唱《绣金匾》。

据任远《中国电视50年的风风雨雨》记载：1976年12月21日，《诗刊》编辑部主办朗诵音乐会，晚会的主旋律是“怀念周总理”。歌唱家郭兰英演唱《绣金匾》为纪念周总理改动了歌词。当唱到“三绣周总理，人民的好总理。鞠躬尽瘁为人民，我们热爱您”的时候，台上台下失声痛哭，人们任凭对周总理的怀念之情汹涌奔放。1977年1月周恩来逝世一周年的纪念活动中，电视播放的怀念节目又一次达到高潮。1月8日晚，北京电视台播出了文艺专题《我们怀念你啊，敬爱的周总理》。郭兰英又一次演唱了《绣金匾》，当她唱到“三绣周总理”一段，在末尾几乎泣不成声，只有那板鼓在急速击打着，在延续一刻之后，郭兰英拼尽全身的气力和感情唱出了最后一句歌词。这时，全场掌声雷动，夹杂着哭声和呼声。人们的激情像火山爆发那样，整个剧场似乎都在震撼着。

△ 2008年3月28日晚，郭兰英在人民大会堂含泪演唱《绣金匾》

30年后，已经年届八旬的郭兰英站在人民大会堂的舞台上再次演唱《绣金匾》。当她登台时，不少人还在为年迈的她能否真唱有所担忧，然而只见她身着黑色服装上台，先是对着大屏幕上我伯伯的照片深深地鞠了一躬。随后，在交响乐队的现场伴奏下她刚一开口，熟悉的旋律伴着久违的歌声从舞台上传来，韵味依然那么熟悉而亲切。当唱到“三绣周总理”这一段的时候，她的歌声已经有些发颤，泪水控制不住地从眼眶溢出，许多观众也都跟着泣不成声。大约停顿了半分钟，郭兰英才高声唱出最后一句“我们热爱您”，在演唱这句高音旋律时，她几乎是用尽气力唱出饱含深情的“您”字，顿时全场掌声雷动，经久不息。情绪过于激动的郭兰英在雷鸣般的掌声中，被工作人员搀扶着有点踉跄地走下舞台，但她的歌声似乎依然萦绕在观众耳畔，在人民大会堂久久回荡。

△ 2013年9月，我和秉宜、秉建在上海周公馆伯伯的塑像前

还有，进入新世纪以来，随着互联网的发达，许许多多热爱周总理的人都聚集在网上，通过发帖和跟帖表达了对我伯伯的怀念。在伯伯的诞辰和祭日，不少网站还制作了纪念专题。作为亲属，我与你们的心情是一致的，我也在此表达对你们由衷的敬意！

◁刘延东（左二）、周家鼎（左一）、杨德中（左三）出席了座谈会。图为我在座谈会上发言

◁刘延东和周家亲属合影

△ 晚年时在办公的七妈

三、七妈诞辰100周年、110周年纪念等

2004年2月4日是七妈的百年诞辰，中央文献研究室和天津周恩来邓颖超纪念馆联合在政协礼堂举办了《永恒的妈妈——纪念邓颖超同志诞辰100周年文艺晚会》。我们亲属受邀观看了演出。2月8日，周家兄弟姐们6人又在政协礼堂共同举办了《纪念邓妈妈百年诞辰座谈会》。座谈会由我主持，十届全国政协副主席、中央统战部部长刘延东和曾在伯父伯母身边工作的杨德中将军、周家鼎中将等出席。部分与会者深情回忆了与七妈交往中感人的点点滴滴，会议很成功。2月10日，中共中央在北京人民大会堂举行纪念邓颖超诞辰一百周年座谈会，中共中央总书记、国家主席胡锦涛发表重要讲话，高度评价了邓颖超的一生。我作为亲属参加了座谈会，深受鼓舞。

回想起来，从我住进中南海，接触最多的人就是七妈。建国后，由于伯伯担任了国家总理，七妈心甘情愿地退居幕后，最大程度地支持他的工作，并在生活上无微不至地照顾他。有时她随同伯伯到外省

◁ 我们亲属在纪念七妈的书画展开幕式上

▷ 我和秉宜在七妈画像前合影留念

◁ 纪念邓颖超诞辰110周年音乐故事分享会现场

市考察，只要与自己的工作无关，她和其工作人员的费用，就都由自己承担。同时，因为周家是一个大家族，找上门来的亲戚不可胜数，但伯伯实在分身乏术，七妈就自觉为他排忧解难，积极地承担起了料理周家家事的重任，并在教育周家子侄上倾注了很多心血。而七妈之所以能在工作外挤出这些时间来，则与她和伯伯的君子协议有关，即两个人不能在同一个部门工作。伯伯铁面无私地坚决不许七妈在政府中任职，后来在定工资时还尽量压低她的级别，她也就一直留在妇联工作。而且，七妈谨言慎行、以身作则，平时生活非常低调，从不给伯伯添麻烦。

伯伯在世时，七妈虽未担任重要领导职务，但仍为我国妇女儿童事业的发展以及科教文卫等工作做出了大量贡献，并力所能及地积极促进中外友好交流和世界和平，在统战和外交等方面有力地配合了伯伯的工作。

伯伯逝世后，七妈化悲痛为力量，继承遗志，永远向前，晚年仍坚持为党和人民的事业而不懈奋斗。她相继担任了全国人大副委员长、中纪委第二书记、中央政治局委员、全国政协主席，并利用早年同国民党方面的接触、联系和影响，以及她在统战工作中的人脉和声望，全面主持中共中央对台工作，兼任新成立的“中共中央对台工作领导小组”组长，并提出了对台工作要做到寄希望于台湾人民，既要抓紧，又不能操之过急，要“细水长流”“见缝插针”。这番对发展两岸关系的真知灼见，至今依然具有现实意义。

作为侄女，我时刻都以伯伯和七妈为榜样，希望能继承他们的遗志。我作为中国和平统一促进会的常务理事，又积极参加黄埔军校同学会的活动，多次参与两岸有关交流活动，就是想为祖国统一大业贡献绵薄之力，以告慰二老在天之灵。

2014年2月，又到了七妈诞辰110周年之际。1月19日上午，在全国政协文史馆举办了纪念邓颖超诞辰110周年美术作品展，一幅幅精彩的作品表现出文艺界对七妈的爱戴与怀念。下午，在中央文献研究室指导下，周恩来邓颖超研究中心在人民大会堂天津厅举办了邓颖超音乐故事分享会。我们亲属参加了这两场纪念活动。在音乐故事分享会上，七妈原警卫秘书高振普、天津市红桥区原服装二厂的职工代表杨敏、伯伯银幕特型演员王铁成、中国儿童电影制片厂原厂长于蓝、七妈原护士谢淑华、大妹秉宜、七妈侄孙邓友平、七妈原秘书赵炜等先后深情讲述了和七妈在一起的点点滴滴，让大家深受教育。李光曦、蒋大为和韩芝萍等艺术家还现场演唱了七妈生前喜爱的一些歌曲，以表达怀念之情。

同时期，我也收到了不少关于纪念七妈诞辰的文艺作品，不论水平如何，都是饱含深情，让我看后十分感动！

四、忆伯父伯母多年来对我们的教育与要求

这是我和弟弟妹妹们共同签字盖章存在周恩来故居管理处的文稿：

我们从小在伯父、伯母身边长大、成人，几十年来，两位长辈对我们生活上的关怀、思想上的启迪、品格上的培养，以及作风的锤炼，都付出了大量的关爱与心血，视如己出，使我们感到亲切、温暖，也促使我们不断地努力、上进与自强，处处以他们为榜样，做好自己的本职工作，不辜负他们对我们的培养与教育。

伯父、伯母对我们的教育与要求，都是在日常生活中，点点滴滴，随时随地而为，并没有集中起来订出若干条家规，现将这些教育与要求回忆归纳如下：

一、在外面不要讲与他们的亲属关系，“要做个普通学生、普通劳动者”。

二、“不能因为伯父是国家总理，你们就有任何特权思想，更不能要求特殊照顾。这是我们共产党与其他政党的不同所在。”“无论上学、工作和生活，都要靠自己的努力，要自我奋

△ 2012年5月，周恩寿后人们在西花厅

斗，革命要靠自己。”注意培养我们的自立能力，防止产生对家庭的依赖思想。“公家的汽车不能接送孩子。”

三、“要充分认识我们的封建没落官僚家庭的思想观念，对我们家庭每一个成员在思想上潜移默化的影响，要随时随地主动改造自己，人要活到老、学到老、改造到老，思想上要不断地严格要求自己。”

四、要求我们选择学业和工作，都要从国家利益出发，以国家需要为标准。教育我们尽量到基层、到边疆、到最艰苦的地方去。

五、教育我们要艰苦朴素，刻苦工作，不能讲吃讲喝，更不能追名逐利。他们常说：当年我们干革命，随时准备牺牲，从未想到过取得政权后当什么官，想起几十年来牺牲的那么多战友与同志，我们是幸存者，还有什么权利不全心全意地为人民服务呢？

六、不能在伯父伯母这里解决家庭以外的任何问题，不要替人带信，更不能替人告状。不该看的不要看，伯伯的办公室，不可随便进；不该听的不要听，有人来谈工作，孩子们一律回避。

七、中南海周末常有电形，凡有内部（尚未公开放映）电影，孩子们都不要去看。住校的孩子星期天应回学校上晚自习，家里有多么精彩、难得的戏票，也不许不回学校，要养成遵守纪律的良好作风。

八、教育我们兄弟姐妹之间，要互相帮助。当几个大孩子参加工作后，伯母与这几人分工，分别资助经济上尚未独立的弟弟妹妹。

九、要求我们晚婚晚育。在择偶问题上，嘱我们除考虑人品、性格外，更要考虑有共同的政治目标。鼓励在内蒙古插队的秉建找一蒙古族青年，成家立业，共间改变边区的落后面貌，促进民族团结。

十、要求我们对秘书、工作人员要有礼貌，见面主动打招呼。

十一、伯父最后病重住院时，因当时“组织上”的规定而不让侄辈们前去看望，只能通过电话交谈，仍念念不忘教育我们做好本职工作，为完成党的事业，为国家的强盛，为民族的兴旺而努力奋斗。

周秉德　周秉钧　周秉宜　周秉华　周秉和　周秉建

2003年10月

五、李文娜对我回忆她与伯伯的偶遇

2005年10月22日，我与李文娜女士在一偶然场合相遇。她激动地对我谈起一件往事：

1956年的一天，我与一位同学来到中山公园的来今雨轩，一进门看到周恩来邓颖超坐在那里喝茶，他们招呼我们与他们同桌坐，与我们聊天，问我们生活、工作、学习、家庭等。还说：“这么小你就做教授了！”我说是助教。就这样聊了一个小时。

临走时，总理要买山楂糕，那里没有，他买了话梅，送了我们一人一包。我过去接时被绊了一下，总理马上扶着说：“当心，当心！”我当时是即激动又紧张，有幸遇到国家的总理，又感到自己太渺小。过后又遗憾当时没能留下照片！

其实我父亲当时正在秦城监狱，他是1975年被特赦的，黄维第一人，我父李九思（国民党十三兵团副司令，五十九军副军长）是第二人。我当时没有向总理说。但事后有人对我说：如果我当时向总理说了，说不一定会有好结果呢！总理对普通年轻人，这么平易近人！我印象太深刻了，一辈子忘不了！

六、香港赴展见闻——蒋经国先生曾称赞伯伯周恩来

2007年2月26日我应邀出席了在香港浸会大学举办的《为中华之崛起——周恩来生平事迹展》开幕式，所见所闻使我印象深刻，很受感动。出于对周恩来总理的崇敬与热爱，为纪念周恩来总理诞辰109周年，并使香港的青年学生能够系统地了解周恩来总理的伟大人格，铭记他为祖国的繁荣、民族的兴旺所做出的杰出贡献，更好地学习他的崇高精神，香港满威利基金会及何东舜铭国际文化基金主席何东舜铭先生、副主席陈复生女士积极与天津周恩来邓颖超纪念馆联系。经过近一年周到细致的筹备，与中华人民共和国外交部驻香港特派员公署、周恩来邓颖超研究中心、香港浸会大学及大公报社等六个机构共同举办了这一展览。

满威利基金会将笔者拙作《我的伯父周恩来》一书在香港印制出版繁体字版，也在展览开幕仪式前召开了出版新闻发布会。

出席展览会开幕式的主礼嘉宾：除主办方领导人员外，还有中国人民对外友好协会会长陈昊苏、中联办副主任郑坤生、96岁高龄的德高望重的全国侨联副主席庄世平老先生、何东国际关系问题学会主席何东、何鸿章大使等。此外还有中央文献研究室副主任陈群及第二编研部主任廖心文女士，周恩来邓颖超研究中心顾问、伯父生前秘书纪

愿望"

张海甯说，他们返回大陆后有公费治病，他有肠胃炎，扬甫都有关节炎及有过肺病。

张治甫表示，不习

"愿意回台湾的，可以回台湾，给足路费，提供方便，去了以后，愿意回来的，我们欢迎"的政策来到香港转回台湾的。到现在已经一百四

香港《七十年代》编辑部专稿

《访蒋

问：蒋经国先生的民族情感怎么样？

答：谈到民族情感，他当时还是有的。他的母亲毛夫人是被日本飞机炸死的，我曾经带着宣传大队到了他的家乡溪口去过一趟，就住在他的家里，悼念了毛氏。后来他还为他母亲开了追悼会，最初怕宋美龄不高兴，所以不敢公开举行，后来大概是取得宋美龄的谅解，在赣州举行了盛大的追悼会。但是有一件事情，直到现在仍然令人费解，当年，我们以为赣州一定会遭到日本的轰炸，但是却没有。

问：您可不可以想象，蒋经国先生对您的印象怎么样？

答：我记得，最低限度，他这点应该知道我：蔡某人不是奴才型，我不盲目附和人家。包括我对他也是一样。比如说当年我为了反对马克思主义，而把马克思的《资本论》全部啃完。这事情蒋先生是知道的。我不是没有头脑、没有思想的人。在赣南，就有人送给我一个外号，叫做"小钢炮"，言下之意就是天不怕地不怕。一九四五年，为了宣传蒋先生在上海"打老虎"的功绩，我专为蒋先生写了一本书，书名叫《蒋经国在上海》。我写这本书虽然是受国民党中宣部委托的，但也可说明一个问题，就是我对蒋经国先生比较了解，热忱支持，他也表示满意。

问：外界有些人推测，蒋经国先生是长期留苏的，他可能不会跟大陆和谈，而终于会靠拢苏联，依靠苏联力量继续同中共敌对，你想有这种可能吗？

答：这个问题，因为我没有经过调查研究，不可以代替蒋经国先生发言，况且对他这二十多年来的情况，也很不了解。但是我自己有个看法，就是如果他跟苏联走，绝对没有什么出路。

△1975年，伯伯在医院写下的关于台湾问题的批示

东，卫士高振普等。

展览现场，首先看到的是一块弧形淡绿色屏风，上有周恩来笔体《为中华之崛起》六个苍劲有力的大字，百块展板美观精致，内容分六部分，包括《少年立志追求理想》《为求解放不懈奋斗》《开国总理功盖千秋》《心系百姓与民同乐》《模范夫妻挚爱情深》《鞠躬尽瘁死而后已》。

参加开幕式并观看展览的学生、市民极为踊跃，络绎不绝。我看到有几名八、九岁的小学生，跟随爸妈参观展览后，又各自买了两本《我的伯父周恩来》一书，排队来找我签名。经询问才知，他们都还要给自己的学校送上这本书。这让我很受感动，毕竟这书要150元一本呀！

还有件我未想到的事：九十高龄的粤剧老艺术家红线女，在女儿红虹陪同下，专程从广州赶来参观这个展览。当她看到我时，高兴地对我说："周总理的展览我当然一定要来！我今天还要赶回广州。"她对记者说："我对周总理十分尊敬，他是领导，我是子民，他是老师，也是朋友。"

开幕式后，主办方还安排了纪东、高振普和我三人与百多名学生座谈，名为"周总理与我——分享会"，共同回顾伯伯的伟大精神和人格魅力，谈他如何鞠躬尽瘁、如何顾全大局，谈他待人诚恳、生活俭朴等，与会者争相各抒己见，气氛热烈。

这一展览还给我带来了另一个收获，认识了前国民党陆军少将蔡省三先生，蔡老先生与我讲起了封存62年的一段往事：1945年9月蒋经国先生对我伯父周恩来的一次称赞。

蔡先生是1975年第七批也是最后一批被中央人民政府特赦的国

民党战犯，当时政府对他们的政策是：可留大陆，可去台湾，也可另择居住地，并来去自由。蔡先生一心想去台湾，因他曾是蒋经国的部下，1941年蒋经国在江西城州创办《江西青年日报》时，23岁的蔡省三担任总编辑，他们之间曾共事十年。被特赦后，蔡省三等十人经停香港，等待台湾批准入境，但时任台湾最高领导人的蒋经国，却拒绝他们进入台湾。于是这十人只得各奔东西，自谋出路。蔡省三留在了香港，以写作为生，并于当年得周总理关照，特批其原配夫人到港与其团聚，使他深受感动。

尤令蔡先生感动的是，1975年9月1日至4日，新华社的《参考消息》报连续四天转载了香港杂志的一篇文章《访蒋经国旧部——蔡省三》。周总理当时虽病重在床，但他坚持看完四篇连载文章，并在最后一篇连载旁用颤抖的手写下了批示："请罗青长、家栋将蔡省三四篇，对四篇评论的真实情况进行分析，最好找王昆仑、于右任女婿屈武等人，弄清真相，以便**（二字模糊）。周恩来，九月四日，托托托托。"

事隔32年，在这次展览会的一块展板上，就选用了这张伯伯生平最后一份有关两岸关系批示的《参考消息》影印件，反映出伯伯对两岸和平统一大业的殷切期望与坚定信念！

89岁的蔡老先生，看到这块展版后，既激动又感慨，立即在《新报》上发表文章，回忆往事，怀念总理。

展览的主办人陈复生女士，看了这篇文章后，想办法找到了蔡老先生，使我得以在香港会晤了蔡省三先生夫妇。在叙谈中有一件事使我印象深刻，他说：

1945年8月28日，毛泽东偕周恩来、王若飞诸位飞到重庆，展开国共会谈。我也到机场看热闹。有二百多位民主人士如沈钧儒、郭沫若等人到场欢迎。9月1日晚，中苏文化协会设宴欢迎毛泽东，孙科、宋庆龄、冯玉祥将军一起迎接毛泽东一行到二楼贵宾厅。

我在楼下出于好奇，想上楼看个究竟，挤到楼梯口时，周恩来发现我了，站起来向我招手，示意我过去。我毫无思想准备，走上前去说："只想见见毛主席。"周恩来便让我走到毛泽东座前，我恭敬行礼。毛泽东起身，周介绍说："这是蔡希曾（我的原名）先生，是蒋经国先生的助手，我们陪都青年界的精英。"毛泽东同我握手，用相当浓厚的湖南口音对我说："好哇！好哇！全国青年大团结呀！"我有些激动，反复地说："是呀，大团结，大团结！"就急忙告辞下楼了。

下楼后觉得自己有些失态，连一句礼节性的话都没说。第二天我同蒋经国先生一起吃早餐，把昨天见到毛泽东、周恩来的情形跟蒋先生说。蒋先生哈哈大笑，问我："你见过周恩来多次了吧？"我说见过好几次。有一次我还对他提过不同意见。

蒋先生沉吟一会，说："周恩来对人那么诚恳，这不全是做作，是出于他确有素养。周恩来做人的工作是第一流的……"

蔡先生还说："当年，周恩来与我们这些'蒋帮份子'可说是政治上的'死敌'，但我们对周恩来的风度是很佩服的。"

我想，作为政治上的另一阵营，蒋经国在评价任何一位中共领导人时，首先会以敌对视角，给以轻蔑或贬低。在他说来，对于中共人士，尽管他有所佩服，也不可能给予全面的肯定和赞扬。因此，从他口中说出的"这不全是做作"，就是很高的评价了。

听了蔡先生讲起62年前蒋经国对周恩来的这一评价，使我更加崇敬伯父周恩来，更加感到应该使青年们多了解周恩来为中华之崛起、为中华之腾飞而忘我工作、不懈奋斗的一生，更加期盼广大青少年了解周恩来、学习周恩来，树立健康的人生目标，努力学习、认真工作，使我们的民族更加兴旺、使我们的国家更加繁荣，使我们人民的生活更加美满幸福！

七、朱汲老先生对我谈伯伯

2008年6月，我在南京和朱汲老先生等人会合，准备一起去淮安参加伯伯的纪念活动。在路上，朱汲老先生谈了很多。

朱汲（即原国民党少将朱衡义），1917年初生于浙江湖州，据称是国民党高级将领胡宗南的侍卫官。他说自己是西北军官学校出身，曾任蒋介石侍从室军官、宋美龄侍从官。西安事变后，任西安城防司令三年，与当时八路军办事处叶剑英打交道多，一有八路军、共产党人不见了，叶就找他要人。

朱老先生回忆说：

每次周恩来往返于延安重庆，路经西安时，我要保证他的安全，并曾护送他由西安到广元。路上有一座张良庙，他在这庙里停留半个多小时。当时我就想，这人会做宰相。有时周恩来与夫人邓颖超共同行走，上下车时，周都要搀扶邓……周待人好，记性好，知道得多。刚见到我，就知道我是胡宗南的外甥，知道我原来的职务。黄埔的学生都敬重他。抗日初长沙大火，当局保密不许说，但还是有人告知他，他马上撤离，不然来不及了。

胡宗南是黄埔军校一期。一天，上午蒋介石找他谈话，下午周恩来找他谈话，他就跟随了蒋。如果周恩来上午找他谈话，他就会到这边来了，只差半天，胡宗南是穷苦出身啊。

朱老先生说的这一家之言，我并不很清楚是否都属实，但因为对涉及伯伯的事情都十分关注，就记录了下来。至于实情到底是什么样的，我当然还是希望能见到更多的证据来说明。

八、伯伯“人民外交”的又一杰作

应泰国常媛女士参加她次子常念廖的婚礼之邀，2009年1月3日午夜，我和六妹秉建搭乘泰航班机从寒冷的北京到达炎热的曼谷，开始了我们在曼谷的三日行。

4日上午，我们来到了常媛家。好大一个庭院，有篮球场大，草坪上十来个白色长方形凉棚，下面都摆放着餐桌餐椅；庭院北面一栋约七、八百平方米的两层白色现代楼房；东面一个不小的泳池；再往东，是一座柚木搭建的精巧泰式两层小楼，据说已有百多年的历史。下午1点半，在白楼中厅，正式举行了婚礼。

在婚礼后的自由交谈中，联合国驻北京代表马力克（美籍巴基斯坦人，夫人是美国人）夫妇，知道我们姐妹是周恩来的侄女，主动过来用不很熟练的中国话对我们说：1961年周恩来总理到巴基斯坦，有一百多万人上街欢迎，他在巴基斯坦被称作英雄！……他还很荣耀地说，他的祖父见过陈毅，认识陈毅。谈得多了，他又把他那2米高的儿子从别处找过来做翻译。我一看，这不就是中午在一个餐桌吃饭的小伙子嘛，这时似乎已经是老朋友了，谈得当然很开心。

常媛的丈夫安东大使来找我们，把我们带到另一处人群中，介绍我们认识中国驻泰国大使张九桓。张大使见了我们非常高兴，还激动地说，特别崇拜周总理，在别人家和网上看过我的书《我的伯父周恩来》，对我很敬佩。我急忙纠正他说：对周总理我们大家都敬佩，对我可绝不能“敬佩”，千万千万！我可不敢当！他又一定请我们5日中午到中国大使馆午餐。

第二天，我们拜访了中国大使馆，感到很亲切，并与张九桓大使互赠著作。

△初到中国的常媛（8岁）

我们和常媛一家的缘分

为什么我们被邀请参加这样一个有意义的泰国民族婚礼活动呢？用常媛女士的话说：这是我们周家和常家最尊重的长辈，周总理穿连成了一家。所以，我们是以家庭长辈的身份，受邀请来参加此活动的。

泰国的常媛女士，1956年8岁时，与她12岁的哥哥常怀，由泰国当时的总理秘密送到中国读书，受到周总理亲切关照，并交由廖承志负责关照他们日常生活。他们在中国上了小学和中学、大学。1969年她与一位英国留学生结婚离开了中国。两个儿子取名为“常念周”“常念廖”。他们一家人50多年来同中国建立了长久的友谊至今。她很想念周总理，也把她怀念总理的心情，集中在与我们周家后代的联系上。这是中泰人民友谊的象征，又是周恩来总理几十年前就已进行的民间外交的一部杰作。

常媛的父亲乃汕，在20世纪50年代，是泰国政府最高顾问。当时泰国贫穷，依赖美国经济援助。美国不准泰国与共产党新中国交往。乃汕先生是当时为了泰国国家安全的反共总策划者，是社会上非常有影响的人物。1954年乃汕到日内瓦参加国际联工会议，在报纸上看到中国政府代表周恩来的儒雅风度，一点不像美国所宣扬的那样，说共产党野蛮、粗鲁、破衣烂衫，很感意外。回到泰国，他开始怀疑自己的反共的策划，私下买了些有关中共、马克思的书籍看，听中国的英语广播，看法有所变化。1955年印尼万隆会议前夕，乃汕与总理塞波文商议：“我们虽然不是万隆会议正式成员，但我们可以派人去旁听，当面了解了解中国人。”当时决定派旺怀亲王出席万隆会议旁听。在万隆，周总理对泰国政府这一小动作非常敏感，找一切机会同泰国亲王接触，并邀请他到自己住的官邸共进晚餐。周总理那短短的会见，留给旺怀亲王无比深刻的印象和泰国对中国政策的反省。亲王回到曼

△ 2008年12月11日，周、常两家人在北京会面合影

△ 20世纪60年代，伯伯、七妈、廖承志与常怀、常媛兄妹等人合影

谷，直接到乃汕家中，大谈中国总理周恩来的文质彬彬、热情友善，特别是周总理在会议上提出了“求同存异”、“和平共处五项原则”，使与会者耳目一新，在会议上起到了不容忽视的重要作用，说周恩来是“公爵”，我们应该去联络。泰国背着美国与中国的秘密联系，就此启动。

乃汕与总理塞波文又进一步商议：共产党中国并不像美国宣扬的那么可怕。而且中国是我们的近邻，是个大国，如果有什么冲突，美国的远水可救不了这近火，我们应该与他们建立联络。但又不能公开，只能秘密进行，想到中国历史上有“和亲”“人质”的传统做法，乃汕表示可将自己11岁的儿子和7岁的女儿秘密送往中国请周总理收养，以此表示对中国的信任，也从而让中国理解泰国自身难度。在秘密疏通联络过程中，中国政府周总理表示，我们现在不是过去旧时代，我们不会用对人质的态度对待他们，我们欢迎他们来，会真诚地爱护他们，保护他们，教育他们，让他们了解中国，但又不能忘记泰国，将来做中泰友好的使者。

△ 1972年，伯伯与常媛合影

△ 1972年，伯伯在北京接见常媛

1956年8月，12岁和8岁的兄妹二人，在四名保镖陪同下，经过缅甸等秘密渠道，来到北京。住进了周总理事先安排好的三进四合院，内部陈设都是中国风格，还配备了翻译、厨师、司机。兄妹二人在北京读了小学、中学、大学，交接了许多朋友。周总理和邓妈妈来看过他们，对他们说，将来你们可是要做大事的！还曾把他们接到中南海西花厅家中去做客。总理又请负责外事的廖承志经常关照他们兄妹，廖承志的母亲何香凝老人，根据他们泰国名字的读音，为他们分别取了"常怀""常媛"的中国名字，周总理给予批准，他们也喜欢，都感到非常亲切。

由于政治的原因，在社会上一直不能公开他们的真实身份。常媛说顺了中国话，又不肯说泰语了。周总理告诉他们不可以忘了自己的母语，又专门派老师来教他们泰语。

1966年的"文化大革命"，常怀正在北大读书，却被无理驱逐出境！回到泰国。他说：在中国10年，正式见到周总理不下五次。

"文革"中，常媛又下乡，又到工厂，在读书时，与日本一位名

△ 20世纪70年代末，常媛带儿子常念周来北京看望七妈

流之子很要好，但迫于日本极左派的压力，不能允许他们结合。这时，一位英国留学生又一再积极追求这位风华正茂的20岁女孩儿。

常媛告诉我："1969年，周总理自知无法控制当时的混乱局面，担心我处境危险，告诉我：不管你愿意不愿意，你赶紧跟着这英国人离开中国吧！由于我是秘密入境，没有护照，周总理亲自给英国使馆写信，证明我的身份，请英国使馆接受我，去往英国。

"1972年，美国总统访问中国后，我父亲很敏感，认识到泰中建交时机成熟，让我从英国来北京找周总理。周总理乘机又一次开展乒乓外交，在北京组织一场'亚洲乒乓球赛'。泰国政府第3号人物，以泰国乒乓球队顾问身份，秘密来到北京，一下飞机，就被我、我哥哥和周总理所派的人员，把这位政客秘密接走，与周总理商谈建交事项。泰国团这次历史性突破的访问，安排和会见，给我父亲带来了无限的荣誉和幸福感。

"现在我的两个儿子，都有中国名，1975年生的叫常念周，1978年生的叫常念廖。他们都曾在第二实验小学读书一年半。他们与老师校长感情很深，长大后，还请几位小学老师校长到曼谷、巴黎几个地方去旅游，来北京时也常去看望他们。"

后来我在曼谷常媛家中，见到念周的继父安东大使，很高的个头，一看就感到是北欧人。他用中文告诉我，他1982年到1984年在北京做荷兰驻中国大使，这刚好是两个孩子在北京读书的时期。难怪这两个孩子北京话如此地道！

常媛一家在北京安了家，在巴黎、曼谷都有家，经常来往各地。

△ 1978年，七妈、廖承志等人会见常媛母子时合影

常家的第三代，常念周从事中国与泰国及欧美的友好关系和金融咨询工作，常念廖是英国政府的国家专项协调员，负责英中两国可持续发展跨部门的合作。他们都对中国很有感情，跟着老一辈的脚步，会把常家和泰国人民对中国的友好，在21世纪里继续发展下去。

当今，中国与泰国之间，无论是政府还是民间，无论在政治、经济、文化、科技领域，还是医学、体育、旅游事项，都交往密切，这正是60年前，作为总理的伯伯在人民外交上，不失时机、诚恳相待、周详安排、巧妙布局，所取得的必然结果。

九、发现伯伯在广东国民革命政府担任的第一个重要职务

自2010年以来，每年我都会参加轮流在台海两岸举办的《中山·黄埔·两岸情》论坛，会晤了许多国民党退役将领并与他们进行

交流，还去台北的国民党党史馆查阅过关于伯父的资料。此外，也看了一些其他史料，才知道1924年伯伯从欧洲回国后，在广东国民革命政府担任的第一个重要职务不是黄埔军校政治部主任，而是广东全省副政治委员。

在郭廷以编著的《中华民国史事日志》中1924年10月14日第二条记载如下：

> 10.14（九.一六）
>
> （2）广州革命委员会会长由胡汉民代理，廖仲恺为秘书，蒋中正为军事委员长，又委廖仲恺为军事委员长所属各部（黄埔学校、航空队、甲车队、工团军、农民自卫军、兵工厂卫队、吴铁城所部警卫军等）之政治委员，汪兆铭为广东全省政治委员（廖仲恺、周恩来、谭平山副之），并决定今晚十时以武力解决商团，蒋中正任指挥，吴铁城（直接由革命委员会管辖）、李济深、张民达、李福林、范石生等部均参与攻击。

上面这个史料佐证了伯伯曾参与指挥平定商团叛乱，这也是黄埔师生的第一仗并初战告捷。此外，在东征胜利后，伯伯还曾奉广东国民政府之命，担任东江各属（下辖25个县市）行政委员，成为共产党人主持地方政权的先驱。当时年仅27岁。

十、在光山参观七妈的祖居

2011年5月20日，我们周家的部分亲属和伯伯、七妈生前身边工作人员的子女们在河南信阳寻访红色革命遗迹，下午到达七妈的祖籍地光山县，参观了邓颖超祖居纪念馆。后来，大妹秉宜写了一篇《回光山县忆伯母邓颖超——写给光山县颖超中学的同学们》，文中生动地介绍了祖居：

△ 我和秉宜在光山的七妈祖居

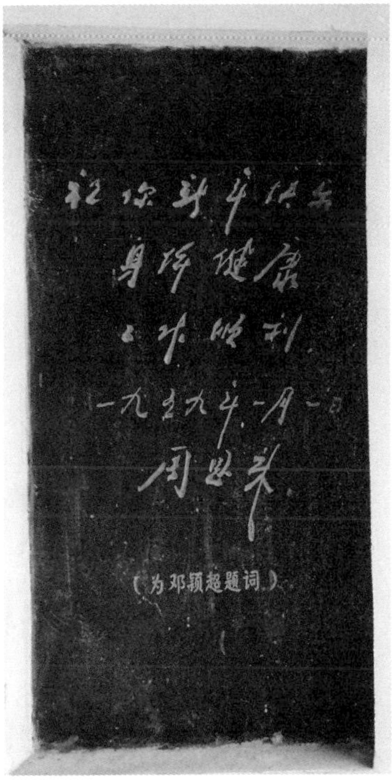

◁

七妈祖居的字碑

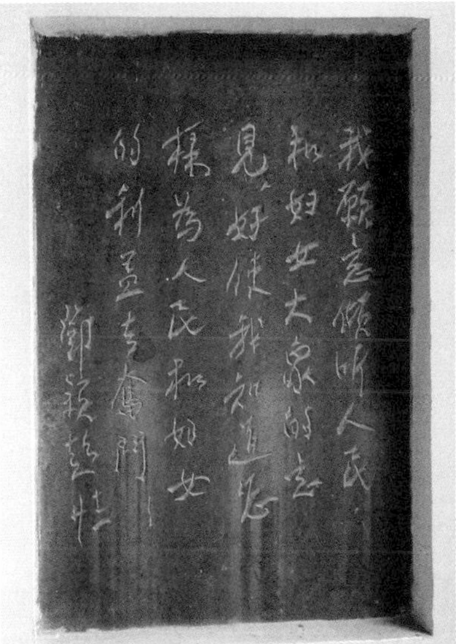

七妈的祖居位于光山县司马光中路贡院街白云巷，是一座具有清代徽派风格的民居。其房屋布局中规中矩又富于变化，无论格扇门窗还是桌椅床柜都刻有精致的雕花。后院不大，却花木繁茂、活泼有生气，碑廊的墙上依次展示的，有毛泽东、周恩来给邓颖超的手书，有邓颖超本人的一段讲话，还有李瑞环、李铁映等国家领导人和几位文化名人的题词。其中最精彩的一副则是毛泽东在1965年9月25日写给邓颖超的信：

邓大姐：

自从你压迫我写诗以来，没有办法，只得从命。花了两夜未睡，写了两首词，改了几次，还未改好。现在送上请教，如有不妥，请予痛改为盼。

毛泽东9月25日

毛泽东送给七妈的那两首词是《念奴娇·鸟儿问答》和《重上井冈山》。“邓大姐”是七妈生前全党全国人民对她的敬称，年纪比七妈大11岁的毛主席也称七妈为“邓大姐”，几十年革命战友的情谊、领袖的认真与幽默跃然纸上，令人不禁会心一笑。

△ 毛主席给七妈的信字碑

△ 我与秉宜与颖超中学师生们合影

因为曾学过几年美术，我注意到了这栋房子中有一处设计别致的角落，那是在绣楼前的天井内有一方小水池，水是活水，清澈透明，波光点点，正映着头顶上方的一小块天空。恍然间，似乎有一柱雾气正从池中缓缓地直直地向上升飘，穿过一楼的廊柱，穿过二楼的闺房，直抵高高的蓝天。这样的建筑景观，在我国目前仅存的古民居中怕是也不多见了。

当天，我们还和光山县颖超中学的同学们举行了一场纪念伯伯和七妈的活动。颖超中学是光山最大的中学，有四千多名学生，有两个“邓颖超班”。“邓颖超班”的同学们全都参加了活动，在操场上站成几排，前面的同学手捧鲜花和“邓颖超班”的牌匾，后面的同学则高举十几幅介绍“周恩来与河南”的图片一字排开。那感人的场景和他们对伯伯、七妈的爱戴之情，让我印象深刻，至今难忘。

可惜的是，七妈生前没能回到家乡看一看，我们的光山之行也算是帮她老人家完成一个心愿吧。

十一、西花厅海棠花再撒海河寄缅怀，瞻仰七妈雕像

2012年7月17日下午，我带领周家亲属们来到南开中学，参观了布置一新的校史馆、周总理铜像、总理住过的宿舍、学生艺术中心和科技体验中心等，还观看了艺术团同学们表演的合唱和乐曲演奏。在接受记者采访时，我说："每次来到伯父伯母曾经生活和战斗过的天津，我都觉得无比亲切和感动，亲眼目睹到这里发生着日新月异的变化。"

7月18日上午，为纪念伯母逝世20周年，我们亲属及伯父伯母生前身边工作人员一行80人，乘坐当年执行伯母骨灰撒放任务的"新海门号"游轮，在海河入海口举行撒放花瓣活动，以表达深切缅怀之情。

△ 我和秉和在新海门号上向海河撒海棠花瓣

7月11日是伯母逝世20周年纪念日。就在20年前的7月18日，遵照她生前遗嘱，她的骨灰全部撒在了第二故乡——天津的海河。20年后的这一天，我们沿着当年撒放伯母骨灰的航线，一路撒放花瓣，表达思念之情。五弟周秉和告诉记者说："这些花瓣里有我们今年春天特

△ 2015年7月7日，我在南开学校新立的七妈雕像前留影

意从西花厅的海棠树上收集的海棠花瓣，希望伯母能再次闻到那熟悉的香气。”

三年后的2015年7月7日，南开中学举行敬立邓颖超青少年时期雕塑和南开中学被侵华日军轰炸纪念雕塑揭幕仪式。我们部分亲属和伯父伯母生前身边工作人员，还有中央文献研究室的领导、南开中学理事会成员、南开中学老校友们应邀出席活动。

此次敬立的邓颖超青少年时期雕塑和南开中学被侵华日军轰炸纪念雕塑，均是由南开中学和天津美院共同设计并制作完成的。敬立邓颖超同志青少年时期雕塑，是南开中学坚持“以周恩来为人生楷模”主线教育的延续和拓展。

为什么要给我七妈立这个像呢？南开中学的校领导告诉我，邓颖超同志年轻时在天津从事爱国学生运动时就经常来南开，在我伯伯逝世后，她还曾于1983年9月6日视察过南开中学。

回首往事，感慨万千；斯人已逝，海棠依旧……

2015年10月，我随团前往俄国莫斯科，在俄罗斯国家政治档案馆查阅了伯伯和七妈的资料，其中有一篇1940年2月七妈向共产国际汇报所写的《关于周恩来同志》，让我印象特别深刻。伯伯在欧洲勤工俭学时，就曾寄给七妈一张印有李卜克内西和卢森堡像的明信片，并在上面写了“希望我们两个人，将来也像他们两个人那样，一同上断头台”这样英勇的革命的誓言。他们对自己的信仰矢志不渝，并为之奋斗了终生。七妈和伯伯真不愧是志同道合的夫妻，又都是老革命，她对伯伯的了解非常全面、深刻，而且客观。当然，限于写作时的时代背景等，文中有个别地方不一定都符合事实，例如根据中央党史办材料，伯伯算是1921年入党，文中写的是1922年。

为帮助读者更好和更深地了解我的伯父伯母，现将这篇文章附下：

远在1919年，中国“五四”运动开始时，我在天津就认识了周恩来同志。在廿年来及十五年同居的生活和工作过程中，

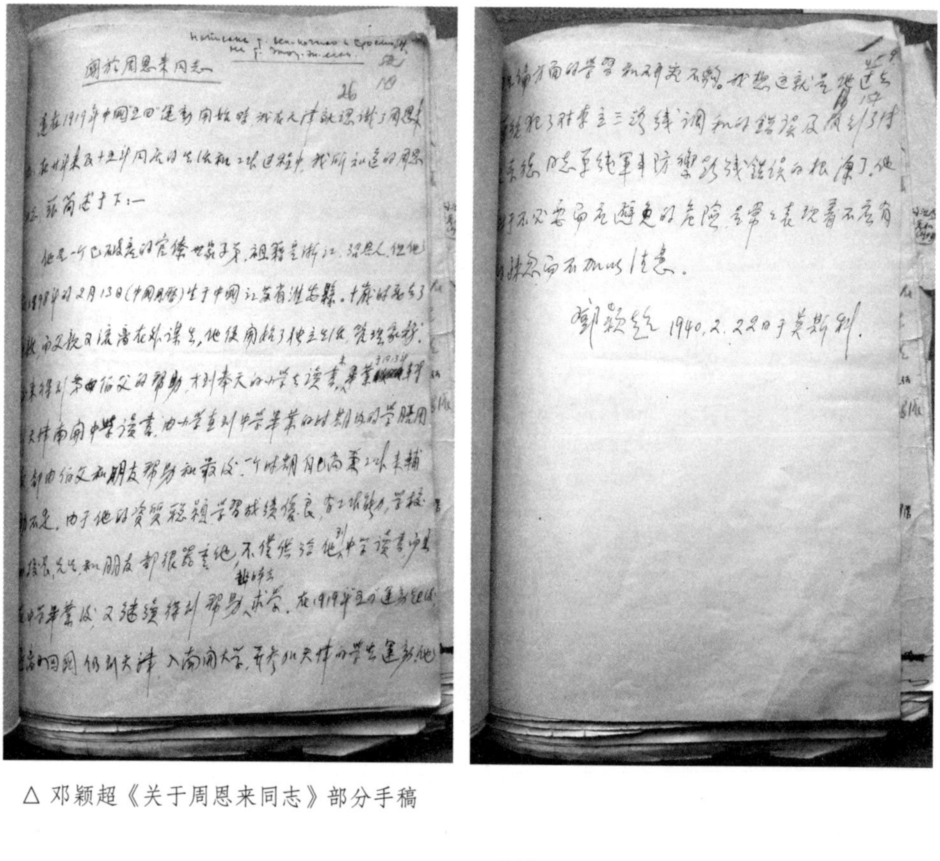

△ 邓颖超《关于周恩来同志》部分手稿

我所知道的周恩来同志，兹简述于下：

他是一个已破产的官僚世家子弟，祖籍是浙江绍兴，但他在1898年的2月13日（中国农历）生于中国江苏省淮安县。十岁时死去了母亲，而父亲又流离在外谋生，他便开始了独立生活，管理家族。后来得到第四伯父的帮助，才到奉天的小学去读书，未毕业就于1913年转到天津南开中学读书。由小学直到中学毕业的时期内的学膳用费，都由伯父和朋友帮助，和最后一个时期自己尚兼工作来辅助不足。由于他的资质聪颖，学习成绩优良，有工作能力，学校的校长、先生和朋友都很器重他，不仅供给他到中学读书，而且1917年在中学毕业后，又继续得到帮助赴日本去求学。在1919年"五四"运动起后，遂离日回国，仍到天津入南开大学，并参加天津的学生运动。他是天津学生联合会的代表，并主编天津学生联合会报月刊，是"五四"运动中天津学生界有名的领导者之一。当时，由于苏联十月革命的影响，马克思主义思想的传播，他已开始了对于社会主义、共产主义研究的兴趣，并和当时天津学生界中最前

△ 伯伯在南开中学上生理课。前排左一为伯伯

△ 1915年，伯伯和南开中学童子部的李福景合影，二人后来曾同赴欧洲留学

△ 1917年，伯伯在中学毕业前夕，和同级四年一组同学陈汝闳（左）合影

进的廿多个男女青年组织研究的小团体，名字叫“觉悟社”，过去在北京1927年牺牲的马骏同志，1931年在山东牺牲的郭林一（按：即郭隆真）女同志，以及我，都是这个社的社员。

“五四”运动继续扩大、发展到1919年末，天津学生界为了反抗当时当局的压迫，要求言论、集会、出版、结社的自由，组织了广大的群众示威游行，并包围省政府请愿。在军警武装袭击的压迫中，开始了大的流血惨剧，恩来同志是学生代表之一，当即和其他三代表均被捕入狱。拘押半年以后，经审判辩护和群众的压力，才宣告无罪释放。这已是1920年的夏天。

出狱后，即筹备到法国去勤工俭学，在一方得到戚友的帮助和给国内三家报馆做特约的通讯员而解决了旅费和留法学费，遂在1920年冬赴法。

1922年在德国柏林加入了中国共产党。开始放下了他的学业和职业，完全为了党而工作。他是中国共产主义青年团旅欧支部发起人和负责人之一，主编过《赤光》杂志。1924年秋即回国工作，中央派他到广东担任黄埔军官学校政治部主任。同时是两广区委（等于省委）委员之一兼军委书记。1924年末出席党的全国第四次代表大会。1925年兼任国民革命军第一师党代表，师长是何应钦，在广东参加春秋两次讨伐陈炯明等的东征，并留在汕头工作一时期。那时，他任国民革命军第一军党代表兼东江行政委员。他就在这年的8月和我结婚。

△ 1918年伯伯在日本

1926年3月20日事变以后，他就离开国民革命军的工作，中央调他到上海担任中央军委的工作，他组织和指挥了上海第二、三次暴动，以响应国民革命军的北伐，占领上海。

1927年4月12日，蒋介石已叛变，屠杀共产党。他不能久留在上海，中央已迁到武汉，他遂转到武汉工作。直到7月汪精卫又叛变，他又离汉而转到南昌，组织和指挥南昌暴动。

1927年党的第五次全国代表大会在武汉举行，他因为留在上海工作，虽被选为代表，而未能出席。但他在这次大会中被选为中央委员和候补政治局委员。

1927年末，南昌暴动在汕头完全失败以后，他又回到上海中央工作，在组织局负责，并曾到广东巡视工作。

1928年到莫斯科出席党的全国第六次代表大会和共产国际世界第六次大会，他继续被选为党的中委委员和政治局委员兼常委，并担任组织部长。

1930年代表中国党又到莫斯科来解决并商讨问题，回国后，出席党的三中全会，犯了对立三路线的调和错误。在揭发了李立三路线和对其调和主义的错误以后，在反立三路线的斗

△ 1921年7月21日，伯伯主编的《天津学生联合会报》出版。该报共出版了一百多期，伯伯以“飞飞”为笔名发表了大量文章，对指导天津学生的反帝反封建斗争起了重要作用。图为伯伯与该报编辑潘述庵在天津留影

争中，他是最早和坦直承认错误并积极领导斗争的一人。他出席党的扩大的四中全会，并仍被选为中央政治局委员兼常委。

1931年中央决定派他到江西中央苏区工作，因顾顺章被捕叛变，受阻未能成行。接着不久向忠发又被捕，上海白色恐怖环境益恶劣，而到江西苏区的交通路线，又被三次围剿的军队所隔断，仍无法前去。为了保护恩来同志的安全，共产国际代表提议他和王明同志到莫斯科来。但他觉得自己刚犯了错误以后，更应该到实际工作中去锻炼和改正，仍以去苏区为好，所以他没有来，而待到1931年末，仍照中央原决定到江西苏区，担任苏区中央局的书记。1932年的夏天就由任弼时同志（陈林）代理他的书记，而他完全加入到前线的工作，担任红军一方面军的总政治委员，和朱德同志共同在前线指挥，胜利的粉碎了敌人第四次围剿。直到1933年末，中央调他们回后方江西瑞金。1934年1月出席党的扩大的五中全会，被选为政治局委员和书记处的书记，同时担任军事委员会副主席，主持军委的经常工作和指挥前线作战，一直继续到长征中，在和红四方面军会合以后，1935年6月的时候，在

张国焘的胁迫党的行动中，才改变了他的工作职位，将总政治委员让给张国焘担任。

在红军粉碎五次围剿及长征中，他亦执行了博古和李德同志所犯的单纯防御路线的错误，在遵义的党中央政治局的扩大会中，他亦表示了负责的态度和承认错误。

1935年末，结束了长征而到达陕北，毛泽东同志留前方指挥和领导红军，而他则到后方，仍主持军委的经常工作，及一部分军队的作战，参加中央政治局和书记处的工作，同时，亦就开始负责领导统一战线的工作。

1936年西安事变起后，他就到西安，代表党去主持最复杂艰难的工作，使得西安事变得到和平解决，建立了国共两党上层的关系和合作的基础，直到统一战线形成，发动抗日战争以及抗战以来，他都是参加这一方面的工作。经常的代表党和国民党蒋介石谈判，交涉，建议及解决纠纷问题。经常的往来于西安、武汉、江南、桂林、延安之间。在武汉失守以前，他担任党中央长江局书记及中共代表团主任。武汉失守后，改兼任南方局书记。从1938年3月在党中央的批准下，担任国民革命军事委员会政治部的副部长。1939年6月由重庆回延安开会，于七月十日晚坠马受伤右臂骨折，于八月底来莫斯科治疗。

他有很多长处，自然亦有缺点。

他的长处是：他的为人和个性真挚谨严，克己自律，他有坚定坚决的意志和自信心，对党和阶级忠诚，严格的遵守党的纪律和军事纪律，保守党的秘密（例如凡是我不应当知道的事他从来没有告诉过我）。他对工作的态度，不管任务大小，不管是党的还是党员个人的，不管是政治性和技术性的，他都是非常精细、认真、负责去执行。他有组织的才能，有高强的记忆力。他执行党的任务和工作，从来不计及危险，不怕困难，不知疲倦，亦从来没有看见过他稍有悲观失望的情绪，从来没听他发过牢骚，总是一贯坚持的、积极的、紧张的为党工作，而且常常是站在最危险和最困难的岗位。他解决党的问题，党员和干部个人的问题，以及家庭亲属之间的问题，总是把党的利益放在第一位，决然而不徇情的。他的生活和行动，举凡一切，都注意到要在群众中起好的影响，而勿使之发生坏的影响。他对干部非常爱护关心，在工作上具体耐心的领导，大公无私，从无感情偏袒作用，所以他很能团结干部，在干部中亦有很好的信仰。在几次犯错误中，他都能诚恳坦白地承认，不掩饰自己的错误，在改正错误中，他是在进步着。

他的缺点，在于工作领导方式，事无巨细，都要亲自去过问，这样是会妨碍一些干部独立工作能力的培养和发展的。在党内反倾向斗争中，某些问题的争论上，虽具有正确的意见，但顽强的斗争性有时还不够，以及实际工作的繁多，使他在理论方面的学习和研究不够。我想这就是他过去曾经犯了对李立三路线调和的错误和及执行了博古、李德同志单纯军事防御路线错误的根源了。他对于不必要而应避免的危险，是常常表现着不应有的疏忽而不加以注意。

邓颖超1940.2.22于莫斯科

十二、知名海外华人对我伯父伯母的纪念

伯伯1976年1月8日去世后，第二年以后每年的一月八日，我们周家亲属和伯伯七妈身边工作人员都自发来的天安门烈士纪念碑前祭奠伯伯。多年以后，毛主席纪念堂设立了周恩来革命业绩纪念室，纪念堂领导同志，建议我们可以到这里来祭奠伯父伯母。

2016年1月8日是伯伯逝世四十周年，前来纪念堂悼念的人特别的多。我照例在会上作了发言，回顾和总结了过去一年有关研究和纪念伯伯的各种活动，并展示了九十多岁高龄的叶嘉莹先生送给我的悼念伯伯的对联和词作。

△ 2005年1月8日，我在毛主席纪念堂周恩来纪念室

△ 2015年叶嘉莹向我赠送礼物时合影，右一为时任
南开大学党委书记薛进文

这是2015年12月，我应邀到南开大学参加“周恩来奖学金”颁奖仪式，遇到了享誉海内外的词坛宗师叶嘉莹先生，她当场将40年前在

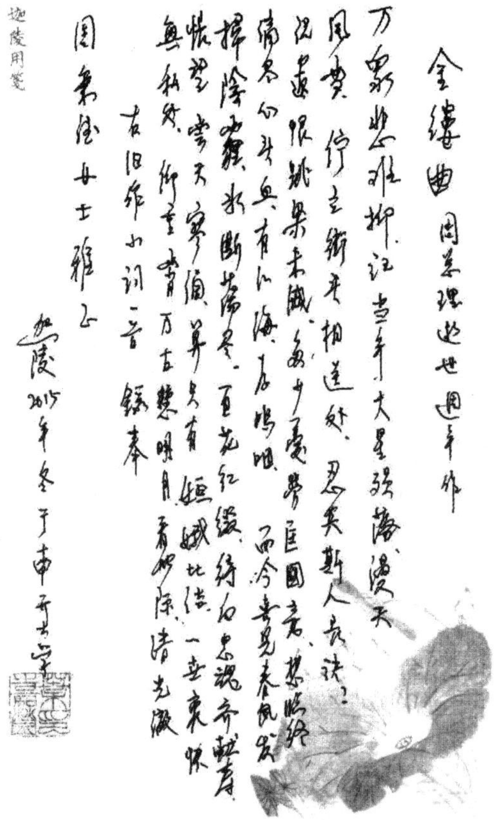
金缕曲 周总理逝世周年作

万众悲难抑。记当年、大星殒落，漫天风雪。伫立街头相送处，忍共斯人长诀。况遗恨、跳梁未灭。多少忧劳匡国意，想临终、滴尽心头血。有江海，为呜咽。而今喜见春风发。扫阴霾、冰澌荡尽，百花红缀。待向忠魂齐献寿，怅望云天寥阔。算只有、姮娥比洁。一世衷怀无私处，仰重霄、万古悬明月。看此际，清光澈。

右旧作小词一首 录奉

周秉德女士雅正

迦陵 2015年冬于南开大学

迦陵用笺

△ 叶嘉莹将纪念伯伯的词作手书赠我

我伯伯逝世当年制作的挽联复印件赠送给我，使我深受感动。挽联的内容是：

革命为人民求解放，尽瘁忘身，不恤忧劳终一世；

运筹为世界拓新机，折冲樽俎，长留功业在人间。

我回京后，叶先生又将自己在我伯伯逝世一周年时写的一首词作亲手书写后，寄给了我。

词为《金缕曲·周总理逝世周年作》：

万众悲难抑。记当年、大星殒落，漫天风雪。伫立街头相送处，忍共斯人长诀。况遗恨、跳梁未灭。多少忧劳匡国意，想临终、滴尽心头血。有江海，为呜咽。

而今喜见春风发。扫阴霾、冰澌荡尽，百花红缀。待向忠魂齐献寿，怅望云天寥阔。算只有、姮娥比洁。一世衷怀无私处，仰重霄、万古悬明月。看此际，清光澈。

2017年春，我认识了一位美籍华人臧英年先生，他在40年前和1992年分别写过悼念我伯伯和七妈的英文文章，经其授权，译录于下：

致敬周恩来

（1976年1月21月发表于《西雅图邮报》的“人民之声”）

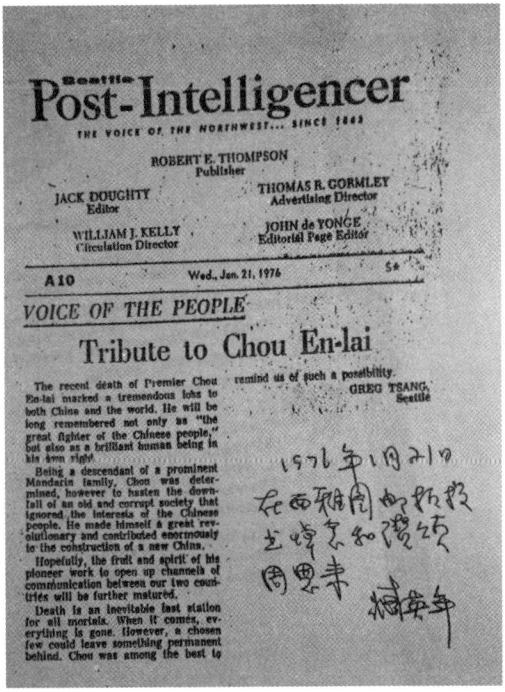
Seattle Post-Intelligencer
THE VOICE OF THE NORTHWEST... SINCE 1863
ROBERT E. THOMPSON Publisher
JACK DOUGHTY Editor
THOMAS R. GORMLEY Advertising Director
WILLIAM J. KELLY Circulation Director
JOHN de YONGE Editorial Page Editor
A10 Wed., Jan. 21, 1976

VOICE OF THE PEOPLE

Tribute to Chou En-lai

The recent death of Premier Chou En-lai marked a tremendous loss to both China and the world. He will be long remembered not only as "the great fighter of the Chinese people," but also as a brilliant human being in his own right.

Being a descendant of a prominent Mandarin family, Chou was determined, however to hasten the downfall of an old and corrupt society that ignored the interests of the Chinese people. He made himself a great revolutionary and contributed enormously to the construction of a new China.

Hopefully, the fruit and spirit of his pioneer work to open up channels of communication between our two countries will be further matured.

Death is an inevitable last station for all mortals. When it comes, everything is gone. However, a chosen few could leave something permanent behind. Chou was among the best to remind us of such a possibility.

GREG TSANG, Seattle

1976年1月21日
在西雅图邮报投
书悼念和赞颂
周恩来
臧英年

近期周恩来总理的去世，对中国和全世界来说，都是一个巨大的损失。他不仅会被铭记为一位中国人民的伟大斗士，也将会被视为名至实归的一代伟人。

作为一个显赫的官僚家庭的后裔，周恩来坚决奋斗，致力于推翻忽略中国人民利益的古老而腐败的社会体制。他成为了一个伟大的革命家，对新中国的建立贡献卓著。

我们希望，由他开创的中美两国之间的友好沟通的成果和精神能够进一步发展成熟。

凡人固有一死，死后万事皆空。惟世间却有极少数的人可以名垂青史，永恒不朽。周恩来就是其中的最佳例证。

格雷戈·臧　西雅图

纪念邓颖超

（1992年7月17日发表于《中国日报》的“给编辑的信”）

编辑：

16年前，为缅怀逝世的的周恩来总理，我写了一封信给西雅图邮报，我的信被刊登，并冠以“人民之音：致敬周恩来”的标题。

在文章最后一段，我写道：“凡人固有一死，死后万事皆空。但是，一个非凡的人却可以留下一些永恒不朽。周是提醒我们有这种可能性的最好的人之一。”

我认为，这个描述同样适用于7月11日去世的周恩来的夫人——邓颖超。

作为一个伟大的革命领导者，她确实把自己的每一分每一秒都贡献给了新中国的建设。

有一封她致中共中央的信，写于1978年、修改于1982年，这封信深深地打动了我。

她在信中讲述了她对自己后事的安排，表现出她作为一个优秀的政治家的精神风范。她提出：

1. 去世后不搞遗体告别，不开追悼会。她的高瞻远瞩，超越了其他有所成就的人所看重的、也是理所应当的“最后的荣耀”。

2. 遗体解剖后火化。根据传统的价值观，很少有中国人愿意进行遗体解剖。她勇敢而富有意义的决定，是对中国未来发展有重要意义的科研事业的贡献。

3. 对她和周恩来的亲属不要给予特殊照顾安排。在裙带关系泛滥之际，她的这一做法带来了极为清正之风。

4. 我原同周恩来共住的房屋应交公使用，万勿搞故居和纪念等。这个杰出而无私的行动，充分体现了她“先天下之忧而忧”的价值观。

毕竟，中国需要更多的这样的领导人，带领大家走向更加光明的未来。

北京　格雷戈·臧

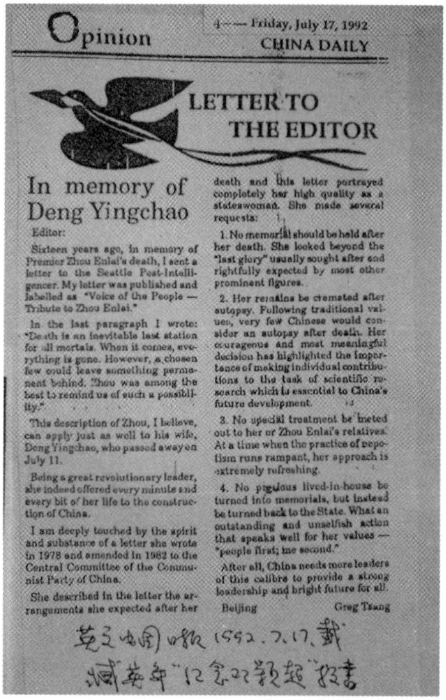

Opinion

4 — Friday, July 17, 1992
CHINA DAILY

LETTER TO THE EDITOR

In memory of Deng Yingchao

Editor:

Sixteen years ago, in memory of Premier Zhou Enlai's death, I sent a letter to the Seattle Post-Intelligencer. My letter was published and labelled as "Voice of the People — Tribute to Zhou Enlai."

In the last paragraph I wrote: "Death is an inevitable last station for all mortals. When it comes, everything is gone. However, a chosen few could leave something permanent behind. Zhou was among the best to remind us of such a possibility."

This description of Zhou, I believe, can apply just as well to his wife, Deng Yingchao, who passed away on July 11.

Being a great revolutionary leader, she indeed offered every minute and every bit of her life to the construction of China.

I am deeply touched by the spirit and substance of a letter she wrote in 1978 and amended in 1982 to the Central Committee of the Communist Party of China.

She described in the letter the arrangements she expected after her death and this letter portrayed completely her high quality as a stateswoman. She made several requests:

1. No memorial should be held after her death. She looked beyond the "last glory" usually sought after and rightfully expected by most other prominent figures.

2. Her remains be cremated after autopsy. Following traditional values, very few Chinese would consider an autopsy after death. Her courageous and most meaningful decision has highlighted the importance of making individual contributions to the task of scientific research which is essential to China's future development.

3. No special treatment be meted out to her or Zhou Enlai's relatives. At a time when the practice of nepotism runs rampant, her approach is extremely refreshing.

4. No palatious lived-in-house be turned into memorials, but instead be turned back to the State. What an outstanding and unselfish action that speaks well for her values — "people first; me second."

After all, China needs more leaders of this calibre to provide a strong leadership and bright future for all.

Beijing　Greg Tsang

英文中国日报1992.7.17.载
臧英年“纪念邓颖超”投书

读了臧先生的文章，让我深切感觉到，海外华人对我伯父伯母的热爱与国内民众同样真挚深厚。